책 읽기 싫어하는 초등생을 위한
공감 독서법

바른교육시리즈 23

책 읽기 싫어하는
초등생을 위한

공감 독서법

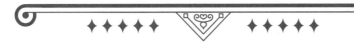

**MBTI, 에니어그램으로
아이의 속마음 파악하고 독서 방향 잡기**

진정용 지음

서사원

"제발 책 좀 읽어라!"

자녀를 둔 부모라면 누구나 한 번쯤 해 본 잔소리가 아닐까 생각합니다. 어떻게 해야 아이들이 책을 읽을까요?

책을 많이 읽어야 공부를 잘한다는 말은 학부모 사이에서 정설로 여겨지고 있습니다. 실제 공부 잘하는 아이들의 이야기만 들어 봐도 대부분 그저 '책을 많이 읽었을 뿐인데 공부를 잘하게 되었다.'라는 비법 아닌 비법들이 신화처럼 전수되고 있습니다. 문제는 우리 아이가 책을 싫어한다는 사실입니다. 다급한 마음에 억지로라도 책을 읽히려 재촉하지만 아이들은 책 읽는 시간보다 스마트폰으로 게임하는 시간을 더 좋아합니다.

'독서만 열심히 하면 좋은 대학 간다.' '독서가 곧 스펙이다.' 지금 대한민국에는 독서 열풍이 불고 있습니다. '책 육아'라는 신조어가 생길 만큼 독서교육에 대한 학부모들의 관심이 높아지고, 대학 입시 수시전형에는 독서와 비교과 활동이 확대되면서 논술, 구술, 면접 등을 대비하기 위한 논술학원, 독서토론학원 등이 인기를 얻고 있습니다. 영어는 기본, 수학은 선행, 국어는 한번 놓치면 답이 없어 어렸을 때부터 독서교육을 시작해야 따라갈 수 있다고 합니다.

2017년 육아정책연구소의 〈2세 사교육 실태에 기초한 정책 시사점〉(김은영) 보고서에 따르면 만 2세가 받는 사교육 중 한글, 독서, 논술이 28퍼센트로 가장 많은 비중을 차지했습니다. 실제로 유명한 논술학원에 다니려면 몇 달 전부터 번호표를 뽑고 대기해야 할 정도로 한글교육, 독서교육에 대한 인기가 높습니다.

2015년 교과과정이 개편되면서 제도권 교육에서는 한 학기 한 권 읽기, 생활기록부 독서 활동 의무화, 국어 교과서에 독서 단원 신설 등 독서교육을 전면 확대했습니다. 대입 수시전형에서도 독서 과목이 선택과목으로 등장했고 수행평가 비중이 높아지면서 논술 역량이 중요한 평가 지표가 되고 있습니다.

독서교육과 책 읽기 유행은 분명 바람직한 현상입니다. 하지만 지금의 교육은 아이들에게 책 읽기의 즐거움과 스스로 생각할 수 있는 힘을 길러 주는 독서교육의 본질적인 가치를 추구하지 못하고 시험을 위한 책 읽기, 입시용 독서교육, 학습을 위한 독서, 상업적 이득을 추구하는 사교육 업체가 문화를 주도하고 있습니다. 지금의 독서는 각 학년별 커리큘럼에 맞춰 반드시 읽어야만 하는 획일적인 학습 목표의 주입식 교육으로 높은 시험 성적, 좋은 대학을 가기 위한 입시 수단으로만 활용되고 있습니다.

우리나라 청소년의 읽기 수준

독서 열풍 속에서 우리나라 청소년들의 읽기 수준은 높아졌을까요? 2020년 3월 문체부가 발표한 〈국민 독서 실태 조사〉에 따르면 초·중·고 학생의 연간 종합독서량은 평균 32.4권으로 초등학생 69.8권, 중학생 20.1권, 고등학생 8.8권으로 학년이 높아질수록 현저하게 줄어들었습니다. 지난해 5월 한국교원단체총연합회가 전국 초·중·고교 교사 1152명을 대상으로 조사한 결과를 보면 10명 중 4명의 학생은 문해력 수준이 70점대(C등급)라고 합니다. 2021년 12월 31일 한국교육과정평가원은 〈경제협력개발기구(OECD) 국제 학업성취도 평가 연구〉에서는 최근 10년간 상위 10퍼센트 학생과 하위 10퍼센트 학생의 읽기 영역 수준 차이가 벌어진 것은 물론, 읽기 영역 수준이 전반적으로 10퍼센트 가까이 중3 학생 10명 중 단 한 명만이 다른 사람의 도움 없이 교과서를 읽고 혼자 공부할 수 있을 정도라는 충격적인 결과가 나왔습니다.

도대체 무엇이 문제일까요? 물론 여러 가지 다양한 원인이 있겠지만 저는 '입시 위주의 잘못된 독서교육 열풍'에서 원인과 해답을 찾아야 한다고 생각합니다.

'이렇게 해야 우리 아이가 책을 잘 읽을 수 있다.' '이렇게 한 덕분에 아이의 독해 능력이 올라가고 글을 잘 쓸 수 있게 됐다.'라는 독서 방법에 관한 생각만으로는 진정한 독서교육이 이루어지지 않습니다. 우리 아이들의 기질과 성향을 알고 아이 수준과 특성에 맞게 개별화된 맞춤형 독서교육이 우선이어야 합니다.

우리 아이 맞춤형 공감 독서가 중요하다

우리 아이에게 맞는 맞춤형 독서교육은 어떻게 하는 걸까요? 먼저 아이들이 처한 상황을 이해하고 공감해 줘야 합니다. '아이들에게 이렇게 해야 한다!'라는 방법보다는 아이와의 정서적인 관계 회복에 더 신경 써야 아이들이 책을 읽을 수 있습니다. 아이가 책을 친구처럼 느끼고 책이라는 물성을 행복하게 받아들여야 비로소 책에 흥미가 생겨 읽을 수 있습니다. 독서를 학습처럼 생각해서 입시와 연결하려는 부모의 욕심은 아이를 책과 더 멀어지게 할 수 있습니다. 잠시 교육 열정은 내려놓고 아이의 마음부터 살펴봐 주세요.

우리 아이의 기질과 성향에 맞는 최적의 독서법은 엄마와 함께하는 시간에서 충분히 깨달을 수 있습니다. 먼저 책을 읽는 독자가 '누구'인지 관심을 가져 보세요. 우리 아이들은 각자의 방식대로 책을 받아들입니다. 책을 좋아하는 아이도 있고 책을 끔찍하게 싫어하는 아이도 있습니다. 저희 집 첫째 아이는 책보다 그림 그리기, 만들기를 선호하고 영상을 보며 무엇인가 배우는 것을 더 좋아합니다. 그래서 주로 그림이나 삽화가 많이 들어가 있는 책을 추천해 줍니다. 반대로 둘째 아이는 객관적 정보나 역사에 관심이 많아서 논픽션, 이야기 역사책과 같은 종류의 도서를 추천해 주면 좋아합니다. 아빠하고 놀기를 좋아하는 막내는 무조건 웃기고 재미있는 책이어야 소통할 수 있습니다. 아이들의 기질과 성향을 알게 되면 아이에게 맞는 책을 골라 줄 수 있습니다.

이 책은 책을 끔찍이도 싫어하는 자녀를 둔 부모님들을 위한 '위문편지'입니다. 독서교육에 지친 부모님들을 위해 딱딱한 독서 방법론보다 아이를 다정한 시선으로 품으며 공감하고 이해할 수 있는 다양한 방법들을 담았습니다.

모든 아이는 존재 자체만으로 축복입니다. 축복을 누리는 최고의 방법은 아이의 성향을 파악해서 우리 아이가 좋아하는 책을 펼쳐 놓고 함께 행복한 시간을 갖는 것입니다. 공부 욕심은 잠시 내려놓고 아이와 함께 책으로 수다를 떤다는 마음으로 아이와 '찐한 대화'를 해 보길 권합니다. 그것이 공감 독서의 시작이고 진정한 독서의 본질이자 아이가 책을 좋아하게 할 수 있는 첫걸음이 될 것입니다.

2022년 4월
행복바이러스 연구실에서
진정용 드림

3장·우리 아이 성향에 따라 달라지는 독서법

4장·우리 아이 마음을 움직이는 공감 독서법

5장 · 시대에 맞는 성장 골든타임을 잡아라

6장 · 다시, 책으로

◆ ◆ ◆

책 읽기 싫어하는 초등생을 위한

공감 독서법

1장

우리 아이는
왜 책을 싫어할까?

끔찍하게 책을 싫어하는 아이들

책보다 더
재미있는 것들

"선생님, 우리 아이가 책 읽기를 너무 싫어해요." "어렸을 때는 좋아했는데 요즘에는 책을 잘 안 읽어요." "어떻게 하면 아이들이 책을 좋아할까요?" 독서교육 현장에서 어머니들에게 가장 많이 받는 질문입니다. 이러한 질문을 받을 때마다 제가 드리는 답변이 있습니다. "어머님, 아이들이 책을 싫어하는 건 지극히 정상입니다. 그게 기본값입니다. 물론 소수의 아이는 책을 좋아하지만, 아이들은 책 읽기를 싫어합니다. 비단 몇몇 아이만의 문제가 아니에요."

올해 12살 된 제 딸아이에게 물어봤습니다.

"하연아, 왜 아이들은 책 읽기를 싫어할까?"

"책 읽을 시간에 스마트폰으로 게임을 한 판이라도 더 해서 트로 피를 따야 하니까! 그리고 책은 재미없잖아. 가만히 앉아서 책 읽는 건 너무 지루해. 차라리 그 시간에 친구들하고 밖에 나가서 뛰어노는 게 백배 천배는 재밌지!"

아무 생각 없이 툭 내뱉은 순진한 아이의 답변이지만 곰곰이 생각해 보면 틀린 말도 아닙니다. 아이들에게 책은 투자한 노력에 비해 아무런 보상이 없는 '지루한 싸움'입니다. 그러나 스마트폰 게임은 노력한 만큼 즉각적인 결과를 안겨 주기 때문에 손에서 놓지 못하는 것이죠. 또한 앉아서 책을 읽는 것은 에너지가 많은 아이들의 본성을 거스르는 활동이지만, 밖에서 신나게 뛰어노는 것은 아이들의 본성을 충족시켜 주는 놀이입니다.

"누가 그걸 모르나요? 당연히 아이들이니까 독서보다 밖에서 노는 걸 더 좋아하겠죠. 그렇다고 마냥 놀기만 하고 책을 안 읽힐 수는 없잖아요." 맞습니다. 아이들이 책을 싫어하는 건 당연한 현상이지만, 그렇다고 '책을 읽히지 말고 무조건 놀게 두어야 한다.'는 뜻은 아닙니다. 아이들에게 독서의 즐거움을 선물해 주고 싶다면 저는 아이들이 왜 책 읽기를 싫어하는지에 대한 공감이 필요하다고 생각합니다. 그래야 아이들의 마음이 열리고 그다음에 머리가 따라오기 때문입니다.

정혜신 박사가 쓴 『당신이 옳다』(해냄, 2018)라는 책에 보면 이런 말이 나옵니다.

"공감은 힘이 세다. 강한 위력을 지녔다. 쓰러진 소도 일으켜 세운다는 낙지 같은 힘을 가졌다. 공감은 돌처럼 꿈쩍 않던 사람의 마음을 움직인다. 경각에 달린 목숨을 살리는 결정적인 힘도 가졌다. 치유의 알파와 오메가가 공감이라고 나는 믿는다."

그렇습니다. 책 읽기를 끔찍이도 싫어하는 아이에게 무엇보다 필요한 것은 엄마가 아이의 마음에 공감해 주는 시선입니다. "책 좀 읽어!"라는 폭풍 잔소리보다 다정한 시선으로 아이의 마음을 구석구석 살피면서 '이 아이는 지금 무엇을 원할까?' 생각하며 찬찬히 들여다보는 것이야말로 아이 마음을 움직이는 강력한 동기가 될 수 있습니다. 엄마의 '공감 시선'은 가장 빠르고 정확하면서 아주 효율적인 책 읽기 방법입니다.

독서에
재미가 빠진 이유

몇 달 전 수업 신청을 받고 어느 집으로 방문 상담을 하러 간 적이 있습니다. 그런데 아파트 현관에서부터 분위기가 심상치 않았습니다. 거실에는 엄마의 강요 때문에 억지로 자리에 앉아 있는, 일그러진 표정의 중학교 2학년 남자아이가 보였습니다. 지우는 말

없이 고개를 푹 숙인 채 인사는커녕 제 얼굴도 쳐다보지 않았습니다. 지우의 어머니는 말했습니다.

"중학교 2학년인데 아직 글쓰기도 못 하고, 또래 아이들보다 어휘력도 떨어지는 거 같고, 책 읽기를 너무 싫어해서 억지로라도 공부시키려고요. 논술 수업을 하면 좀 나아질 수 있을까요?"

자주 듣는 이야기지만 이런 질문을 받을 때마다 저는 아이들의 문제 행동을 진단해 해결법을 제시해 주는 오은영 박사님이 생각납니다. 이분처럼 책 읽기를 싫어하는 아이들에게 저만의 신박한 신의 한 수를 알려 주어 단박에 마음을 바꾸게 할 수 있다면 얼마나 좋을까요?

하지만 세상엔 그런 마법과 같은 독서지침은 존재하지 않습니다. 아이들은 저마다 개인적인 기질과 특성, 지적 수준, 집안 환경, 자라온 배경 등이 다르기 때문에 일괄적인 가르침을 적용하는 데 한계가 있습니다. 저는 교사가 아이들에게 "이렇게 해야 한다."라는 해결책을 제시해 주기보다는 스스로 깨우치고 동기부여할 수 있도록 도와주는 '조력자의 역할'을 해야 한다고 생각합니다.

그래서 처음부터 지우에게 "책은 이렇게 읽어 와야 한다." "수업 내용은 이렇게 할 거야."라고 말하지 않았습니다. 제가 지우에게 건넸던 첫마디는 영화 이야기였습니다.

"지우야! 너 〈어벤져스: 엔드게임〉 봤니?"

그러자 지우는 고개를 들더니 저를 쳐다보면서 말했습니다.

"네, 봤는데요?"

"타노스는 빌런이지만 너무 멋있지 않아? 나는 타노스가 〈엔드게임〉 주인공이라고 생각해."

"저는 〈어벤져스: 인피니티 워〉가 더 재미있었어요. 그리고 아빠하고 어벤져스 시리즈 영화관에서 다 봤어요."

"그래? 너도 어벤져스 찐(진짜)팬이구나! 선생님은 어벤져스 피규어 다 모았는데."

"와! 진짜요?"

어벤져스 이야기로 물꼬가 트이면서 지우와 대화가 시작되었습니다. 그리고 아주 자연스럽게 책 수업에 관한 이야기로 넘어갔습니다.

"맞아! 선생님하고 하는 논술 수업은 영화 이야기와 마찬가지야! 영화에 주인공이 등장하고 줄거리가 있는 것처럼 책도 똑같이 주인공이 나오고 사건이 벌어지지. 수업에서는 각자가 본 사건을 생각하면서 느낀 점을 이야기할 거야. 선생님하고 책 수업 딱 3개

월만 해 볼래?"

"네, 한번 해 볼게요."

영화 이야기로 공감대를 이룬 덕분에 지우와의 책 수업은 지금까지 계속되고 있습니다.

믿고 싶지 않지만 많은 아이가 독서를 즐거움이 아닌 학습이라고 생각합니다. 서울·경기도 초등학교에서 초등학생 800여 명을 대상으로 독서가 싫은 이유를 설문 조사한 결과, 전체 학생의 38퍼센트가 '학교에서 쓰기 싫은 독후감을 써 오라고 해서.'라고 응답했습니다. 우리나라 공교육에서는 독서를 학습으로 생각해 글짓기, 독후감 쓰기와 같은 활동으로 아이들을 평가하고 있습니다. 그러니 아이들은 형식을 갖춰서 잘 써야 하는 독후감을 싫어하게 되고, 나아가 독서 자체를 부정적으로 인식하게 됩니다. 이처럼 아이들이 느끼는 독서는 자발적인 즐거움이 아닌 타율에 의해서 강제된 독서이며 수업의 연장선이나 숙제로 인식되어 책 읽기를 싫어하는 원인이 됩니다.

공감이란 상대방이 느끼는 것을 나도 함께 느끼는 것입니다. 지금 아이가 책에 대해 느끼고 있는 마음이 무엇인지 들여다본다면 책에 대한 접근이 달라져 닫혀 있던 아이의 마음을 열 수 있습니다. 그것이 '공감의 위력'입니다.

어른들 눈에는 한심하게 보여도 아이가 그렇게 행동하는 데는 나름의 이유와 필요가 있습니다. 책 읽기를 싫어하는 아이들의 마음을 이해하려고 한다면 지금처럼 공감 없는 책 읽기만 강요하지는 않겠지요?

무기력한 아이를 깨우는 방법

시큰둥한 아이에게는
이유가 있다

오후 1시, 아이들이 하나둘씩 학원 문을 열고 들어옵니다.

"선생님! 안녕하세요."
"……."

큰 소리로 인사하며 씩씩하게 들어오는 아이, 소리 없이 얼굴만 빼꼼 내민 채 들어올까 말까 망설이는 아이.

"선생님, 오늘 학교에서 체육 시간에 피구했는데요, 저 혼자 끝까지 살았어요. 근데요~ 어떤 아이가 저보고 공에 맞았다며 반칙이래요. 분명히 공이 땅에 떨어진 다음에 제가 잡았거든요. 이건 반칙 아니죠?"

쉬지 않고 조잘대며 들어오는 아이. 아이들의 말투와 표정만 봐도 오늘 수업은 어떻게 진행해야 할지 대충 감이 옵니다. 그중에서 유난히 마음이 쓰이는 한 아이가 있습니다. 도살장에 끌려가는 소처럼 부모님 등쌀에 억지로 떠밀리듯 학원에 오게 된 아이입니다. 아이는 수업 시작부터 끝까지 표정이 밝지 않습니다. 고개를 푹 숙인 채 말없이 책만 뚫어지게 쳐다보거나 질문에도 시큰둥하게 반응합니다. 이런 아이와 수업할 때 가장 힘이 듭니다. 교사나 수업받는 아이 둘 다 행복하지 않기 때문입니다.

무표정한 얼굴로 멍하니 앉아 있는 무기력한 아이들에게서 높은 학습 효과를 기대하기란 어렵습니다. 물론 가정에서 부모님들이 아이를 온전히 돌보기 힘들어 학원에 보내는 심정은 충분히 이해하지만, 무기력한 아이를 살리려면 학원 교사의 역량보다 가정에서 엄마의 역할이 더 중요합니다.

아이들은 평소 엄마에게 듣고 본 말투, 표정 등을 똑같이 따라합니다. 그만큼 가정의 양육 환경은 아이들의 정서와 학습 태도에도 영향을 미칩니다. 따라서 엄마가 행복하고 양육 환경도 밝아져야 아이들은 적극적인 태도로 수업에 참여할 수 있습니다.

엄마가 먼저
행복해지기

아이들의 행동은 교육이 아니라 무엇을 보느냐에 따라 달라집니다. 1990년대 이탈리아 파르마 대학교의 신경심리학자 자코모 리촐라티 교수팀은 짧은꼬리원숭이를 대상으로 뇌가 어떻게 운동 행위를 조직하는지 연구했습니다. 먼저 땅콩을 손에 쥔 원숭이의 전운동 영역의 뇌를 기록했습니다. 그다음 땅콩을 쥔 연구자를 원숭이에게 보여 줬을 때 원숭이의 뇌가 어떻게 반응하는지를 알아보았습니다. 결과는 원숭이가 손에 땅콩을 직접 쥐었을 때와 땅콩을 쥔 모습을 원숭이에게 보여 줬을 때 모두 동일한 뇌 반응을 보였습니다.

아이스크림 실험에서도 연구원이 아이스크림을 입으로 가져가자 마찬가지로 원숭이의 전운동 영역의 뇌가 활성화되었습니다. 이 실험은 동물들이 눈으로 관찰한 행동만으로도 '심리적인 모방'을 한다는 것을 의미합니다.

아이들은 가정에서 엄마의 말투와 행동을 보고 정서적인 영향을 받습니다. 잘했을 때는 엄마의 칭찬에서, 못했을 때는 엄마의 격려에 반응하면서 성장합니다. 그리고 동생이나 친구들에게 똑같이 칭찬하고, 격려해 줍니다. 반대로 엄마가 잘했을 때 칭찬하지 않거나, 못했을 때 비난하거나, 언제나 불평하는 모습을 보여 주면 아이들도 칭찬에 인색해지고, 비난하고 불평합니다. 엄마에게 보고 배운 것이죠.

한국긍정심리연구소 소장으로 활동하고 있는 우문식 박사는 "엄마의 삶이 무기력하고 우울해지면 아이에게 화풀이할 수밖에 없고 결국 아이는 엄마의 우울감을 따라가게 된다."고 설명합니다. 엄마의 불안한 모습을 본 아이들은 이 감정에 노출된 상태로 성장하기 때문에 똑같이 정서적으로 불안정해집니다. 따라서 학습에 집중할 수 없고, 성취하고 싶은 의욕도 떨어져 배움에 큰 흥미를 느끼지 못합니다.

반대로 행복한 엄마의 모습을 본 아이들은 정서적으로 안정되기 때문에 자신의 에너지를 배움에만 집중할 수 있습니다. 그래서 학습에 대한 의욕도 높고, 끊임없이 지적 호기심을 충족하고자 노력하기 때문에 시간이 지날수록 학습 능력은 높아집니다.

최근 가까운 지인의 소개로 한 어머니를 만나서 학습 상담을 하게 되었습니다. 교육열이 높은 분이었는데 아이를 강압적으로 교육하다가 화가 나면 자신도 모르게 감정 조절이 안 되어 아이에게 윽박지르고, 신경질을 내면서 심하게 다그쳤다고 합니다. 그러다 점점 아이가 불안 증세를 보이면서 안절부절못하고 감정표현이 서툴러져서 신경정신과 상담을 받았더니 '소아우울증'이라는 진단이 나왔습니다. 상태를 호전시키려 꾸준히 상담을 받았지만 증상은 좀처럼 나아지지 않았습니다. 그러다 때마침 같은 교회를 다니

고 있던 한 아주머니의 소개로 '행복모임'이라는 엄마들 모임에 나
갔다가 자녀들 앞에서 미소 지으며 표정 관리하는 방법을 배웠고,
집에 돌아와서도 미소 짓는 연습을 꾸준히 했더니 놀랍게도 아이
의 증상이 점점 나아졌다고 합니다. 저는 이분의 이야기를 들으면
서 엄마의 행복한 표정이 아이를 살렸다고 생각했습니다.

　행복한 엄마의 표정이 아이를 행복한 삶으로 인도할 수 있습
니다. 아이들을 좋은 학원에 보내고, 좋은 옷을 사 주고, 좋은 음식
을 만들어 주어도 엄마의 행복한 표정보다 더 좋은 것은 없습니다.
그러니 엄마가 무조건 행복해야 합니다. 다소 진부한 이야기처럼
들리겠지만 진리는 항상 단순한 법입니다. 엄마가 먼저 행복을 배
우고, 행복을 만들어 가면서 성장하는 모습을 아이들에게 보여 주
세요. 이것이 가장 좋은 부모 교육법입니다.

좋은 부모 체크 리스트

☐ 나는 매일 자녀를 다정하게 안아 주면서 스킨십한다.

☐ 나는 매일 자녀의 잘한 점을 의도적으로 칭찬한다.

☐ 나는 매일 자녀에게 책을 읽어 준다.

☐ 나는 매일 자녀와 30분 이상 놀아 준다.

☐ 나는 아이들의 의견을 잘 듣고 존중한다.

☐ 나는 하루 한 번 이상 자녀를 웃게 한다.

☐ 나는 아이가 잘했을 때는 칭찬을, 못했을 때는 격려한다.

☐ 나는 내 아이가 잘될 것이라고 믿는다.

☐ 나는 내 아이의 단점보다는 장점을 많이 본다.

결과
6개 이상: 아이에 대해 좋은 태도를 가진 부모.
4~5개: 아이에 대한 이해와 사랑이 조금 더 필요한 부모.
4개 미만: 아이에 대한 이해와 사랑이 많이 필요한 부모.

"내가 5살 때 엄마는 항상 '행복이 삶의 열쇠'라고 말씀하셨다.

학교에 다니기 시작했을 때 선생님은 앞으로 커서

뭐가 되고 싶은지 써 오라는 숙제를 냈다.

나는 '행복'이라고 적었다.

선생님은 내가 숙제를 이해하지 못하고 있다고 말했다.

난 선생님에게 선생님은 삶을 이해하지 못하고 있다고 답했다."

- 존 레논

부모의 언어습관이
아이의 인지 능력을 움직인다

종혁이는
왜 공부를 잘할까?

종혁이를 처음 만났을 때가 생각납니다. 준수한 외모에 안경을 쓴 모습이 딱 봐도 모범생 같은 중학생 남자아이였습니다. 외모보다 제가 더 놀랐던 건 종혁이의 어휘 수준이었습니다.

"선생님 '기학학적 관점'이 무슨 뜻이에요?"
"선생님은 '포괄적 차별금지법'에 대해 어떻게 생각하세요?"
"'스콜라철학'이 정확하게 어떤 개념인가요?"

종혁이가 구사하는 언어와 질문은 중학생이 아닌 대학생 수준이었습니다. 이뿐만 아니라 문학, 역사, 철학에 대한 상식과 교양이 높았으며 학교 성적도 최상위권이었습니다. 종혁이는 지금까지 사교육 한 번 받지 않았고, 어려운 문제가 있으면 부모님이 도와주시거나 혼자서 책을 읽으며 공부했다고 합니다. 무엇이 이 아이를 이렇게 지적 호기심이 가득한 상태로 만들었을까요?

1966년 미국의 제임스 콜만이라는 사회학자는 '교육의 불평등은 어디에서 오는가?'를 주제로 연구를 진행했습니다. 약 4000개 학교, 60만 명의 학생을 대상으로 실시한 방대한 연구였습니다. 그 결과 약 700페이지 분량의 대규모 보고서가 만들어졌는데 이것이 바로 그 유명한 '콜만의 보고서'입니다. 보고서가 발표되자 미국 사회가 발칵 뒤집혔습니다. 사람들은 학업성적이 학교의 환경과 시스템, 예산, 교과과정의 완성도, 학생 수, 교사의 수준, 고교 평준화 정책 등에 영향을 받는다고 믿었는데 콜만의 보고서에 따르면 이런 것들은 학업성적과 전혀 상관이 없었습니다. 그보다는 부모의 수입, 직업, 재산, 교육 수준 등 사회경제적 지위가 더 큰 영향을 미쳤습니다.

그렇다면 우리나라는 어떨까요? 2010년 『사회복지연구』에 발표된 신명호 교수의 논문에서는 고학력자·중산층 부모와 저학력자·저소득층 부모의 교육에 관한 가치관과 교육 열망 정도, 자녀를 공부시키는 방식 및 양육 태도 등의 차이가 아이들의 학습 격차를 발생시키는 원인이라고 했습니다.

부모의 사회경제적 수준이란 계층구조 내에서 어떤 사람이 선점하는 사회적 지위와 경제적 지위를 의미합니다. 이는 부모의 수입, 직업, 재산, 거주 지역, 교육 수준 등에 의해 위치가 결정되고, 이러한 지위는 자녀에게 제공하는 경험의 질과 양, 가정 내 구성원 간의 의사소통 방식, 자녀에 대한 태도와 가치 등으로 반영되어 아이들의 지적인 발달과 학업성취에 영향을 주는 주요 변수가 됩니다.

종혁이가 지적 호기심이 많은 아이가 된 가장 큰 원인은 가정에서 경험하는 부모의 언어, 교양, 생활 수준이 '문화 자본'이 되어 인지 발달에 도움을 준 것입니다. 여기에서 핵심은 '부모가 구사하는 언어 능력'입니다. 부모의 언어 능력이 아이들의 인지 발달과 학업 성적에 결정적인 차이를 만들어 냅니다.

영국의 언어학자인 바실 번스타인은 사회계층과 어법에 관한 연구에서 중상류계층과 하류계층(노동자계층)의 언어 능력에는 현저한 차이가 있다고 주장했습니다. 특히 여기에는 부모의 어휘 능력뿐만 아니라 언어구조(문장구조)에도 차이가 있는데 이러한 차이는 가정의 문화에 반영되면서, 자녀들의 인지 발달에 영향을 준다고 합니다. 결국 부모의 언어 능력(어법)이 아이들의 학업성취에 차이를 만드는 것입니다.

중상류계층과 하류계층의 언어는
어떻게 다른가?

번스타인은 사회계층에 따라서 사용하는 어법이 다르다는 것을 발견하고 중상류계층과 하류계층 아이들에게 다음과 같은 실험을 했습니다. 먼저 두 집단 아이들에게 네 장의 그림을 보여 줬습니다. '그림 1'은 몇 명의 소년이 동네에서 축구를 하는 모습이었고, '그림 2'는 소년들이 가지고 놀던 축구공이 어떤 집의 유리창을 깨고 들어가는 모습, '그림 3'은 한 여자가 집 안에서 깨진 유리창 너머 아이들을 내다보는 것과 동시에 한 남자가 험악한 표정을 지은 모습이었습니다. 마지막 '그림 4'는 아이들이 놀라서 도망치고 있는 모습이었습니다. 번스타인은 아이들에게 그림을 보여 주면서 자신에게 그림 속 상황을 설명해 달라고 부탁했습니다. 먼저 중상류계층의 아이들은 그림을 이렇게 설명했습니다.

"몇 명의 아이들이 모여서 축구를 하고 있었어요. 그중 한 명의 아이가 공을 찼는데 공이 그만 유리창을 깨고 안으로 들어갔어요. 깜짝 놀란 아이들은 당황하면서 그것을 바라보고만 있어요. 이때 한 남자가 유리창이 깨지는 소리를 듣고 집 밖으로 나와 아이들에게 소리를 질렀어요. 아이들은 무서워서 도망갔는데 주인아주머니는 도망가는 아이들을 창문 밖으로 내다보고 있었어요."

중상류계층의 아이들은 어휘를 다양하게 구사하고, 설명이 구체적이면서 정확합니다. 어법 역시 이야기의 흐름에 맞게 논리적입니다.

반대로 하류계층의 아이들은 이렇게 설명했습니다.

"어떤 애들이 축구하고 있어요. 어떤 애가 찼는데 날아가서 유리창이 깨졌어요. 보고 있는데 누가 나와서 깼다고 애들에게 소리를 질러서 애들이 달아났어요. 어떤 여자가 밖을 내다보며 애들을 혼내고 있어요."

하류계층의 아이들은 어휘 수준이 낮으며, 설명이 구체적이지 않고, 맥락이 이어지지 않아 비논리적입니다.

여러분은 어떤 아이들의 이야기가 이해하기 쉬운가요? 아마도 대부분은 중상류계층 아이들의 설명이 쉽다고 느낄 겁니다.

이렇듯 가정에서 사용하는 언어 수준은 아이가 학교에서 수업을 듣고 이해하는 데 매우 중요합니다. 먼저 중상류계층의 아이들이 사용하는 '평소 어법'은 학교에서 사용하는 '공식어Formal Language: 정교화된 언어모형'에 가깝습니다. 반대로 하류계층의 아이들이 사용하는 어법은 '대중어Public Language: 제한된 언어모형'의 형태를 띕니다. 하류계층의 아이들은 '학문적인 용어(공식어)'에 익숙하지 않아 새로운 단어를 습득하고 의미를 해석하는 데 많은 시간과 에너지를 쓰게 되고 공부를 어렵다고 느낍니다. 결국 부모가 가정에서 사용하는 용어의 차이가 학업성적의 차이로 이어지는 것입니다.

부모의 언어습관이
먼저 달라져야 한다

계층과 상관없이 가정에서 언어 차이를 좁힐 수 있는 방법은 무엇이 있을까요? 첫 번째, 부모의 언어습관이 달라져야 합니다. 일방적인 지시나 명령어 대신 공감과 설득하는 언어를 사용하면 아이들의 인지 능력을 높여 줄 수 있습니다. 이때 전제 조건은 부모의 감정과 억양입니다. 부모의 억양에는 감정이 실리기 때문에 최대한 안정적이면서 부드럽고 따뜻한 어투로 아이들의 마음에 먼저 공감해야 합니다. 그래야 아이의 이성적인 뇌도 활발하게 움직일 수 있습니다.

아이들을 훈계할 때 "안 돼!" "하지 마!" "그만해!"라는 명령어를 쓰기보다는 "~하기 때문에 그렇게 하면 위험해." "만약 ~하면 어떨까?"라는 설득형 언어를 쓰는 게 좋습니다. 그래야 아이는 자신의 문제를 받아들이고 상황을 이해하면서 인지 능력도 발달시킬 수 있습니다.

두 번째, 아이들에게 책을 읽어 주는 것만으로도 아이들의 학업

성적을 높일 수 있습니다. 짐 트렐리즈, 신디 조지스가 쓴 『하루 15분 책읽어주기의 힘』(북라인, 2020)을 보면 전문직 가정과 근로자 가정에서 자란 5살 아이들을 4년 동안 관찰한 결과, 전문직 가정의 아이는 4500만 단어, 근로자 가정의 아이는 2600만 단어, 생활보호대상자 가정의 아이는 1300만 단어를 들으며 자란다고 합니다. 만약 이 아이들이 같은 날 유치원에 입학했다면 한 아이는 3200만 단어를 모른 채 학습하게 되고 그 차이는 계속 벌어지게 됩니다.

이 연구에서 시사하는 바는 아이들의 학업성적에 차이가 생기는 원인이 부모의 사랑이나 사회경제적인 수준이 아니라 '아이들이 접하는 단어 수'라는 것입니다. 아무리 소득 수준이 낮고 경제적으로 어렵더라도 아이들과 많은 대화를 한다면 학업성적의 격차는 좁혀질 수 있습니다.

아이가 많은 어휘를 접할 수 있도록 부모는 아이에게 많은 책을 읽어 줘야 합니다. 책에는 다른 매체에 비해 희귀 단어가 많이 등장합니다. 이 '희귀 단어'를 많이 알아야 학업성적에 결정적인 경쟁력이 생깁니다. 즉, 어휘력은 1만 개의 공통 어휘로 결정되는 것이 아니라 얼마나 많은 희귀 어휘를 이해하고 습득했느냐에 따라 달라집니다. 4살짜리 자녀와 대화할 때는 1000단어당 단 9개의 희귀 단어를 사용하는데 책에서는 세 배, 신문에서는 일곱 배의 희귀어를 읽게 됩니다. 따라서 매일 자녀에게 책을 읽어 주면서 대화를 나누는 것이 사회경제적인 수준과 상관없이 학업성적을 높일 수 있는 가장 훌륭한 학습법입니다.

우리 아이에게 부모는 최고의 가정교사입니다. 그만큼 교육에서 부모의 역할은 지대합니다. 특히 부모의 언어습관이 자녀에게 큰 영향을 준다는 건 수많은 논문과 다양한 사례를 통해 증명되고 있습니다. 결과적으로 부모의 언어습관은 가정의 문화이고, 부모의 풍부한 어휘력은 계층의 언어를 무너뜨리는 조건입니다. 가정에서 아이들에게 책을 읽어 주며 공감과 긍정의 언어로 말하고 훈육한다면 아이의 사고방식과 인생 태도, 지적 능력 등 많은 부분이 바뀌게 되고 마침내 아이의 인생이 달라질 수 있습니다.

어휘력 습득이 중요한 이유

독서의 재미를
불어넣어 주는 어휘력

매주 토요일 오전, 저는 둘째 하윤이와 함께 동네 카페에서 책을 읽습니다. 카페는 집에 있을 때보다 아이가 딴짓할 수 있는 요소가 적어서 좋습니다. 공간이 주는 효과입니다.

집은 독서를 방해하는 여러 가지 장애물이 많습니다. 세탁기만 쳐다보더라도 빨래를 해야겠다는 생각이 들고, 싱크대에 쌓여 있는 그릇을 보면 설거지를 해야 할 것 같고, 널려 있는 옷가지들과 장난감을 보면 빨리 정리해야 한다는 부담감이 밀려옵니다. 그러다 보면 정작 해야 할 중요한 업무를 그르칠 때가 많습니다. 이럴 때는 일단 일의 능률을 올리기 위해 공간을 분리하고 중요한 업무부터 처리해야 합니다.

　카페는 오로지 나 자신과 책에만 집중할 수 있는 최적의 환경입니다. 커피 향과 맛이 뇌를 각성시키고, 흘러나오는 음악은 백색소음으로 들리기 때문에 집중력을 높여 줍니다. 그래서 저는 아이들과 함께 자주 카페에 가서 책 읽기와 글쓰기에 집중합니다.

　오늘 저는 『노인과 바다』를 들고나왔고, 하윤이는 『돌부처가 준 삼백 냥』(김장성 저, 한솔교육, 2001)을 가져왔습니다. 하윤이는 열심히 집중해서 책을 읽었습니다. 그런데 한 10분쯤 있다가 저에게 질문을 던집니다.

　"아빠, '조아리다'가 뭐야?"
　"'조아린다'는 상대방에게 존경의 뜻으로 머리를 숙이는 예의 같은 거야."

　저는 천천히 단어의 뜻을 설명해 주었습니다. 아이는 알겠다는 듯 다시 책을 읽어 나갑니다. 그러다 얼마 후 또다시 질문합니다.

　"아빠, '야박하다'가 뭐야?"
　"'야박하다'는 인정이 없다는 뜻이야. 그러니까 먹을 것이 많이 있는데도 나눠 먹지 않고 혼자 먹으려고 하는 태도를 두고 '참 야박하다.'라고 표현하지."

또 한참 후에 질문합니다.

"아빠, '장사 지내다'가 뭐야?"
"'장사 지내다'라는 건 죽은 사람에게 하는 의식 같은 거야. 지난
번에 증조할머니 돌아가셨을 때 아빠하고 장례식장 같이 갔었지?
그걸 '장사 지낸다'라고 하는 거야."

아이들이 책을 읽다 질문하는 이유는 단어의 뜻을 몰라 머릿속
에서 자동으로 독해가 되지 않아서 그렇습니다. 단어의 뜻을 모르
면 글의 흐름을 놓치게 되고 이해력이 떨어져 책에 대한 흥미를 잃
어버립니다. 따라서 독서 초보자에게 어휘력 습득은 무엇보다 중
요합니다.

독해력의 기본은
어휘량

머릿속에 축적된 어휘량이 많으면 글의 흐름을 쉽게 이해할 수
있고, 독해력 또한 자연스레 올라갑니다. 어휘력의 차이는 학습 격
차로 이어질 수 있습니다. 다시 말해 빈약한 어휘 수준을 지녔다면
책을 읽어도 글의 흐름을 이해하기 어렵고, 교과서 내용을 어렵다

고 느껴 공부에 흥미를 잃고 수업에 집중하지 못합니다.

많은 학교에서 한 단원이 끝날 때마다 서술형으로 답을 쓰는 단원평가를 봅니다. 어휘가 부족한 아이들은 '풀이 과정을 쓰시오.'라는 문제에서 '풀이'와 '과정'이라는 단어가 어떻게 연결되고 무엇을 의미하는지 이해하지 못해 답을 못 쓰기도 합니다. 이처럼 모든 공부의 기본은 아이가 알고 있는 어휘량과 아주 밀접합니다.

캐나다의 언어학자 와일더 팬필드는 결정적 시기 이론에서 "아동기는 생애 중에서 어휘 습득이 가장 왕성한 시기다. 이때 습득한 어휘는 성인이 되어 원활한 독서와 청취는 물론 생각과 의사를 글로 쓰고 말로 표현하는 데 사용한다. 아동기 이후 어휘 습득은 생물학적 제약을 받아 둔화된다. 따라서 어휘량이 풍부하고 좋은 단어를 사용하는 아이로 키우기 위해서는 아동기 독서가 결정적인 역할을 한다."라고 이야기합니다.

그렇습니다. 어휘력이 폭발적으로 늘어나는 '결정적인 시기'가 있습니다. 우리가 지금 사용하는 어휘는 대부분 사춘기 이전에 습득한 것들입니다. 심리학자 사카모토 이치로가 발표한 〈아동 및 청소년의 어휘량 발달표〉에 따르면 0~7세까지는 어휘량의 증가 속도가 매년 500단어 내외지만 7~11세에는 약 1000단어 이상으로 대폭 증가합니다. 이 시기는 어휘력이 늘어나는 '골든 타임'으로 이때 집중적으로 어휘력을 키워 줘야 합니다.

초등기까지 매해 폭발적으로 어휘량 증가

6342

5448

5572

4989

3602

2306

1271

500

~ 만 6세　7세　8세　9세　10세　11세　12세　13세

연령별 연평균 증가 어휘량(단위: 개)
참고: 사카모토 이치로 '아동 및 청소년의 어휘량 발달표'

부모들은 아이들의 어휘력을 키워 줄 방법이 독서라는 것을 익히 알고 있지만 구체적으로 왜 독서가 어휘력을 키워 줄 수 있는지 그 맥락은 잘 알지 못합니다. 아이들이 부모와 대화하면서 사용하는 기본 어휘는 대략 3000~4000단어입니다. 하지만 이것만으로는 학습 능력에 영향을 주지 못합니다. 일상에서 사용하는 어휘를 '구어의 세계'라고 한다면 학습에 영향을 줄 수 있는 어휘는 '문어의 세계'입니다. 이 두 가지 세계에서 사용하는 어휘가 다르다는 것을 이해해야 합니다. 다음 표를 살펴봅시다.

표에 있는 단어는 초등학교 사회 교과서에 자주 등장하는 어휘들입니다. 이러한 어휘는 일상에서 잘 사용하지 않습니다. 그래서 이제 막 구어의 세계에서 문어의 세계로 입문한 아이들에게 교과서는 익숙하지 않은 단어가 가득한 책입니다. 이런 아이들

초등학교 사회 교과서 어휘	
급속한 산업화	고령화 문제
도시화	환경 문제
저출산	사회 문제
개인 정보 보호 문제	도시 문제

에게 문어의 세계에서 사용하는 단어를 알려 주는 효과적인 방법은 부모가 책을 직접 소리 내서 읽어 주는 것입니다. 부모가 희귀 단어들을 설명하면서 책을 읽어 줄 때 아이들은 비로소 뜻을 이해하고 자연스럽게 이를 습득해 글의 흐름을 파악합니다. 꾸준히 책을 읽어 주면 조금씩 모르는 단어들과 문장이 연결되고 문어의 세계에 익숙해지면서 어휘량이 점점 증가합니다. 하루 15분, 자녀와 책으로 대화해 보세요. 아이들이 이해할 수 있는 어휘의 수준이 빠르게 달라집니다.

아이의 공부 의욕을 일으키는 방법

정서 상태와
학업성적의 관계

올해 5학년인 하연이의 수학 선생님은 엄마입니다. 매일 두 장씩 수학 문제집을 풀고 모르는 것이 있으면 엄마한테 물어보면서 수학 공부를 합니다. 하지만 하연이는 수학이 싫은가 봅니다. 공부 시간마다 삐뚤어진 자세로 책상 앞에 앉아 불편한 표정을 지으면서 꾸역꾸역 문제집을 풀고 있거든요. 하연이의 온몸에서 불만과 기분 나쁨, 짜증이 느껴집니다. 엄마는 하연이의 기분이 좋든 싫든 '절대 수학은 뒤처지면 안 된다.'라는 신념으로 열심히 아이를 끌고 갑니다. 아이가 쉬운 문제를 틀릴 때는 "아직도 이걸 몰라?"라며 다그치기도 합니다. 한 문제 한 문제 풀 때마다 엄마의 목소리는 점점 커지고 아이는 주눅 든 채 기어들어 가는 목소리로 틀린 답을 이야기합니다. 누가 봐도 지금 아이의 정서는 망가진 상태입니다.

이런 경험이 있는 아이는 공부를 부정적인 활동으로 받아들입니다. 그러나 부모는 아이의 이런 정서 상태(정서 지능)를 크게 신경 쓰지 않습니다. 아이가 공부에 대해 느끼는 감정보다 답을 맞히는 인지 능력에 더 집중하기 때문에 아이가 받는 스트레스와 상처는 당연히 감수해야 한다고 판단합니다.

아이가 받아들이는 공부에 대한 정서, 즉 감정 상태는 학습 성취와 어떤 관련이 있을까요? 영국 센트럴랭커셔 대학교 파멜라 퀴터 교수 연구팀이 발표한 〈능력 정서 지능, 특성 정서 지능 그리고 영국 중학교 학생들의 학업적 성공에 대한 연구보고서〉(2011)에는 정서 지능이 학업성적에 영향을 준다고 나와 있습니다. 중학교에 입학하는 86명의 학생들을 5년 동안 관찰한 결과 IQ는 높지만 정서 지능이 낮은 아이들보다 정서 지능이 높은 아이들이 고학년으로 올라갈수록 더 높은 성적을 얻은 것이죠.

이 연구는 학업 과정이 어려울수록 정서 지능이 학업성적에 많은 영향을 준다는 것을 보여 줍니다. 우리나라에서도 조한익의 〈정서가 학업성취도에 미치는 영향, 정서 조절과 학습전략의 매개효과 검증〉(2013) 논문을 보면 '정서가 학습전략 및 학업성취도를 높여 주는 역할을 한다.'는 내용이 나옵니다. 다시 말해 아이들의 안정된 정서 지능은 학업성취에 긍정적인 영향을 미치는 것입니다.

불안정한 정서가
미치는 영향

인간의 뇌는 이성을 담당하는 '전두엽'과 감정을 담당하는 '변연계'가 서로 연결되어 있습니다. 따라서 불안감이 높은 아이의 뇌는 불안한 정서를 가라앉히기 위해 변연계에서 많은 에너지를 쓰게 됩니다. 예를 들어 엄마의 딱딱한 표정을 보고 퉁명스러운 말투를 듣는 아이들은 계속해서 불안정한 감정을 쌓고 스트레스를 받습니다. 이럴 때 뇌에서는 '변연계'를 활성화시킵니다. 그러면 뇌는 '생존의 위협을 느낀 파충류의 뇌'로 변하면서 이성을 담당하는 신피질 활동을 멈추고 불안정한 감정을 낮추려 많은 에너지를 쓰기 때문에 집중력이 떨어집니다. 결국 아이가 학습하는 데 어려움을 겪게 되는 것이죠. 아이가 수학 문제를 잘 못 푼다며 심하게 다그치거나 언어 폭력을 가할 경우 본능적으로 아이는 극도의 긴장 상태가 되어 변연계를 활성화시키기 때문에 인지 능력이 현저히 줄어들 수밖에 없습니다.

아이의 학업성취도를 높이기 위해서는 무엇보다 긍정적인 공부 정서를 만들어 줘야 합니다. 그래야 안정감을 느끼고 이성적인 뇌, 전두엽이 활발해지면서 인지 능력이 높아집니다.

아이에게 정서적인 안정감을 주기 위해서는 어떻게 해야 할까요? EBS에서 방송된 〈공부의 왕도〉라는 프로그램에서 다음과 같은 흥미로운 실험을 진행했습니다. 피실험자로 참가한 두 명의 초등학생에게 수학 문제를 풀게 했는데 첫 번째 테스트에서는 각각 서로 다른 문제를 풀게 했습니다.

첫 번째 학생에게는 '14ml, 37ml, 3ml의 양동이를 사용해서 20ml를 재라.'는 문제가 주어졌습니다. 이 문제는 37ml 양동이에 물을 가득 채운 후 14ml로 한 번 퍼내고, 3ml 양동이로 다시 한번 퍼내면 해결됩니다. 두 번째 학생에게는 '23ml, 3ml, 5ml의 양동이로 20ml의 물을 재라.'는 문제가 주어졌습니다. 이 문제는 다른 문제에 비해 비교적 쉬운 편입니다. 먼저 23ml의 양동이에 물을 가득 담은 후, 3ml 양동이로 한 번만 퍼내면 해결됩니다.

첫 번째 테스트에서 어려운 문제를 받았던 학생은 문제를 풀면서 괴로워합니다. 공부 정서가 좋지 않은 듯 보이죠. 반면에 두 번째 문제를 받은 학생은 여유로운 모습을 보이다가 답을 찾은 듯 밝은 표정을 지었습니다. 두 번째 테스트에서는 두 학생에게 같은 문제를 풀도록 했습니다. 이 테스트에서는 학생들의 반응 차이를 확연히 느낄 수 있었습니다. 첫 번째 테스트에서 쉬운 문제를 풀었던 학생은 두 번째 테스트도 쉽고 빠르게 해결한 반면 어려운 문제를 풀었던 학생은 두 번째 문제 풀이에 시간이 오래 걸렸을 뿐 아니라 문제를 푸는 내내 괴로워했습니다. 실험이 끝난 후 어렵게 문제를 풀었던 학생은 풀이 과정을 듣고 이렇게 반응했습니다.

"이렇게 쉬웠다니. 제가 너무 어렵게 생각했던 것 같아요."

같은 문제인데 어떤 학생은 쉽게, 어떤 학생은 어렵게 받아들였을까요? 바로 공부에 대한 '긍정적인 정서'가 문제에 대한 자신감을 만든 것입니다.

공부에 대한 긍정적인 경험을 만들어 주는 방법

하버드 대학교 대학원 교육학과 커트 W. 피셔 교수는 "인지는 지성을 위한 것이고 이것이 정서와 분리되어 있다고 생각하면 안 된다. 정서도 지성의 한 부분으로 봐야 한다."고 말합니다. 독일의 괴팅겐 대학교 심리학과 프리드리히 헤세 교수 또한 "얼굴 표정, 감정 상태, 사고방식, 학습 효과는 하나로 엮여 있다."고 말합니다. 이처럼 정서는 문제를 풀 때 감정적인 영향을 미치고 학습에서 무엇이 중요한지 파악할 수 있게 합니다.

그렇다면 어떻게 해야 아이들이 공부에 대한 긍정적인 경험을 만들 수 있을까요? 첫 번째, 아이가 공부를 싫어하면 충분한 시간을 두고 기다리세요. 억지로 공부를 시켜서 공부 정서를 망가트리는 것보다 아이의 거부감이 사라질 때까지 기다려 주는 게 더 좋습니다. 이때 엄마가 해야 할 역할은 아이와 함께 놀면서 정서적 유대 관계를 맺는 겁니다. 엄마와의 놀이에서 아이는 상처받았던 기억은

잊고 엄마에 대한 좋은 기억을 많이 만들어 신뢰감을 쌓게 됩니다.

두 번째, 아이의 수준에 맞는 문제부터 조금씩 풀어야 합니다. 아이가 공부를 싫어하는 이유는 문제를 이해하지 못하기 때문입니다. 따라서 아이 수준이 어느 정도인지 파악해 보고 쉬운 문제부터 차근차근 풀면서 재미를 느끼게 해야 합니다.

세 번째, 아이가 공부에 '자기결정감'을 가질 수 있도록 도와줘야 합니다. '자기결정감'이란 아이 스스로 공부에 포함된 내적인 의미와 가치를 발견해서 모든 일을 주도적으로 결정하는 감각입니다. 아이가 스스로 학습량과 시간을 선택하고 통제하는 건 자신감을 높이고 긍정적인 느낌을 경험하는 일입니다. 그러니 부모는 일방적으로 지시하고 감시하기보다 아이에게 자유로운 결정권과 선택권을 주세요.

네 번째, 계속해서 '성취감'을 심어 줘야 합니다. 아이들이 게임을 좋아하는 이유는 자신이 노력하고 투자한 만큼 곧바로 결과가 나타나기 때문입니다. 성취감을 얻은 아이는 게임을 긍정적으로 기억하고 점점 게임에 빠지게 됩니다. 게임에 대한 '긍정 경험'이 아이에게 '자기효능감'을 주는 것입니다. 반대로 공부는 내가 노력하고 시간을 투자해도 결과가 금세 나타나지 않으므로 나쁜 기억으로 각인됩니다. 우리 아이가 공부한 만큼 칭찬과 격려를 해 주면 아이는 긍정적인 정서를 갖게 되어 성취감을 느끼고 공부에 대한 자신감도 생길 수 있습니다.

게임하는 뇌, 책 읽는 뇌

통제력이
약해지는 아이들

요즘 코로나19보다 더 큰 전쟁은 아이들과의 스마트폰 전쟁입니다. 어떻게든 스마트폰을 빼앗으려 하는 부모님과 어떻게든 스마트폰을 사수하려는 아이들이 싸우면서 스마트폰의 폐해는 날로 심각해져 갑니다. 아이들이 책을 읽지 않는 이유도 책보다 만 배는 재밌는 스마트폰이 있기 때문입니다. 아이들이 책을 가까이하기 위해서는 '게임하는 뇌'에서 '책 읽는 뇌'로 전환하도록 해야 합니다.

제가 이런 이야기를 하면 어떤 분(스마트폰 사용을 옹호하는 포노족)은 이렇게 말합니다.

"야! 요즘은 '포노사피엔스' 시대야!"

"아이들에게 스마트폰은 필수야! 스마트폰을 적절하게 사용할 줄 알아야 현대 문명에서 '킬러 콘텐츠'를 만들면서 창조적으로 살아남을 수 있어!"

사실 저도 '포노족'의 의견에 공감합니다. 하지만 아직 뇌가 완성되지 않은 아이들에게 글자가 아니라 디지털 기계부터 먼저 보여 주면 뇌에 좋지 않은 영향을 끼치므로 '포노사피엔스Phono sapiens'보다는 '호모사피엔스Homo sapiens'가 먼저라고 생각합니다.

아이들의 뇌는 0~10세까지 활발하게 성장합니다. 이때 스마트폰을 과도하게 사용하면 전두엽 발달은 저하되고 후두엽만 활성화됩니다. 한마디로 뇌가 불균형해지는 셈이죠. 후두엽이 활성화되면 문자보다는 영상과 음성에 익숙해지고, 시각 기능이 발달되면서 외부를 통해 들어오는 자극적인 정보에 민감해지고 즉각적인 보상을 욕구하는 '파충류의 뇌'로 전환됩니다.

전두엽을 발달시켜야 이성적인 판단과 사고 기능이 활발해지고 사고력이 깊어지는데, 아이들의 뇌가 생존만을 위한 파충류의 뇌로 전환된다면 모든 걸 재미에 따라서 판단하게 됩니다. 더불어 문자보다 영상과 음성에 익숙해지면서 집중력이 짧아지고 '학습 능력'이나 '문제 해결 능력' '기억력' '판단력'에 지장을 받을 수 있습니다. 이는 정서적인 통제력이 약해지는 원인이 되고 분노조절장

애로 이어질 수 있습니다.

가톨릭대학교 심리학과 발달심리 연구실과 〈서울신문〉에서 2~6세 유아 62명을 대상으로 한 〈일평균 스마트기기 사용 시간에 따른 정서 조절 능력에 관한 공동 조사〉를 보면 스마트기기 사용 그룹이 평균 30.45점으로 스마트기기 미사용 그룹 32.17점보다 정서 조절 능력을 나타내는 수치가 약간 떨어졌습니다. 짜증이나 화를 내는 빈도 등을 나타내는 부정 정서 표현 수치도 스마트기기 사용 그룹이 17.29점으로 미사용 그룹 14.67점보다 2.62점 높았습니다.

검사를 진행한 정윤경 가톨릭대학교 심리학과 교수는 "부정 정서가 높게 나오는 것은 정서 조절이 제대로 안 되고 있기 때문이다."라며 스마트기기가 아이들의 정서 조절 기능 발달에 영향을 끼쳤다고 말합니다. 뿐만 아니라 "스마트기기 사용 시간이 길어질수록 중독에 빠질 수밖에 없어 아이들이 화를 내거나 짜증을 많이 낼 수 있다."라고 이야기했습니다.

아이들은 주로 게임과 유튜브, 틱톡과 같은 콘텐츠를 자주 접합니다. 이러한 콘텐츠에는 시선을 사로잡는 자극적인 재미와 흥미 위주의 영상물이 많이 올라옵니다. 또한 유튜브 시스템은 사용자 이탈을 막기 위해 자주 보는 콘텐츠를 중심으로 알고리즘을 구성해 유저 취향에 맞는 영상만 보여 준다는 특징이 있습니다. 그래서 스마트폰을 많이 사용한 아이들의 뇌는 자극적인 영상에 반응하는 뇌가 됩니다.

즉각적인 보상 시스템에 익숙해진 아이들의 뇌는 깊이 사고하는 기능이 점점 퇴화됩니다. 다시 말해 사고력과 판단을 담당하는 전두엽의 기능은 떨어지고 시각만 자극하는 후두엽의 기능만 활성화되면서 자기 판단 능력이 약화되는 것입니다. 감정 조절이 잘되지 않으니 화를 많이 내거나 짜증, 부정적인 표현, 거친 행동 등이 표출되고 인지적인 참을성이 현저히 떨어집니다. 이것은 장시간 동안 스마트폰을 사용해서 일어난 '불균형한 뇌 발달'의 결과입니다.

시간 주도권을
잃어 가는 아이들

스마트폰 사용에 익숙해지면서 아이들에게 나타나는 현상 중 하나는 생산적인 시간에 대한 주도권을 잃어버리는 것, 즉 '통제력 상실'입니다. 인터넷 콘텐츠는 긴 글을 읽기 싫어하는 유저들의 성향을 따라가므로 글이 짧을 수밖에 없습니다. 이런 환경에 노출된 아이는 계속해서 짧고 이해하기 쉬운 콘텐츠만을 찾게 되고, 알고리즘이 이런 아이의 취향을 반영해 비슷한 내용의 콘텐츠를 추천해 줍니다. 결국 아이는 '짧은 콘텐츠 중독'에서 스스로 빠져나오지 못하게 됩니다.

자제력이 부족한 어린아이들일수록 '시간 주도권'이 스마트폰으로 넘어가기 쉽습니다. 스마트폰을 볼 때 아이들은 원하는 콘텐츠를 바로 찾아서 보고 즐길 수 있어서 몰입력이 높아집니다. 그래서 한번 스마트폰을 보면 시간 가는 줄 모르고 빠져듭니다. 이렇게 소비하는 콘텐츠는 단편적인 정보와 맥락 없는 오락물이기 때문에 머릿속이 산만해지고 결국 시간만 허비하게 됩니다.

요즘 아이들은 "한번 생각해 보자." "자기 의견을 발표해 보자." "요약해서 써 보자."라는 말을 싫어한다고 합니다. 전문가들은 스마트기기를 사용함으로써 후두엽만 자극되고 전두엽은 활성화되지 않기 때문에 이런 결과를 낳았다고 말합니다. 지금이라도 스마트폰 사용 시간을 최소한으로 줄이고, 사고력을 발달시켜 줄 수 있는 전두엽을 자극하는 활동을 해야 합니다.

이때 가장 좋은 방법이 '독서'입니다. 독서는 단순히 글자를 쳐다보는 게 아니라 한글의 음가를 기억해서 읽고, 그 내용을 분석해서 뜻을 파악하고 이미지로 상상하면서 의미를 만들어 내는 과정입니다. 전두엽은 이러한 일련의 과정을 통합하면서 활성화됩니다. 그래서 모든 공부의 기본이 책 읽기인 것입니다. 거듭 강조하지만 사고 체계가 잡히고 전두엽이 자극받을 수 있는 독서는 매우 중요합니다.

독서는 아이들과 함께 어떤 책을 읽어야 할지 고민하는 순간부터 시작됩니다. 몸을 움직일 때 기억력이 좋아지는 원리와 비슷합니다. 그 과정 자체가 이미 시간 주도권이 나에게 있다는 의미입니다. 좋은 책이 아니라 아이들 눈높이에 맞는 쉬운 책을 골라서 한 장씩 꾸준하게 읽는 습관을 만들어 줘야 합니다. 책을 어려워한다면 얇은 책부터 천천히 함께 읽으면서 아이들의 뇌를 다시 '생각하는 뇌'로 만들어야 합니다.

초등 우등생의 몰락

중학교 성적이
떨어지는 이유

최승필 작가의 『공부머리 독서법』(책구루, 2018)에는 아주 흥미로운 조사가 등장합니다. '초등학교 때 우등생이었던 아이들이 중학교에 가서도 성적을 유지할 확률은 20~30퍼센트에 불과하다.' '아이들의 성적은 대부분 상급학교로 진학할 때 떨어지며 한번 바뀌면 제자리로 되돌아가지 못한다.' '바뀐 성적이 자기 성적으로 유지된다.'라는 것입니다.

이러한 최승필 작가의 생각에 전적으로 동의합니다. 물론 교육 과정 내내 우수한 성적을 유지하는 학생들도 있지만, 우등생이었던 아이들이 상급학교로 진학하면서 성적이 달라지는 것을 현장에서 많이 보고 있습니다. 그렇다면 상급학교로 진학한 아이들의 성적이 급변하는 이유는 무엇일까요? 실제로 제가 가르치고 있는 중학생 아이들과 함께 이 책을 읽으면서 읽기 능력과 성적에 어떤 관계가 있는지 토론했습니다(참고로 책을 읽고 토론했던 아이들은 꾸준히 3년 이상 책을 읽어 왔습니다).

Q: 『공부머리 독서법』 잘 읽었나요? 초등학교에서 중학교로 진학한 여러분도 중학교로 진학하면서 성적이 급변했다는 걸 실감하나요?

기철: 초등학교 때는 시험을 못 봐도 70점은 나왔는데 중학교 때는 그렇지 않았어요. 이 책에서 주장하는 '중학교 때는 성적이 떨어진다.'라는 말은 맞는 것 같습니다. 저도 공감합니다.

은효: 저도 마찬가지입니다. 물론 코로나19라는 변수 때문에 초등학교 6학년 때 제대로 중등 과정을 준비하지 못한 원인도 있겠지만 초등학교 때와 비교해 과목마다 범위가 넓어졌고, 특히 저에게는 과학이 너무 어렵게 느껴졌어요. 이게 성적이 떨어진 주요 원인인 것 같아요.

경서: 저는 생각이 좀 달라요. 저는 초등학교 때 공부를 잘하는 그룹은 아니었습니다. 평균 85점 정도? 그러다 중학교로 넘어오면서 자유학년제 때 모두가 공부를 소홀히 하는 분위기에서 혼자 부족한 공부를 꽤 많이 했어요. 그래서 성적이 잘 나왔던 것 같습니다. 또 하나는 제 친구들 이야기인데요, 초등학교 때 공부 잘했던 친구가 중학교에 가서도

잘하는 건 사교육 덕분이라고 생각합니다. 사교육을 많이 받으니까 결과가 좋은 거죠.

은서: 저는 이제 중학교 1학년이라서 아직 시험을 보지는 않았지만 대충 제 실력을 알 수 있잖아요? 저도 초등학교 때는 어느 정도 잘한다고 생각했는데 중학교 때는 수업 시간에 선생님의 설명이 다른 나라 말처럼 이해가 안 될 때가 많았어요. 그리고 제 주변에도 공부를 잘하던 친구들이 중학교에 와서 성적이 떨어지는 걸 보면 책에 나온 말이 맞는 것 같아요. 그런데 그 이유는 학교보다 학원에 중심을 두고 있어서 같아요. 제 친구들도 학교에서 학원 공부를 많이 하는데 그러면 당연히 성적이 떨어지지 않을까요?

수철: 기억이 가물가물하지만 중학교 1학년 때는 단어 암기에 진을 뺐던 영어를 제외하면 큰 문제는 없었습니다. 오히려 전 중학교 2학년 때까지 교과서로만 공부했습니다. 그러다 중3 때 문제집도 같이 풀기 시작했는데 교과서만 볼 때보다 성적에 더 영향을 주었습니다.

Q. 그렇다면 실제로 교과서 읽기가 어려웠나요? 여러분이 경험했던 교과서의 수준은 어땠나요?

기철: 전 딱히 교과서를 읽고 이해하는 데 문제가 없었습니다. 단지

그걸로 복습하지 못해서 문제였지요. 읽고 이해하는 데는 큰 문제가 없었습니다.

은효: 저 같은 경우에는 과학이 가장 큰 문제였고 나머지는 의외로 쉬웠어요. 나름대로 괜찮았습니다.

경서: 아! 저는 2학년이 되고 국어에서 맞춤법 설명이 나오면서 이해하기가 힘들었어요. 반대로 다른 과목들은 이해하는 데 별 어려움이 없었습니다.

은서: 전 영어를 어느 정도 배우고 진학했는데 작년 여름방학 직전에 선생님이 "끊어 읽으세요!"라고 하시더라고요. 그전까지는 한 번도 끊어 읽기를 배운 적이 없어서 이해하기 어려웠습니다. 그리고 또 어려웠던 과목은 과학, 사회였어요. 나머지는 대체로 이해가 잘 됐습니다. 아, 그리고 국어는 재미있었습니다.

수철: 어느 정도 공감되는 말입니다. 다만 경험상 중학교 때든 고등학교 때든 학원이 성적에 영향을 주었다고 생각합니다. 학원에 다니는 모든 학생이 1, 2등급을 맞진 않았으나 1, 2등급인 아이들 대부분은 학원에 다니고 있었습니다. 특히 영어와 수학 같은 경우엔 학원에 다니지 않는 학생은 1등급을 맞지 못했어요. 이와 반대로 국어는 학원 영향이

적은 과목이었습니다. 학원에 다니는 아이도 지문 이해에 어려움을 겪기도 하고 점수도 크게 높지 않은 사례를 많이 보았습니다.

Q. 초등 성적은 엄마 성적, 중등 성적은 학원 성적, 고등 성적은 학생 성적이라는 말 공감하시나요?

기철: 정말 맞는 말인 것 같습니다. 저도 초등학교 때 엄마가 제 공부를 많이 봐 주셨거든요. 근데 중학교에 올라가면서부터는 엄마보다 학원에 의존하게 된 것 같아요. 그래서 맞는 말 같습니다.

은효: 전 좀 다른 생각이에요. 다른 말은 맞지만, '고등 성적이 학생 성적이다.'는 틀린 말 같아요. 고등학교 때도 사교육의 힘이 대부분이고 거기에 약간의 자기 노력이 들어간다고 생각합니다.

경서: 저도 은효하고 생각이 비슷해요. 고등 성적은 학원 성적인 것 같습니다. 저 같은 경우에도 지금 고등 과정까지 학원에서 다 배우니까 고등학교에 가서도 잘할 수 있지 않을까요?

은서: 저는 아직 고등학교는 먼 이야기라서 공감은 안 되지만 학원이 중요하다는 생각이 들어요. 물론 자기의 노력도 있어야겠지만요.

Q. 저자는 중학생이 되어 성적이 떨어지는 게 교과서를 읽고 이해하는 능력이 떨어지기 때문이라고 말하면서 초등학교 때 우등생이었던 이유는 듣고 이해하는 방식의 공부 때문이라고 합니다. 다시 말해 초등학교 때는 학원에서 선행학습을 하고 학교에서는 교사의 충분한 설명으로 교과서를 이해하는 방식으로 공부했던 것입니다. 이러한 주장에 대해 어떻게 생각하나요?

은효: 제가 성적이 떨어졌던 결정적인 이유는 언어 능력보다 코로나19가 더 컸다고 생각해요. 두 번째는 개인적인 이유인데, 저 같은 경우 특정 과목에서 자신이 없고 못 하니까 성적이 떨어지는 것이지, 절대 교과서 때문은 아니라고 생각합니다.

기철: 저는 국어나 수학, 영어는 학원에서 미리 공부하니까 교과서를 이해하기 쉬웠어요. 그런데 초등학교 때와 달리 교과서만 가지고 공부하는 게 아니라 선생님이 학습지처럼 프린트물(학습 유인물)을 함께 나눠 주면서 가르쳐 주시거든요. 이 프린트물이 본체 같다는 생각이 들어요. 교과서만으로 배우는 일은 거의 없는 것 같습니다. 손에 꼽을 만큼 비중이 낮아요. 선생님들의 수업 방식 차이일 수 있지만, 프린트물만으로 공부한다면 교과서는 왜 있는 걸까요?

경서: 저도 아닌 것 같습니다. 성적이 떨어지는 이유는 아까 은효가

말했던 것처럼 코로나19가 가장 큰 문제고, 또 한 가지는 사춘기가 찾아와서 그런 것 같아요. 공부하면서 가끔 '내가 왜 공부를 해야 하지?'라는 현타(현실 타격)가 오거든요. 아마 이런 이유 때문에 성적이 떨어지는 게 아닐까요?

은서: 저는 어느 정도는 맞다고 생각합니다. 선생님이 대략 설명을 해 주시는데 너무 빨라서 이해를 잘 못하겠어요. 그리고 숙제도 너무 많아요. 아까 프린트물, 즉 학습지가 많다고 했는데 저도 그게 너무 충격이었습니다. 선생님이 주신 유인물을 잃어버려서 수행평가 점수가 깎인 적도 있었어요.

수철: 저는 일리 있는 주장이라 생각했습니다.『공부머리 독서법』을 읽어 보니 수업을 듣는 학생은 교감신경계가 활성화되는 게 무척이나 적어 별 효과가 없다고 하더군요. 즉, 수업의 중요성이 낮다는 이야기인데 그와 비슷한 경험을 한 적이 있습니다. 고등학교 1학년 통합사회 수업마다 교실 뒷자리에서 독서대 같은 걸로 앞을 가리고 몰래 책을 읽었습니다. 거의 한 번도 선생님의 수업을 제대로 들은 적이 없었는데 시험 보기 2주 전에 며칠 공부해서 90점대 점수를 받았습니다. 중학교 때부터 늘 수업의 효과에 대해 의문을 품었는데 이런 경험이 생기니까 확실히 수업이 효과가 있는지 의심되기 시작했습니다. 그래서『공부머리 독서법』의 주장에 공감합니다.

공부머리를 키우는
공부법에 대하여

　『공부머리 독서법』의 핵심은 '듣고 이해하는 방식의 공부가 아니라 자기 스스로 읽고 이해하는 방식의 경험이 필요하다.'입니다. 아이들은 교사가 전달하는 설명을 듣고 스스로 그 내용을 이해하고 자기 것으로 만들었다고 생각합니다. 그래서 내가 무엇을 알고 모르는지 '메타인지'를 하지 못하죠. 이에 반해 스스로 읽고 이해하는 방식은 메타인지를 경험할 수 있기 때문에 심도 있는 공부를 할 수 있습니다.

　초등학교는 교과 분량과 학습량이 적고 비교적 내용이 쉬워서 스스로 읽고 이해하는 방식이 크게 문제가 되진 않습니다. 하지만 중학교에서는 과목 수와 분량이 많아지고 내용도 어려워져 전 과목을 스스로 공부하는 게 쉽지 않습니다. 이를 해결하기 위해 학부모와 아이들은 강의를 잘하는 선생님을 찾아 수업을 듣는 방법을 택합니다. 하지만 이런 공부법은 '킬러 문제'와 같은 심화 문제를 감당해 낼 수 없죠. 자기 스스로 글을 읽고 이해하는 시간이 축적되어야 머릿속에 읽기 회로가 만들어지고, 어려운 문제도 당황하지 않고 풀 수 있습니다. 독서는 문자를 읽고 이해하는 활동이기 때문에 뇌를 자극해 활발하게 만들어 줍니다. 결론적으로 '공부머리'의 기본은 '읽고 이해하는 뇌를 만드는 것'이고, 그 효과적인 방법은 '독서'입니다.

Q. 이 책에서는 공부머리의 기본에 대해 이야기하고 있는데 여러분들은 어떻게 생각하나요?

경서: 동의합니다. 주입식으로 마구 집어넣는 것이 아니라 스스로 문제를 풀면서 해결하면 기억에 강하게 남습니다. 그렇게 반복하다 보면 '이것이 공부 머리'라는 생각이 들었습니다.

은효: 저도 맞는 말이라고 생각해요. 저는 학원에서 공부할 때 이해가 안 되는 부분이 있으면 몇 시간이고 계속 풀어 봅니다. 그러면 이해가 됩니다. 이렇게 공부하는 습관이 있어서 공부를 싫어하는 편이 아닌 것 같아요. 공부에도 어느 정도 흥미가 있습니다.

기철: 저도 문제를 읽고 이해해야 하는 건 맞는 말이라고 생각합니다. 생각해 보니 공부란 이해할 때까지 반복해서 보는 게 정답인 것 같습니다.

은서: 저도 이 글을 읽으면서 공감이 되었습니다. 읽고 풀다 보면 어느 순간 이해될 때가 많았습니다. 마치 영어 단어 외우듯이 자기 스스로 읽고 이해하려고 할 때 공부가 잘되는 것 같습니다.

수철: 과학적으로도 맞는 말이라 생각합니다. 뇌는 에너지를 최대한

효율적으로 사용하기 위해 사고나 행동을 '자동화'한다고 합니다. 이를 우리는 습관이라 부르는데 대표적으로 차를 운전하는 것이 그렇습니다. 처음에는 주의를 기울여야 했던 운전도 10년이 넘어가면 숨 쉬듯 편해지는 것처럼 뇌의 자동화를 공부에도 적용하지 못할 이유는 없다고 생각합니다.

Q. 오늘 독서와 성적에 대한 주제로 토론을 해 봤는데 어땠나요? 친구들의 다양한 이야기를 들으면서 느끼거나 깨달은 점이 있었나요?

은서: '공부라는 게 책상에 앉아서 손가락만 까닥까닥거리는 게 아니다.'라는 생각이 들었습니다. 이제부터 더 이상 시간에 쫓기면서 살고 싶지 않습니다. 또한 '독서가 성적에도 관련 있고 도움이 된다.'는 걸 알게 되었습니다. 책을 읽는 데서 오는 단순한 즐거움도 있지만 나를 계발할 수 있다는 것도 깨달았습니다.

경서: 오늘 수업을 하면서 다른 사람들의 의견을 들을 수 있어서 너무 좋았습니다. 나와 비슷한 학생들이 공부와 독서에 대해 경험했던 생각들을 들어 보니 나하고 다를 수도, 비슷할 수도 있다는 걸 알게 되었고 다른 사람들이 하는 공부 방식을 실천해 보고 싶다는 생각도 들었습니다. 그리고 언젠가 시간이 있을 때 좋아하는 책을 계속 읽어 보고 싶은 마음이 생겼습니다.

은효: 오늘 수업을 통해 독서로 언어 능력을 키울 수 있다는 걸 알았습니다. 책은 수능에도 도움이 되기 때문에 앞으로 더 가까이하겠다고 다짐했습니다.

기철: '공부는 절대 날로 먹을 수 없다! 책상에 앉아 꾸준히 독서 경험을 쌓으면서 읽고 이해하는 능력을 키워야겠다. 그리고 무슨 방법을 쓰든 공부를 열심히 해야겠다.'라는 생각을 했습니다.

수철: 독서의 효용성을 깨달을 수 있었습니다. 독서란 자아존중감 형성, 삶의 다방 면에 도움이 된다고만 알았지 성적에 영향을 주는 건 몰랐습니다. 독서보단 공부가 성적을 높이는 데 도움이 될 거란 믿음이 깔려 있었기 때문입니다. 그런데 오늘 토론을 하면서 제가 틀렸다는 사실을 알게 되었습니다. 벼락치기를 해도 국어와 사회, 과학 과목은 평균 이상의 점수를 맞아 왔는데 이게 당연한 거라 착각했습니다. 그저 '다른 아이들이 이만큼 공부를 안 해서 나보다 점수가 낮은 거다. 나만큼만 공부해도 더 높은 점수가 나올 것이다.'란 생각이 틀렸음을 깨달을 수 있었던 귀중한 시간이었습니다.

나오면서

아이들과 『공부머리 독서법』을 가지고 토론하면서 몇 가지 느낀 점이 있었습니다. 우선 아이들이 성적에 영향을 주는 가장 큰 변수로 학원을 꼽는 것을 보니 우리나라는 사교육에 대한 의존도가 높고, 사교육이 성적에 크게 영향을 미친다는 것이었습니다. 하지만 이것만으로는 성적에 영향을 줄 수 없습니다. 학생 본인의 노력이 있어야 사교육의 효과는 배가됩니다.

두 번째로는 꾸준한 독서습관이 성적에 영향을 주었다는 사실입니다. 꾸준히 글을 읽고 이해하는 훈련으로 읽기 회로가 만들어지면서 아이들에게 글을 이해할 수 있는 내공이 생겼다는 것은 사실입니다. 읽기 능력이 계발되었기 때문에 교과서를 읽고 이해하거나 문제집을 풀 때 도움이 되었다는 것도 사실입니다. 꾸준한 독서습관이 아이들의 읽기 능력을 높여 주면서 성적에도 큰 영향을 미치고 있습니다.

♦ ♦ ♦

책 읽기 싫어하는 초등생을 위한

공감 독서법

2장

스스로 책 읽는 아이로
키우는 법

아이들에게
책을 읽어 줘야하는 이유

글자만 읽는
아이들

아이들이 글자를 스스로 읽는 연령대는 보통 7~8세 전후로 편차는 있지만 보통 초등학교 1학년 즈음에 한글을 떼고 글자를 소리 내어 읽습니다. 하지만 글자를 읽는다고 글의 의미를 이해한다는 뜻은 아닙니다. 왜냐하면 뇌에서 글자를 읽을 수 있는 능력과 글의 의미를 구성하는 능력은 각각 독립적으로 발달하기 때문입니다. 다시 말해 글자 자체를 읽을 수 있는 해독 능력과 의미를 파악하는 해석 능력은 순서대로 발달합니다.

이제 막 한글을 뗐다고 혼자서 책을 읽게끔 하거나 도와주지 않는다면 고학년이 될수록 독해력에 문제가 생길 수 있습니다. 글자를 뗀 아이들의 뇌는 글자 해독에 많은 에너지를 들이기 때문에 독해가 되지 않습니다. 따라서 아이가 글자를 아는데도 어른에게 책을 읽어 달라고 하는 이유는 책 내용을 파악하기 위해서입니다. 엄마가 아이에게 책을 읽어 주면 아이는 글자 해독보다 내용을 이해하는 데 집중하게 됩니다. 그러면 책에 재미와 흥미를 느끼고 나아가 독해력도 높일 수 있습니다.

김은하 선생님이 쓴『독서교육, 어떻게 할까?』(학교도서관저널, 2014)에는 아이에게 유치원 때부터 초등학교 4학년 때까지 책을 읽어 주면 어떤 영향을 미치는지 확인하는 언어학자 모니크 세네샬의 실험이 소개됩니다. 그는 가정에서 책을 읽어 주고 글자를 가르치는 유형을 네 가지로 소개했습니다.

① 책을 적게 읽어 주고, 글자를 적게 가르칩니다.
② 책을 많이 읽어 주고, 글자를 많이 가르칩니다.
③ 책을 적게 읽어 주고, 글자를 많이 가르칩니다.
④ 책을 많이 읽어 주고, 글자를 적게 가르칩니다.

실험 결과는 아주 흥미로웠습니다. 먼저 책을 적게 읽어 주고 글자를 적게 가르친 아이들은 전반적으로 어휘력이 낮았고, 유창성과 독해력 모두 떨어졌습니다. 아주 당연한 결과입니다. 두 번째, 책을 많이 읽어 주고, 글자를 많이 가르친 아이들은 어휘력, 유창성, 독창성 모두 우수했습니다. 이것 역시 예상한 결과입니다. 세 번째, 책을 적게 읽어 주고, 글자를 많이 가르친 아이들은 어휘력과 유창성, 독해력이 우수했지만 시간이 지날수록 글자에 대한 흥미도 잃고 독해력도 떨어졌습니다. 마지막 네 번째가 반전입니다. 책을 많이 읽어 주고, 글자를 적게 가르친 아이들은 유치원 때 책을 유창하게 읽지 못하고 어휘력이나 독해력도 떨어졌습니다. 하지만 점점 독해력이 상승해 평균 이상의 독해력과 유창성을 보여 줬습니다.

글을 읽고
독해하는 과정

아이들이 글자를 읽고 이해하는 데는 크게 네 단계를 거칩니다. 첫 번째로 '그림으로 내용을 인식하는 단계'입니다. 그래서 그림책은 아이들의 발달 단계를 고려해 글밥이 적고, 그림이 많이 들어 있습니다. 아이들은 글이 아닌 그림으로 책의 서사(책의 취지나 내용)를 이해하므로 그림책을 많이 읽은 아이들은 다른 아이들보다 더 빨리 서사에 대한 감을 익힐 수 있습니다. 두 번째는 자음과 모음이 서로 결합할 때 어떤 소리를 내는지 조금씩 이해하게 되는 '자음, 모음 구분 단계'입니다. 세 번째는 각각의 자음과 모음에 집중하지 않아도 '자동으로 한 글자씩 읽을 수 있는 단계'입니다. 그러나 아직 글자의 원리나 규칙을 완벽하게 이해하지 못합니다. 네 번째는 반복하여 접하는 글자를 보면서 '해독의 규칙을 이해하고 단어를 통째로 읽는 단계'입니다. 이때 비로소 글자의 원리를 터득하게 됩니다.

쉬운 예를 들어 보겠습니다. '도깨비'라는 단어가 있습니다. 처음에 아이들은 도깨비 그림을 보면서 도깨비가 어떤 단어인지 힌트를 얻습니다. 그림과 단어를 연결하는 것입니다. 하지만 '도리깨'의 '도'는 읽을 수 없습니다. 왜냐하면 아직 글자의 규칙을 모르기 때문입니다. 두 번째 단계에서는 '도'가 'ㄷ(자음)'+'ㅗ(모음)'의 조합으로 만들어졌다는 걸 깨닫게 됩니다. 세 번째 단계에서는 글자가 점점 익숙해지면서 자음과 모음에 집중하지 않아도 한 글자 한 글자 '도' '깨' '비'를 읽을 수 있습니다. 마지막 단계에서는 자음과 모음을 분석하지 않아도 해독의 규칙을 알기 때문에 '도깨비'를 통째로 읽을 수 있게 됩니다. 정리하면 처음에는 글자를 그림으로 보다가 자음과 모음의 규칙을 이해하게 되고, 한 글자씩 따로따로 읽다가 나중에는 단어를 한눈에 인식하게 되면서 글자를 유창하게 읽을 수 있습니다.

글자 수업보다는
책 읽어 주기

아이들이 글자의 원리를 깨닫고 스스로 의미까지 파악할 수 있으려면 글자 해독과 해석이 자연스럽게 될 때까지 부모님이 옆에서 책을 많이 읽어 줘야 합니다. 만약 아이 혼자 책을 읽게 내버려 둔다면 아이는 글자 해독에만 많은 에너지를 써서 읽는 행위를 싫어하게 되고 책에 대한 흥미도 떨어집니다. 반대로 아이들이 이야기를 듣고 집중할 수 있게 책을 읽어 주면 문자에 호기심이 생기면서 자연스럽게 책과 친해질 수 있습니다.

독해를 잘하는 아이들은 어렸을 때 그림책과 동화책을 많이 접했다는 공통점이 있습니다. 동화책의 내용을 듣다 보면 다양한 어휘와 배경지식이 축적되어 추론 능력과 독해력, 이해력이 높아집니다. 즉, 책 읽기의 기본은 독해력이고, 독해력은 부모님이 아이들에게 책을 읽어 줄 때 좋아질 수 있습니다.

아이들에게 글자를 가르치는 것보다 더 중요한 것은 아이들에게 꾸준히 책을 읽어 주는 것입니다. 물론 처음에는 효과가 없지만 시간이 지날수록 다양한 어휘가 아이들 머릿속에 축적되고 독해력이 좋아지면서 읽기 능력도 향상됩니다.

저와 아내는 맞벌이여서 첫째 아이는 집에서 학습을 잘 시키지 못했습니다. 입학 전 글자를 가르쳐 줘야 한다는 조급한 마음만 앞

서 만 5세부터 유명한 글자 학습지를 시작했습니다. 학습지를 시
작한 후 아이는 곧잘 글자를 읽었습니다. 그 모습이 신기해서 글자
공부를 시키기 잘했다고 생각했는데 학교에 입학하면서부터 문제
가 생겼습니다. 아이가 책을 더 많이 읽기는커녕 흥미를 잃어버린
것입니다. 글자 읽기에 많은 에너지를 쏟다 보니 책 읽기를 학습으
로 생각한 것이죠.

　첫째의 글자 교육이 역효과였다는 것을 깨닫고 둘째부터는 제가
다양한 그림책과 동화책, 전래동화, 명작 위주로 책을 읽어 주었습
니다. 아무리 바빠도 잠들기 전 15분은 함께 책을 읽었습니다. 그
래서인지 둘째는 책에 대한 거부감도 없고, 2학년이 된 지금도 혼
자 책을 읽습니다. 책을 좋아하니 이해력이나 사고력도 또래보다
수준이 높습니다. 둘째는 매주 아빠와 또래 친구들과 독서 토론 수
업을 하는 월요일이 기다려진다고 합니다.

　저희 집 아이들을 보면서 부모가 책을 읽어 주는 일이 얼마나 중
요한지 깨달았습니다. 아이가 글자를 배우지 못했더라도 부모님
이 꾸준히 옆에서 책을 읽어 줬다면 조금 늦더라도 독해력이 높아
질 수 있다고 확신합니다. 글자 떼기 학습보다도 아이들이 좋아하
는 책을 재미있게 많이 읽어 주세요. 아이들의 독해력을 높이고 책
을 좋아하는 아이로 만들 수 있는 가장 쉬운 방법입니다.

아이들의 인지 능력을 키우기 위한 두 가지 조건

자유로운 언어 사용과
잠재력을 키워 주는 비계 설정

모든 부모는 자녀들의 '인지 능력 발달'을 바랍니다. 인지 능력 발달이란 유아기의 아이들이 사고력과 학습 능력이 발달하면서 지식을 얻고 지적인 사람으로 변화되어 가는 과정입니다. 특히 유아기는 '인지적 성장'과 '언어발달'이 빠른 속도로 이뤄지는 매우 중요한 시기입니다. 유아기 인지 능력 발달에 가장 중요한 요소는 '후천적 환경'입니다. 학습에 유리한 기질과 머리는 타고날 수 있지만 후천적 환경이 뒷받침되지 않는다면 아이들의 인지 능력은 더디게 발달됩니다.

그렇다면 아이들의 인지 능력 발달을 위해서 부모는 어떤 노력을 해야 할까요? 레프 비고츠키라는 인지심리학자의 이론을 근거로 설명해 보겠습니다. 비고츠키는 구소련의 학자로 지금까지 교육학 분야에서 스위스 심리학자 장 피아제와 함께 양대 산맥으로 알려져 있습니다.

그는 피아제가 주장했던 '인지 발달론'을 비판하며 다른 이론을 펼칩니다. 피아제는 인간의 인지가 생물학적인 발달 과정을 근거로 감각운동기(0~2세), 전 조작기(2~7세), 구체적 조작기(7~11세), 형식적 조작기(11세~)의 4단계를 거치면서 자연스럽게 발달한다고 이야기했습니다. 즉, '인간은 시간이 지남에 따라 신체가 발달하는 것처럼 인지 능력도 발달한다.'는 것이죠. 그래서 피아제의 이론은 아이들의 '적기교육'을 강조합니다. 인간의 발달 과정에서 각 시기에 익혀야 할 것들을 놓치면 학습 효과가 떨어지거나 다음 단계에 지장을 줄 수 있으므로 조기교육이나 선행교육이 위험하며 발달에 따른 교육이 중요하다는 것입니다.

비고츠키는 피아제의 이론과는 좀 다른 견해를 보입니다. 그는 아이들의 인지 발달에 영향을 주는 것은 '후천적 환경'이라고 주장합니다. 즉, 후천적으로 부모가 아이들에게 어떤 환경을 제공해 주느냐에 따라서 아이들의 인지 능력이 달라질 수 있다는 것이죠. 그렇다면 아이들에게 어떤 환경을 제공해 줘야 인지 능력이 발달될 수 있을까요? 비고츠키는 크게 두 가지 축을 근거로 설명하고 있습니다.

첫 번째는 '언어 사용'입니다. 그는 언어 사용이 인지 발달에 직접적인 영향을 준다고 보았습니다. 학문적인 용어로는 '사적 언어 Inner seech, 나와 또 다른 내가 끊임없이 상황을 정의하고 해결 방안을 협동적으로 탐색하는 대화적 상호작용 혹은 자기중심적 언어'라고 표기합니다. 예컨대 미취학 아동 (약 2~7세)이 쫑알쫑알하는 혼잣말을 '사적 언어'라고 합니다. 혼잣말을 많이 하는 아이는 자기 자신에게 지적인 자극을 주고, 행동을 규제하고, 자기 생각을 정리하기 때문에 자기조절 능력이 발달되고 인지 발달이 빨라질 수 있습니다. 어릴 때 말을 잘하는 아이들이 말을 하지 않는 아이들보다 지능이 높다고 하는 건 바로 이러한 이유 때문입니다. 아이들은 자신이 알고 있는 개념을 말로 표현하면서 몰랐던 문제를 해결하고, 자신의 소리를 들으면서 이해하게 됩니다. 그래서 학습법에서도 자신이 아는 것을 말로 표현해 볼 때 기억을 잘한다는 연구가 많이 있습니다.

비고츠키는 아이가 농아나 외국인과 함께 있을 때는 이러한 자기중심적 언어가 현저히 감소하는 것을 보고, 자기중심적 언어는 누군가와 대화를 하며 상호작용할 때 발달할 수 있다고 했습니다. 그래서 부모는 자녀들이 생각을 말로 표현할 수 있는 환경을 만들어 줘야 합니다. 이때 가장 좋은 방법이 책을 읽어 주면서 서로 대화하는 것입니다. 아이들에게 책을 다 읽고 난 후 줄거리나 느낀점을 이야기해 보도록 하거나 만약 내가 주인공이라면 어떻게 생각하고 행동했을지에 대해 말로 표현할 수 있도록 질문을 최대한 많이 던져 주는 것이 좋습니다.

얼마 전 7살 막내 아이에게 『백설 공주와 일곱 난쟁이』를 읽어 주고 이렇게 물어봤습니다.

"왜 백설 공주는 난쟁이들이 문을 열어 주지 말라고 했는데도 왕비에게 문을 열어 주었을까?"

그랬더니 아이가 이렇게 대답했습니다.

"집에 혼자 있으니까 심심해서 같이 놀려고?"
"그럼 왜 심심했을까?"
"난쟁이들은 일하러 나갔는데 집에서 혼자 뭐 하고 놀아!"

아이는 아빠의 질문을 받으면 답을 하고 싶어서 생각하게 되고 정답을 찾기 위해 책의 내용을 떠올리며 인과관계를 추론합니다. 지적인 자극이 시작되는 순간입니다. 아이들에게 책을 읽어 주고 아이 마음에 공감하면서 책을 주제로 다양한 대화를 나눠 보세요. 이러한 언어표현을 통해 아이들의 인지 발달이 촉진될 수 있습니다.

두 번째는 '근접 발달 영역'입니다. 근접 발달 영역이란 누군가의 도움을 받아서 성취할 수 있는 지적인 영역을 의미합니다. 즉, 스스로 문제를 해결할 수 있는 수준과 누군가의 지도하에 문제를 해결할 수 있는 잠재적 수준 사이의 '거리'를 의미합니다. 예컨대 아이의 재능과 선생님의 지도가 더해지면 아이는 크게 성장할 수 있는 영역을 갖게 되는데, 이 영역을 '근접 발달 영역'이라 하는 것이죠.

이를 키워 주기 위해서는 '비계 설정'이 필요합니다. '비계^{飛階}'는 건물을 지을 때 근로자들이 높은 곳에서 안전하게 일할 수 있도록 '임시로 받쳐주는 가설물'을 의미합니다. 일상에서 비계를 비유할 예시를 들어 보겠습니다. 아이들은 자전거를 혼자 탈 수 없습니다. 이때 자전거가 넘어가지 않게 잡아 주거나 보조 바퀴를 달아 균형을 맞춰 주는 것이 비계입니다. 아이들은 혼자서 완벽하게 학습할 수 없습니다. 그래서 부모가 옆에서 아이들이 더 잘할 수 있도록 비계를 준비해야 지적인 성취를 이룰 수 있습니다.

역사를 좋아하는 둘째 하윤이를 위해 얼마 전 동네 근처에 있는 선사 박물관에 다녀왔습니다. 역사에 대한 배경지식이 전혀 없었던 아이가 신석기시대의 움집을 보더니 이런 질문을 했습니다.

"아빠 언제부터 사람들이 집을 짓기 시작했어?"
"응, 구석기시대에는 사람들이 집을 짓지 않고 이동하면서 사냥이나 채집 생활로 먹을 것을 구했어. 그런데 농사를 지으면서 먹을 것이 많아졌고 더 이상 이동할 필요가 없어졌지. 그때부터 사람들은 집을 지었는데 이게 그때 지었던 움집이야."

  설명을 들은 아이는 얼마 후 역사책을 읽다가 자신이 선사 박물관에서 본 것과 똑같은 집이라며 제게 사진을 보여 주었습니다. 이걸 계기로 아이는 역사에 빠져들었습니다. 바로 이러한 과정이 비계입니다. 아이가 누군가의 도움을 받고 지적인 호기심을 키워 더 큰 성취를 이룰 수 있도록 돕는 것입니다.

  지금까지 설명했던 비고츠키 핵심 이론을 다시 한번 정리해 보면 아이들의 인지 발달을 위해서는 후천적인 환경이 중요합니다. 후천적인 환경에는 두 가지 축이 있습니다. 첫 번째가 언어 사용입니다. 아이가 자신의 언어로 말을 많이 해야 지적인 발달이 촉진됩니다. 부모는 아이가 말을 많이 할 수 있도록 기회를 제공해야 합니다. 두 번째는 옆에서 지켜보며 학습을 더 잘할 수 있도록 비계 설정을 해 줘야 합니다. 그러면 근접 영역이 발달되어 아이들의 지적인 성취감이 높아집니다.

아이의 상상력을 키우는 힘, 아빠의 책 읽기

상상력을 키우는 책 읽기

퇴근 후 매일 밤마다 소파에 앉아서 둘째 아이를 무릎 위에 앉히고 『허클베리 핀의 모험』을 읽어 주었습니다. 부끄러운 이야기지만 저는 지금까지 『톰 소여의 모험』과 『허클베리 핀의 모험』이 같은 책인 줄 알았습니다. 그런데 이번 기회에 서로 완전히 다른 책이라는 것을 알았습니다. 하지만 헷갈릴 법도 합니다. 두 책 모두 마크 트웨인이 썼고 주인공도 같으니까요. 『허클베리 핀의 모험』은 『톰 소여의 모험』의 후속작이라고 할까요. 아무튼 두 책 모두 각각의 특징이 있고 아이들이 좋아할 모험 소설입니다.

하루는 두 시간 넘게 책을 읽어 주고 있는데 갑자기 아이가 이런 말을 했습니다.

"아빠! 나도 나무로 뗏목을 만들어서 여행해 보고 싶어. 모험이 힘들겠지만 재미있을 것 같아!"

아마도 아이는 이야기에서 등장하는 허클베리 핀이 아버지와 함께 뗏목을 타고 여행하는 대목을 듣고 이 장면을 상상했나 봅니다. 어느 날은 쥘 베른이 쓴 『해저 2만 리』를 읽어 줬는데 노틸러스호 잠수함 이야기를 듣더니 자기도 잠수함을 타고 바닷속을 구경해 보고 싶다고 합니다.

이런 경험이 쌓이면서 '책을 읽어 주는 건 아이들의 상상력을 자극하는 일'이라는 걸 알게 되었습니다. 그렇습니다. 아이를 무릎에 앉히고 편안한 분위기에서 책을 읽어 주면 아이들의 상상력을 키울 수 있습니다.

상상력이란 경험해 보지 않은 현상이나 사물을 마음속에 그려 보는 후천적인 능력입니다. 상상력은 무엇인가 하고 싶게 만들고, 그 욕구를 해결하기 위해 언어로 표현하게 합니다. 이 과정에서 아이들은 언어 능력과 문제 해결력이 높아집니다. 이것이 상상력의 힘입니다.

언어 능력과 문제 해결력으로
이어지는 상상력

여행, 박물관 구경, 유적지 탐방, 체험 활동 등 많은 것을 보고 경험한 아이들은 다양한 이미지를 기억하고 떠올릴 수 있게 됩니다. 이미지는 머릿속에서 재구성되고 문제를 해결할 수 있는 창의력으로 이어집니다. 따라서 부모는 아이들이 많은 것을 보고 경험할 수 있게 도와줘야 합니다.

또 다른 예를 들어 보겠습니다. 아이가 엄마와 마트에 갔습니다. 아이는 음료수 진열장에서 뽀로로 음료수를 발견했습니다. 이때 아이는 두 가지 조건에서 반응을 보입니다. 첫 번째 조건은 '먹어 본 적이 있다.'입니다. 아이는 자신이 마셨던 달콤하고 맛있는 음료수를 떠올립니다. 두 번째 조건은 아이는 음료수를 마셔 본 적은 없으나 '내가 좋아하는 캐릭터가 그려져 있고 포장이 예쁘다. 그래서 나도 한번 마셔 보고 싶다.'라고 상상합니다.

첫 번째 조건에서는 아이의 경험이 상상력을 자극합니다. 두 번째 조건에서는 좋아하는 캐릭터 때문에 호기심이 생기고 행복해할 내 모습이 그려져 꼭 먹어야겠다는 욕구가 생깁니다. 아이는 결국 자신의 욕구를 해결하기 위해 엄마에게 또박또박 이렇게 말합니다.

"엄마, 나 뽀로로 음료수 사 주세요!"

아이가 욕구를 언어로 표현하기 위해서는 상상력이 필요합니다. 이렇게 하다 보면 문제 해결력이 키워집니다. 이처럼 아이들에겐 상상력이 매우 중요합니다.

책을 싫어하거나 글쓰기를 어려워하는 이유도 상상력이 부족하기 때문입니다. 쉽게 말해서 머릿속에 떠오르는 이미지가 없어 아이들의 뇌를 자극할 수 없는 것입니다. 따라서 어린아이일수록 재미있게 책을 읽어 줌으로써 상상력을 반복해서 자극해야 합니다.

아이들은 어른이 읽어 주는 소리만을 듣고 책의 내용을 상상하기 어렵습니다. TV나 유튜브처럼 생생하게 이미지가 머릿속에 떠오르지 않지요. 그래도 상대방의 목소리를 들으면서 스스로 이미지를 상상하려 노력하고 끝내 떠올립니다. 이런 일이 반복되면 소리만으로도 책의 내용을 쉽게 떠올릴 수 있습니다. 나아가 이미지와 자신의 경험을 결합하면서 또 다른 이야기를 머릿속에 그리고 현실과 연결해 봅니다.

책을 많이 읽어 줄수록 아이는 더 많은 것을 상상할 수 있으며 기존에 알고 있던 지식과 맞물리는 경험을 하게 됩니다. 이러한 활동은 아이들의 뇌를 마치 촘촘한 그물처럼 만듭니다. 적극적으로 뇌가 자극받으므로 전전두엽이 활발해져 감정 조절과 이성적 사고를 할 수 있으며 나아가 창의성과 문제 해결 능력도 키워 줄 수 있습니다.

스탠퍼드 대학교의 티나 실리그 교수는 "인생의 가장 큰 실패는 실행의 실패가 아니라, 상상력의 실패다. 누구나 창의적이고 혁신적인 사람이 될 수 있다."라고 했습니다. 아이들의 창의성과 상상력을 길러 주고 싶다면 '아빠'가 자녀들에게 책을 많이 읽어 주는 데 시간을 투자해야 합니다.

그렇다면 왜 엄마가 아니라 아빠일까요? 아빠가 독서교육에 참여하면 가정에서 독서하는 분위기가 만들어지고 아이들도 자연스럽게 부모를 따라 책을 읽는다고 합니다. 가족이 모여 같은 책을 읽고 같은 주제로 이야기를 나누면 대화의 폭도 넓어지고 관계도 끈끈해집니다.

미국 하버드 대학교에서 저소득층 가정 약 430가구를 대상으로 조사한 결과, 아빠가 책을 읽어 준 아이들이 엄마가 읽어 준 아이들보다 어휘력, 지식, 유아 언어, 인지 발달 등 전반적인 테스트에서 모두 높은 점수를 받은 것으로 나타났습니다. 이러한 원인은 책을 읽어 주는 방식 때문입니다. 아빠는 엄마와 다른 어휘를 사용합니다. 이것은 아이들의 뇌를 자극하기 때문에 사고력과 상상력 확장에 큰 도움을 줍니다.

소아청소년과 전문의 김영훈 박사는 『아빠의 선물』(국민출판사, 2014)에서 아이에게 가장 좋은 선물은 '아빠와 함께하는 경험'이라고 말했습니다. 아빠와 함께하는 놀이, 습관, 관계, 열정을 통해 자녀들은 생존에 꼭 필요한 창의력, 집중력, 공감 능력, 상상력을 키우게 됩니다. 4차산업혁명 시대에는 정보화를 비롯한 창의력과 상상력이 새로운 경제적 가치를 창출하는 원동력으로 꼽히고 있습니다. 아빠와 함께하는 책 읽기 경험으로 아이들에게 상상력을 선물해 주세요.

책 읽기는 재미에서 시작한다

재미와 공감이
담긴 책 찾기

박찬욱 감독의 영화 〈올드보이〉에서 주인공 오대수는 자신을 납치하고 가둔 범인을 찾으려 부단히 애씁니다. 그런데 범인 이우진은 오대수에게 "당신의 진짜 실수는 대답을 못 찾은 게 아냐. 자꾸틀린 질문만 하니까 대답이 나올 리가 없잖아!"라는 충고를 해 줍니다. 그렇습니다. 주인공 오대수의 질문은 틀렸습니다. '왜 이우진은 오대수를 가뒀을까?'가 아니라 '왜 풀어 줬을까?'를 생각해야해결의 실마리를 찾을 수 있습니다.

독서교육도 마찬가지입니다. 교습소에 찾아오는 분들은 "왜 우리 아이는 책을 싫어할까요?"라고 질문하면서 문제의 원인을 아이에게 돌립니다. 이 질문은 틀렸습니다. 아이가 책을 싫어하는 이유가 아니라 '왜 책은 재미가 없을까?'를 생각해야 합니다. 아이들이 책을 싫어하는 것은 아이가 아니라 책의 문제입니다.

아이들은 공부든, 취미든, 놀이든 모든 것을 '재미있는 것'과 '재미없는 것'으로 구분합니다. 아이들에게 독서란 움직이지 않는 정적인 활동이므로 지루하고 재미없게 느껴집니다. 지극히 정상적인 반응이지요. 질문을 바꿔서 '우리 아이는 어떤 책을 좋아할까?'라고 생각해 봅시다. 그러면 지금 읽고 있는 책이 흥미로운지 아닌지가 금세 보입니다. 진부한 이야기로 들리겠지만 아이들에게 우선순위는 첫째도 재미, 둘째도 재미, 셋째도 재미입니다. 그렇다면 어떤 책을 골라 줘야 아이들이 책에 흥미를 가지고 재미를 느낄 수 있을까요? 아이들 눈높이에 맞게 책 고르는 방법을 알려드리겠습니다.

학교에서 돌아온 병관이는 혼자 블록 쌓기를 하며 놀고 있었습니다. 그때 거실에서 엄마와 누나 목소리가 들렸습니다.

"다녀왔습니다. 엄마, 친구들이랑 같이 왔어요."

"안녕하세요."

"그래, 지원이 친구들이구나. 어서들 와라."

누나의 목소리를 들은 병관이는 얼른 자기 방에서 나왔습니다. 하지만 지원이는 벌써 친구들을 데리고 자기 방으로 들어가 버렸어요.

"누나, 나도 같이 놀면 안 돼?"

"야, 노크하라고 했잖아. 어제도 나랑 같이 놀았으면서. 나 친구들하고 노는 것 안 보여? 너도 네 친구들하고 놀아."

병관이는 누나랑 놀고 싶었지만, 지원이가 쌀쌀하게 나가라고 합니다.

'지원이와 병관이 시리즈' 중 고대영 작가의 『거짓말』(김영진 그림, 길벗어린이, 2009)에 등장하는 이야기입니다. 이 시리즈는 2006년에 처음 출간된 후 지금까지 많은 어린이와 학부모에게 '국민 도서'로 사랑받고 있습니다. 저희 집 세 아이들도 가장 좋아하는 책이 바로 이 책입니다. 『거짓말』을 기준으로 아이들이 어떤 포인트에 흥미와 재미를 느끼는지 분석해 보겠습니다.

먼저 아이들과 공감대를 쌓아야 합니다. 주인공 병관이는 누나랑 놀고 싶었지만, 누나는 친구들과 논다며 쌀쌀맞은 말투로 병관이에게 나라가고 면박을 줍니다. 이 장면은 비단 병관이의 이야기만이 아닙니다. 누나가 있는 남동생이라면 한 번쯤은 경험해 본 아주 흔한 장면입니다. 먹는 이야기, 집 안을 치우기 싫어하는 아이, 거짓말하는 아이, 용돈을 받고 싶어 하는 아이, 친구와 싸우는 아이 등은 우리 주변에서 쉽게 접할 수 있는 주제이므로 아이들이 충분히 공감할 수 있습니다.

유튜버 '흔한남매'를 원작으로 쓴 『흔한 남매』(미래엔아이세움, 2021)도 아이들이 충분히 공감할 수 있는 내용을 다루었기 때문에 베스트셀러에 올랐습니다. 오빠가 화장실에 들어갔을 때 동생이 밖에서 불을 끈다거나 동생이 오빠를 보고 못생겼다고 놀리는 장면, 남매가 서로 장난치면서 노는 장면을 보며 아이들은 자신의 이야기가 책에 들어간 것 같은 느낌을 받습니다. 아이들의 마음을 읽어 주고 알아주는 책이 무엇인지 찾아보세요. 절대로 실패하지 않을 겁니다.

다음으로 현실을 적극적으로 반영해야 합니다. '지원이와 병관이 시리즈'의 가장 큰 특징은 현실성 있는 그림입니다. 마트에 진열된 참치 통조림, 과자, 장난감 등이 전부 사진 같은 생생한 그림으로 표현되어 있습니다. 디즈니 애니메이션처럼 동화 속에나 나올 법한 예쁜 그림이 아니라 우리 동네 마트에서 흔하게 볼 수 있는 진짜 물건처럼 아주 사실적으로 그려져 있습니다. 장난감을 사주지 않으려는 단호한 엄마와 그 옆에 시무룩한 병관이의 표정도 사실적으로 묘사했습니다. 어질러진 지원이네 집은 마치 우리 집의 모습과 비슷합니다. 이렇게 현실적인 그림을 통해 아이들은 자기의 삶을 거울 보듯 바라보게 되고 호기심과 재미를 느낄 수 있습니다.

일상을 소재로 쓴 어린이책을 '생활 동화'라고 합니다. 이런 책은 독서의 장벽을 허물고 친근감을 느끼게 합니다. '지원이와 병관이 시리즈'의『지하철을 타고서』(고대영 저, 김영진 그림, 길벗어린이, 2006),『집 안 치우기』(고대영 저, 김영진 그림, 길벗어린이, 2010),『칭찬 먹으러 가요』(고대영 저, 김영진 그림, 길벗어린이, 2012)는 등장인물과 비슷한 연령대의 아이들이라면 한 번쯤 경험했을 일상을 소재로 삼았습니다. 이런 책을 읽는 아이들은 자기도 모르게 등장인물에게 감정을 이입해 책에 몰입하게 됩니다. 등장인물이 갈등을 겪으면 함께 힘들어 하고, 문제를 해결하는 과정을 보면서 용기와 희망을 얻습니다. 마치 자신의 이야기를 대변해 주는 듯한 주인공을 통해 감정의 카타르시스를 느낍니다. 이것이 생활 동화의 매력입니다. 어떤 책을 사 줘야 할지 고르기 힘들다면 아이들의 상황을 현실적으로 묘사한 생활 동화를 추천합니다.

이 책을 집필했던 김영진 작가에게 인기 비결을 묻자 "책을 만든다는 것은 자신의 이야기를 만드는 것입니다. 제가 그림을 그리는 데 몇 가지 원칙이 있는데 바로 아이들이 읽고 느끼기에 쉽고 재미있어야 한다는 것입니다."라고 말했습니다. 거듭 강조하지만 초보 독서가 아이들은 책을 싫어하지 않습니다. 단지 아직까지 재미있는 책을 만나지 못한 것뿐입니다. 그러니 먼저 아이들이 재미있어 하는 책이 무엇인지, 어떤 특징이 있는지 살펴보면서 눈높이를 맞추면 아이들도 즐겁게 책을 읽을 것입니다.

독서교육은 엄마가 아이 수준에 맞는 재미있는 책을 끊임없이 골라 주는 게 가장 중요합니다. 아이들의 읽기 능력은 단번에 성장하지 않습니다. 점진적으로 수준이 올라가야 아이들의 독해력도 함께 성장합니다. 처음부터 고전이나 역사, 필독서나 전집 같은 어려운 책보다는 아이들이 흥미를 느낄 수 있는 재미있는 책부터 시작해 보세요. 아이가 재미있는 책에 빠지는 순간, 책은 아이의 삶을 이끌어 주는 든든한 아군이 될 수 있습니다.

그림책 읽기의 힘

이야기의 구조를
파악하는 그림책

'곰곰이 생활 동화 시리즈'는 저희 집 막내 아이가 가장 좋아했던 책입니다. 시리즈 내용을 전부 다 외우고 책이 닳을 정도로 보고 또 볼 만큼 좋아했습니다. 책에는 곰곰이와 친구들인 사자, 토끼, 송아지, 하마, 돼지, 쥐 등 귀엽고 친숙한 동물들이 등장하고, 이들은 아이들이 흔히 겪는 일상과 생활 습관 등을 보여 주며 독자와 공감대를 형성합니다.

셋째 아이는 2년 정도 곰곰이만 찾다가 요즘에는 명작 동화나 전래 동화로 자연스럽게 관심사가 넘어갔습니다. 만 4세 아이가 곰곰이 그림책에서 『헨젤과 그레텔』로 넘어갔다는 건 혁명적인 사건입니다. 그림책 읽기를 반복하면서 이야기의 맥락을 짚어 내는 뇌 훈련이 되었기 때문에 가능한 일이었습니다. 이것이 바로 그림책이 주는 효과입니다.

페리 노들먼 작가는 『그림책론』(보림, 2011)에서 "그림은 놀랄 만큼 서로 연관된 서사적 강렬함을 제공해 준다. 실제로 수많은 멋진 그림책들은 글의 서사적 자질을 이끌어 내는 그림에서, 그리고 그림의 서사적 자질을 이끌어 내는 글에서 성공적인 서사의 풍부한 긴장감을 창조해 낸다. 이런 그림책들에는 반복적인 리듬의 글과 함께 강렬함을 가속화하는 그림이 실려 있다."라고 말합니다. 그렇습니다. 그림책은 글자와 그림을 적절하게 배치해 의미와 개념, 정보를 전달할 수 있도록 과학적으로 고안된 시각 매체이기 때문에 그림책을 많이 읽은 아이들은 '서사에 대한 감'을 익혀 이야기의 맥락을 잘 파악할 수 있습니다.

아이들은 엄마와 함께 그림책을 보면서 내용에 대해 묻고 대답을 듣고 다시 질문하는 과정을 반복하면서 자신이 알고 있던 배경지식과 경험을 동원해 새로운 세계를 상상합니다. 이로써 이야기의 구조와 흐름을 파악하는 추론 능력을 기를 수 있습니다. 한마디로 그림책을 많이 본 아이들일수록 독해력이 좋아지는 것이죠.

글자를 읽어도 내용을 이해하지 못하거나 읽는 속도가 느린 아이들은 이야기에 대한 감을 빨리 잡지 못한다는 공통점이 있습니다. 이야기의 핵심을 파악하지 못하면 재미가 떨어지고 나아가 책을 싫어하게 됩니다. 처음 책을 읽는 아이들의 뇌는 장면만 기억하고 전체 흐름은 파악하지 못한, 마치 조립되지 않은 레고 블록 같습니다. 디즈니 애니메이션 〈겨울왕국〉에서도 주인공인 엘사가 입고 있던 드레스와 신었던 신발 색깔은 기억하지만 왜 엘사가 갑자기 성을 떠나게 되었는지 전후 맥락을 설명하지는 못합니다. 부수적인 정보만 머리에 담고 핵심 줄거리는 파악하지 못하는 것이죠.

아이들은 중요한 정보와 중요하지 않은 정보를 잘 구분하지 못하므로 서사에 대한 감이 부족합니다. 하지만 같은 그림책을 반복해서 여러 번 읽어 주면 점점 그림을 보면서 이야기의 흐름을 이해하고 맥락을 파악할 수 있는 '서사 근육'이 만들어집니다. 셋째 아이도 곰곰이 시리즈를 처음 읽을 때는 귀여운 동물에 집중했지만 꾸준히 반복해 보여 줬더니 어느 순간 곰곰이의 태도가 달라진 이유를 깨달으며 줄거리를 이해하게 되었습니다.

그림책은 초보 독서가들이 서사에 대한 감을 잡고 책에 몰입하는 데 효과적입니다. 따라서 글자를 접하기 전 단계에 있는 유아들에게는 반드시 그림책부터 보여 줘야 합니다. 초등 고학년 중에서 읽기 능력이 부족한 아이들은 대부분 저학년 시기에 그림책을 충분히 보지 않은 경우가 많았습니다. 고학년임에도 책의 내용을 파악하지 못한다면 그림책부터 다시 차근차근 단계적으로 독서하는 습관을 들여야 합니다.

그림책을 효과적으로
읽어 주는 방법

그림책은 어떻게 읽어 줘야 가장 효과적일까요? 아이가 좋아하는 그림책을 여러 번 반복해서 읽어 주는 게 가장 좋습니다. 아이는 반복 읽기를 통해 책에 몰입하면서 언어적 감수성이 발달됩니다. 또한 익숙한 이야기에 심리적인 안정감도 느끼게 됩니다. 간혹 같은 책을 여러 번 반복해서 읽어 주면 언어발달이 더디지 않을까 걱정하는 부모들이 있습니다. 그러나 오히려 이때가 아이들에게 매우 중요한 시기입니다. 아이들이 한 번 더 읽어 달라고 하는 것은 지금 책에 집중하고 있다는 뜻이며 드디어 책 내용을 이해하고 상상력이 자극된다는 신호입니다. 아이들에겐 언어적 감수성이 다르게 느껴지기 때문에 더 탐구하고 싶다는 표현이기도 합니다. 반복해서 글을 읽어 주면 같은 문장, 구조, 어휘를 배우면서 다른 책의 문장 구조도 쉽게 파악할 수 있습니다. 이러한 경험이 쌓이다 보면 점점 이야기의 흐름을 잘 파악하고 서사에 대한 감을 잡을 수 있습니다. 아이들이 같은 책을 계속 읽어 달라고 한다면 망설이지 말고 무조건 많이 읽어 주세요.

그림책은 아이가 읽는 책이 아니라 어른이 아이에게 읽어 주는 책입니다. 일본의 유명한 그림책 작가 마츠이 다다시는 『그림책의 힘』(가와이 하야오·마츠이 다다시·야나기다 구니오 글·마고북, 2003)에서

"그림책은 누군가 읽어 줄 때 완성된다."라고 말했습니다.

글자를 모르는 아이가 혼자 책을 읽을 때는 글과 그림 사이에 공간이 생깁니다. 이 공간이 있으면 말의 세계와 그림의 세계가 이어지지 않으므로 이야기의 흐름과 맥락이 끊어집니다. 하지만 엄마가 아이에게 책을 읽어 준다면 아이는 귀로 이야기를 듣고 눈으로 그림을 좇으면서 두 세계를 하나로 통합시킵니다. 글과 그림이 합쳐지면서 머릿속에서는 생생한 이야기가 펼쳐집니다. 이때 진정한 그림의 세계가 보입니다. 이것이 바로 이야기의 흐름과 맥락이 파악되는 원리입니다. 따라서 그림책은 반드시 어른이 읽어 줘야 아이가 효과적으로 이야기를 구성하고 만들어 낼 수 있습니다.

탈무드에는 '물고기를 잡아 주지 말고 물고기를 잡는 법을 가르쳐 줘야 한다.'라는 말이 있습니다. 이 말의 의미를 독서법에 적용해 보면 아이들에게 필요한 건 많은 책을 읽는 것이 아니라 제대로 한 권을 읽는 방법입니다. 그래야 어떤 책을 읽어도 자기 스스로 글의 의미와 맥락을 파악하고 핵심 주제까지 찾아 낼 수 있습니다. 여기까지 도달해야 독서의 효과를 누릴 수 있습니다.

진정한 그림책은 다른 곳에서 만들어집니다.

어린이가 독자일 경우에는 어린이가 직접 그림책을 만듭니다.

즉, 귀로 말을 듣고, 눈으로 그림책의 그림을 봅니다.

사실 어린이는 삽화를 보는 것이 아니라 삽화를 읽습니다.

그림책은 온전히 말의 세계입니다.

말이 되지 못하는 그림은 없습니다. 추상화도 말이 될 수 있습니다.

선이나 형태나 색이 있으니까요. 어린이들은 그림을 읽습니다.

그림 속에 있는 말을 읽습니다.

그리고 그와 동시에 청각을 통한 말의 세계를 체험합니다.

귀로 들은 말의 세계와 눈으로 본 말의 세계가

어린이 속에서 하나가 됩니다. 그때 그림책이 완성되는 것입니다.

- 『그림책의 힘』 중에서

아이들의 상황을 이해하는 안목

텍스트와
콘텍스트의 관계

"모든 텍스트text는 콘텍스트context를 요구한다." 유시민이 쓴 『유럽 도시 기행』(생각의길, 2019)의 서문에 나오는 문장입니다. "도시의 건축물과 박물관, 미술관, 길과 공원, 도시의 모든 것은 텍스트일 뿐이다. 모든 텍스트가 그러하듯 도시의 텍스트도 해석을 요구하는데, 그 요구에 응답하려면 '콘텍스트'를 파악해야 한다. 콘텍스트는 '텍스트를 해석하는 데 필요한 모든 정보'를 말한다. 도시의 건축물과 공간은 그것을 만든 사람의 생각과 감정과 욕망, 그들이 처해 있었던 환경에 관한 정보를 담고 있다."

유시민은 유럽을 여행하면서 도시의 건축물이라는 텍스트를 이해하기 위해서 당시 그곳에 살았던 사람들이 가지고 있었던 생각과 감정, 욕망 등 콘텍스트를 공부했습니다. 사람에 대한 콘텍스트를 고민하다 보니 아름다운 유럽의 텍스트가 보였습니다.

저에게는 '어떻게 하면 아이들에게 텍스트라는 책을 읽게 할 수 있을까?'가 숙제이자 고민입니다. 아이들이 텍스트를 읽게 하려면 먼저 '콘텍스트, 즉 책을 읽어야 하는 아이들의 상황을 먼저 알아야 하지 않을까?'라는 생각이 들었습니다. 여기서 말하는 콘텍스트란 아이가 왜 책을 싫어하는지, 어떤 동기로 책을 읽는지, 무엇을 더 좋아하는지 등 아이들 각자의 상황을 의미합니다. 아이들을 이해하는 눈이 생겨야 텍스트(책)를 권해 줄 수 있습니다. 아이들의 콘텍스트(상황)를 이해하지 못한 채 책만 내밀면 일방적인 강요로 받아들이고 책을 더 싫어하게 만들 수도 있습니다.

'책을 읽어라!'라는 구호는 아이들에게 아무런 도움이 안 될뿐더러 공허한 메아리처럼 느껴질 수 있습니다. 독서는 책text과 읽는 사람의 상황context이 결합될 때 진정한 효과를 누릴 수 있습니다.

지금도 서점에는 수많은 독서교육 관련 책들이 깔려 있습니다. 뿐만 아니라 초등 독서와 관련된 교육 콘텐츠와 유튜브 채널은 육아맘들 사이에서 선풍적인 인기를 끌고 있습니다. 그만큼 우리 아이가 책을 잘 읽는 사람으로 자라길 바라는 부모의 염원을 반영한 증거입니다. 하지만 아이들의 현실은 어떤가요? 이와는 사뭇 다릅니다. 만화책이나 글이 적은 얇은 책을 더 좋아하고, 게임에만 몰두할 뿐 책을 읽으라는 말은 잔소리로 듣습니다. 분명 책에 나온 방법대로 아이에게 적용해 보지만 우리 집 현실과는 맞지 않습니다. 도대체 무엇이 문제일까요? 아이들은 본질적으로 성향과 기질, 특성 등이 전부 다르기 때문에 우리 집 상황에 맞는 육아법이 필요합니다.

많은 부모가 책 읽기가 좋다고는 알고 있지만 정작 책 읽는 주체인 독자에 대한 이해는 많이 부족합니다. 텍스트에만 주목하고 콘텍스트를 보지 못합니다. 일단 책을 내려놓고 우리 아이의 상황에 관심을 갖고 지켜보기를 권해드립니다. 그래야 아이에게 맞는 책을 선물해 줄 수 있습니다.

공감의 위력

아이의 상황을 이해하기 위해서 가장 먼저 필요한 기술은 공감입니다. 아이에 대한 판단은 내려놓고, 먼저 "그랬구나!"라며 공감하면서 아이 편을 들어 줄 수 있어야 합니다. 그래야 아이가 정서적으로 안정감을 느끼고 합리적으로 사고할 수 있습니다. 정혜신 박사가 쓴 『당신이 옳다』에는 아이에게 공감하는 방법에 대한 이야기가 나옵니다.

부모와 사이가 좋지 않은 열일곱 살 A는 집에 들어가고 싶지 않은 날이면 밤거리를 배회하며 이 친구 저 친구에게 전화를 한다. 그럴 때 친구들에게 흔히 이런 소리를 듣는다.

"거리에서 웬 청승이냐. 집에 들어가 붕신아~."

맑은 공기가 절실한 순간에 매연으로 꽉 찬 지하 주차장에 갇히는 느낌일 것이다.

이럴 때 A에게 산소 공급이란 집에 또 못 들어가고 있구나, 무슨 일이 있었나 보네 같은 말이다. 이 말은 "이 시간에 네가 집 밖을 배회하고 있다면 분명 그럴 만한 이유가 있을 것이다."라는 이해다. 네가 이상한 애라서 달밤에 체조하고 있는 게 아닐 거라는 무조건적 믿음과 지지다. 그 말은 A를 절대적으로 안심하게 해 준다. 내가 잘못되지 않았다는 확인이 있어야 사람은 그다음 발길을 어디로 옮길지 생각할 수 있다. 자기에 대해 안심해야 그다음에 대해 합리적으로 사고할 수 있다.

공감이란 먼저 아이 입장에서 생각해 보고, 집 밖을 배회하는 아이에게 분명 그럴 만한 이유가 있을 것이라고 생각하는 '내 편 인증'입니다. 이럴 때 아이는 내가 잘못되지 않았다고 느끼면서 합리적으로 사고할 수 있는 상태가 됩니다. 이것이 아이의 상황을 이해할 수 있는 진정한 공감의 위력입니다.

아이들이 책 읽기를 싫어하는 것도 그럴 만한 이유가 있습니다.

책에 대한 나쁜 감정은 무엇인지, 아이가 읽고 있는 책의 수준은 적당한지 아이 입장에서 생각해야 상황이 보입니다. 자녀에게 한 번 물어보세요. "넌 책 읽으라고 하면 어떤 느낌이 들어?"라고 물었을 때 아이가 곧바로 내뱉는 말이 독서에 대한 정서입니다. 책에 대한 정서가 좋지 않으면 책 읽기가 싫어지고, 아무리 좋은 책을 권해도 읽지 않습니다. 그 마음을 있는 그대로 인정하고 공감해 주세요. 아이의 상황이 보이기 시작할 것입니다.

아이들 세계
경험해 보기

『아들 때문에 미쳐버릴 것 같은 엄마들에게』(살림출판사, 2016)를 쓴 최민준 소장님은 2009년부터 남자아이들만을 대상으로 한 미술심리치료 교육을 시작했습니다. 수많은 남자아이를 만나면서 자연스럽게 남자아이들의 성향을 이해하게 됐고, 그 특성을 정리해 블로그와 카페에 공유하면서 전국적으로 아들맘들 사이에서 유명인사가 되었습니다. 최민준 소장님은 그동안의 경험을 바탕으로 "엄마가 아이의 세계로 들어가야 한다."고 말합니다. "아이의 세계를 함께 느끼고 이야기를 나누어야 엄마 말에 따라올 수 있다."는 소장님의 말씀에 전적으로 동의합니다. 아이들의 상황을 이해하기 위해서는 엄마가 아이가 되어서 다녀 봐야 합니다. 그러기 위해서 아이와 함께 레고 조립도 하고, 〈흔한 남매〉도 같이 보면서 대화를 나누고, 아이가 좋아하는 어몽어스 게임도 같이 해야 합니다. 우리 아이가 겪는 세계를 체험해야 왜 아이들이 책을 싫어할 수밖에 없는지 이해하고 아이들에게 다가갈 새로운 접근법도 생각할 수 있습니다.

'초등 아이에게는 독서교육이 필요하다.'라는 사실은 누구나 알고 있는 진리입니다. 하지만 아이들에게 책이라는 텍스트를 읽게 하기 위해서는 먼저 아이들의 콘텍스트를 엄마가 알아야 합니다. 좋은 책보다는 지금 아이들이 어떤 상황인지 함께 소통하면서 살펴보세요. 이것이 책 읽기의 시작입니다.

3장

우리 아이 성향에 따라
달라지는 독서법

우리 아이 성향을
파악해야 하는 이유

수많은 아이들의
성향과 기질

책 읽기와 토론을 좋아했던 저희 집 큰딸은 저와 함께 네 명의 또래 아이들로 구성된 모둠에서 국어 문법 문제집을 풀면서 논술 수업을 하고 있습니다. 그런데 무슨 이유 때문인지 얼마 전부터 책도 잘 안 읽어 오고, 문제집도 안 풀어 오는 등 학습 태도가 좋지 않았습니다. 최대한 아이 마음에 공감하고 존중하면서 책을 다시 읽어 보자고 설득했지만 아이는 좀처럼 달라지지 않았습니다.

학원 강사들끼리 흔히 '혈육은 가르치지 마라!' '교육은 전문가에게 맡겨라!'라는 말을 합니다. 남의 아이는 수업료를 받고 가르치기 때문에 책임감을 가지고 최선을 다할 수 있지만 내 아이를 가르칠 때는 객관성을 잃기 쉽습니다. 이렇게 하면 안 되는 줄 알면서 자꾸 지적하고, 아이를 믿지 못하고, 사사건건 개입하며 잔소리를 합니다. 한번은 형성평가(학습이 진행되는 과정에서 그간의 학습 결과를 점검하기 위해 실시하는 시험)를 봤는데 딸아이 점수가 가장 낮게 나왔습니다. 함께 시험을 본 한 아이가 제 딸에게 "야! 너는 선생님 딸인데 왜 이렇게 문제를 많이 틀렸냐?"라며 핀잔을 주었습니다. 그 순간 저도 모르게 첫째에게 짜증을 내면서 버럭 소리를 질렀습니다. "하연아! 너 앞으로 이렇게 수업하려면 하지 마!"

아이를 심하게 다그치고 집으로 돌아오는 차 안에서 수업 시간에 있었던 일을 되짚어 보았습니다. '내가 왜 하연이에게 화가 났을까?' 생각해 보니 제가 한 행동은 '부모의 욕심'에서 비롯된 행동이었습니다. 선생님 딸이니까 당연히 다른 아이들보다 잘해야 한다는 강박이 있었고, 아이의 행복은 보이지 않았습니다. 그래서 다른 아이들에 비해 뒤떨어지면 화가 나서 아이에게 윽박지르며 다그쳤습니다. 그제야 저의 교육관이 잘못됐다는 걸 깨달았습니다. 저 역시 한 아이의 존재를 있는 그대로 인정하지 않고 무조건 공부 잘하는 아이로 만들겠다는 목표만 있었습니다. 아이의 성향과 기질은 생각하지 않은 채 내 방식대로 끌고 온 것을 후회했습니다.

학부모와 상담할 때는 아이를 인정하고 존중해야 한다고 말했지만 정작 현실에서 저는 제 상담 내용처럼 행동하지 못했습니다.

그날 이후로 다시 한번 저의 교육 철학을 떠올리며 다짐했습니다. '모든 아이는 다르다. 각자 다양한 재능과 탁월함이 있다. 따라서 부모의 역할은 아이의 기질과 성향에 따라 재능을 발휘할 수 있도록 맞춤 교육을 하는 것이다.'

모든 아이에게는 서로 다른 성향과 기질이 있습니다. 사물이나 기계, 도구 등에 관심이 많고 손재주가 뛰어나서 만들기나 조립을 좋아하는 아이. 축구, 농구처럼 운동에 관심이 많고 활동적인 놀이를 좋아하는 아이. 조용하고 말이 적고 고집이 센 아이. 지적 호기심이 많고 학구적이며 토론과 논쟁을 좋아하는 아이. 자기주장이 강한 아이. 친구 의견에 무조건 동의하는 아이. 상상력과 감정이 풍부한 아이. 논리적이고 매사에 신중한 아이. 꼼꼼하게 계획을 세워 행동하는 아이. 자유분방하고 개방적이며 즉흥적인 아이. 친절하고 이해심이 많아 남을 잘 도와주는 아이. 매사에 비판적인 아이. 리더십이 뛰어난 아이. 언어 능력이 뛰어난 아이. 변화를 좋아하지 않는 아이. 책임감이 강해 성실한 아이. 무슨 일이든 혼자 스스로 잘하는 아이 등 그 성격과 기질이 천차만별입니다.

성향과 기질을 파악하면 백전백승

서로 다른 성향의 아이들은 서로 다른 탁월함의 꽃을 피워야 합니다. 공부라는 한 가지 꽃만 바라보고 아이를 키우면 아이는 행복할 수 없습니다. 그렇게 되면 결국 아이가 가지고 태어난 탁월함의 꽃을 보지 못합니다. 부모가 생각해야 할 교육은 아이들의 성향과 기질을 이해하고 그 강점을 살려 주는 것입니다. 그래야 아이 스스로 자기다움이 무엇인지 찾고 발견할 수 있습니다. 아이들을 믿고 지지해 주고 도와줘야 합니다. 다른 사람과 구별되는 자기만의 꽃을 피워야 아이는 진정 행복한 인생을 살 수 있습니다.

그렇다면 우리 아이에 대해 어디서부터 어떻게 파악하고 공부해야 할까요? 우선 아이가 가지고 태어난 기질, 성격을 알아야 합니다. 우리 아이가 '외향적'인지 '내향적'인지, 정보를 받아들이는 방법이 '감각형'인지 '직관형'인지, 의사 결정을 내릴 때 '감정적'으로 하는지 '이성적'으로 하는지, 아이의 생활 양식이 '자유분방'한지 아니면 '계획적이고 신중'한지 등 성격에 대해 공부해야 합니다.

큰딸은 타인에 대한 공감 능력이 뛰어나고, 아이들과 관계를 잘 맺고, 호기심이 많고, 창의력이 남다르고, 새로운 것을 경험하는 데 적극적이고, 꾸미는 것을 좋아하고, 재미있는 일을 기획하는 전형적인 '예술가 기질'을 타고난 '우뇌형' 아이입니다. 우뇌형 아이들은 직관적이며 문자보다는 그림, 영상 등 이미지로 된 설명을 잘 이해하고 전체를 아우르는 안목이 뛰어납니다. 물론 단점도 있습니다. 자주 덤벙거리고 지루한 시간을 못 견디며 자기가 좋아하는 것이 아니면 관심이 없고 게을러집니다.

제가 아이에게 화가 났던 이유는 아이의 타고난 우뇌형 기질과 성향을 이해하지 못하고 오직 좌뇌형 기준에서 아이를 평가했기 때문입니다. 좌뇌형은 주로 수학적인 추론 능력과 논리 분석적인 사고 기능이 뛰어납니다. 따라서 아이의 강점을 보지 못했던 것이죠. 내 아이의 기질이나 성격을 이해하면 아이가 어떤 상황에서 긍정적인 반응을 보이는지 또는 스트레스를 받는지 파악할 수 있습니다. 나아가 우리 아이에게 맞는 학습 방법을 찾아 강점을 더욱 강화할 수 있습니다.

학교 교과과정에서는 감성적인 우뇌형보다 논리와 분석 능력이 요구되는 이성적인 좌뇌형이 유리합니다. 하지만 아이들은 수학적인 추론 능력이나 분석력만으로 평가할 수 없습니다. 만약 이렇게 평가한다면 오히려 아이의 강점을 콤플렉스로 규정해 패배감만 안겨 줄 수 있습니다. 따라서 좌뇌와 우뇌의 발달 정도를 보고 우리 아이의 강점이 무엇인지부터 파악하고 그 성향에 따른 맞춤식 교육이 필요합니다.

우리 아이의 성향과 기질 파악하기

MBTI 성격유형검사로
아이의 성향 파악하기

아이의 성향을 파악할 수 있는 대표적인 도구로 'MBTI 성격유형검사'가 있습니다. 이것은 사람의 성격을 16가지로 나누고 각 성격의 특성과 행동 양식으로 인간을 이해하는 성격검사입니다. MBTI Myers Briggs Type Indicator는 마이어스라는 어머니와 그녀의 딸인 브릭스가 개발했습니다. MBTI 성격 이론이 나오게 된 재미있는 배경을 소개해 보겠습니다.

1939년 2차 세계대전 당시 여자들은 전쟁터로 끌려간 남자들 대신 산업 현장에서 일을 하게 됩니다. 여자들은 전에 해 보지 않았던 일에 적응하기 어려웠습니다. 이를 본 마이어스는 여자들의 성격유형을 나눠 봐야겠다고 생각했습니다. 남자들의 일을 대신할 여자를 찾는다면 큰 도움이 될 것이라 판단했기 때문입니다. 모녀는 성격 연구의 선구자였던 심리학자 카를 융의 '심리적 유형'을 토대로 실용적인 성격유형 분류표를 만들기 시작했습니다. 마이어스는 학교와 연구소를 돌면서 새로운 심리 검사 및 유형 분류에 매진합니다. 그리고 드디어 자신이 개발한 분류 방식을 융에게 보냈습니다. 하지만 융은 이를 인정하지 않았습니다. 융은 자신의 이론을 철학적인 학문으로만 생각했지 통계를 내 실생활에 응용할 생각은 못했던 것이죠.

하지만 이때 개발된 MBTI는 미국 교육계로부터 엄청난 지지를 받았습니다. 1970년대 미국의 대표적인 교육기관 ETS로부터 공식 인성 테스트로 인정받은 뒤 수년간의 발전을 거쳐, 마침내 국제 사회에서 가장 권위 있고 보편적인 성격유형검사로 자리 잡게 됩니다. 1957년에는 마이어스-브릭스 성격유형검사(MBTI)가 책으로 출간되었고, 1970년대부터는 대중화되기 시작했습니다.

우리 아이는 어디에서 에너지를 충전할까?
(내향vs외향)

MBTI에 따르면 사람마다 에너지가 충전되는 방향이 다르다고 합니다. 외향적인 사람은 외부에서 활력을 얻기 때문에 사람이 많은 공간에 있을 때 에너지를 얻습니다. 하지만 내향적인 사람들은 자극에 예민하여 혼자 있을 때 에너지가 충전됩니다. 그래서 단출하고 조용한 공간을 선호하는 것이지요.

만약 아이의 성향이 외향적이라면 친구들과 어울리는 걸 즐길 것이고, 내향적이라면 혼자 있을 때 훨씬 더 안정감을 느낄 것입니다. 외향적인 사람은 빠르게 판단해 행동하는 반면 내향적인 사람은 깊게 오래 생각하므로 판단과 행동이 느린 편입니다. 그래서 외향적인 사람과 내향적인 사람을 비교하면 생각과 행동에서 속도의 차이를 느낄 수 있습니다.

우리 아이는 외부에서 들어오는 정보를 어떻게 받아들일까?(감각vs직관)

MBTI에 따르면 사람이 정보를 지각하는 방식에는 '감각(오감)을 통해 깨닫는 방식'과 '직관을 통해 깨닫는 방식'이 있다고 합니다. 전자는 실제적이고, 현실적인 것에 더 관심을 쏟습니다. 그래서 외부에서 오는 모든 정보를 오감에 의존해 해석하고 인지합니다. 즉, 내 눈으로 보고, 만지고, 맡을 수 있는 것들을 믿는 것이죠. 반대로 후자는 눈에 보이는 정보에 집중하지 않고 정보 너머의 의미를 알아내는 데 관심을 쏟습니다. 그래서 아이디어를 내고 실현 가능성을 발견하는 데 집중하고 의미를 찾습니다. 책을 읽을 때도 감각형인 사람들은 책에서 설명한 사실에 주목하지만 직관형인 사람들은 행간에 숨은 의미를 해석하는 데서 더 큰 재미를 느낍니다. 그래서 사색, 상상을 좋아하고, 문학작품에 관심이 많습니다.

우리 아이는 어떻게 의사 결정을 할까?
(사고vs감각)

세 번째로는 의사 결정과 관련된 성향입니다. 여기에도 선호하는 성향이 두 가지로 나눕니다. 먼저 논리적으로 추론해 결정을 내리는 사람이 있는 반면, 주변의 의견과 감정을 근거로 결정을 내리는 사람이 있습니다. 이때 논리적인 사고에 따라 결정을 내리는 유형을 '사고형'이라고 말하고 감정에 따라 결정을 내리는 유형을 '감정형'이라고 합니다.

사고형은 감정형보다 객관적이고 이성적인 판단에 따라 결정을 내립니다. 감정형은 사고형보다 주관적이고 가치관을 중요하게 여기므로 기분에 따라 결정을 내립니다. 예컨대 좋아하지 않는 사람과 함께 스포츠카를 타고 빠르게 목적지에 도착할 것인지 좋아하는 사람과 대중교통을 이용해 목적지에 도착할 것인지 묻는다면 사고형은 전자를, 감정형은 후자를 선택할 가능성이 큽니다. 사고형은 "이것이 맞아!" "이것이 옳은 거야."라고 말하고 감정형은 "이것이 나한테 가치가 있어!"라고 판단해 의사 결정을 내립니다.

우리 아이의 생활 양식은 무엇일까?
(판단vs인식)

마지막으로 생활 양식입니다. 생활 양식이란 자기만의 라이프 스타일입니다. 여기에도 두 가지 성향이 있습니다. '판단형'은 어떤 문제를 해결할 때 결론을 먼저 내려서 문제를 해결하려고 합니다. 그래서 일 처리가 빠른 편입니다. 이런 성향의 사람은 본인의 일뿐만 아니라 타인의 일도 함께 고민하면서 결론을 내리려고 합니다. 심지어 대화 도중에 "네가 지금 해야 할 게 뭐냐면……." "이렇게 해야 돼!" 하면서 판단하듯이 말을 던집니다. 판단형들의 장점은 일을 빨리 처리하고, 질서 정연하며 준비성과 계획성이 좋고, 목적의식이 높아 실천력도 강합니다.

'인식형'인 사람들은 어떤 문제가 생겼을 때 인과관계를 충분히 듣고 무엇이 원인인지 파악하고 싶어 합니다. 따라서 문제 해결보다는 문제를 이해하는 데 더 집중해 해결할 상황이 올 때까지 판단을 보류합니다. 이런 사람은 '결정장애' '우유부단'과 가까워 보입니다. 반면 임기응변에 강하고 즉흥적이면서 다양한 가능성을 열어 두는 오픈 마인드 기질은 장점입니다. 그러나 상황에 맞춰서 물 흘러가듯 느긋하게 기다리는 모습을 보여 욕심이 없다는 평가를 많이 받습니다.

아이들은 서로 다른 자기만의 특별한 재능을 갖고 태어났으며 아이마다 각기 다른 성향이 있다는 걸 생각했으면 좋겠습니다. 이런 시선으로 바라봐야 서로 다른 기질의 아이들이 어우러지고 남과 비교하지 않은 채 자기다움을 만들어 갈 수 있습니다.

아이의 성향을 파악하면 아이와 소통할 때도 편해지고 관계도 좋아집니다. 양육 방식, 교육법, 그에 대한 자녀의 반응도 달라집니다. 예컨대 자녀가 그림이나 이미지로 정보를 인식한다면 학습 방식도 이에 맞게 제공하고 이후에 문서화된 정보를 알려 줘야 거부감 없이 정보를 받아들일 수 있습니다. 반대로 자녀가 수치화된 정보를 선호한다면 정확하게 '몇 시에 어디에서 무엇을 할 것이다.'라고 알려 줘야 합니다. 이처럼 자녀의 성향을 인정하고 성격 특성을 이해해야 자녀에게 맞는 학습 방식을 찾아 갈등을 피할 수 있습니다.

MBTI로 본 우리 아이

우리 아이의 MBTI를
알아야 하는 이유

ESFP. 외향적이고 사교적이며 활동적이고 적응력이 뛰어납니다. 충동적인 기분파로 계획에 맞춰서 하는 것을 싫어하는 자유로운 영혼입니다. 어떤 일에서든 마무리를 잘하지 못합니다. 호기심이 많아 새로운 사건이나 물건에 관심이 높고 이론이나 책에서 정보를 인지하기보다는 경험하며 배우는 것을 선호합니다. 추상적인 관념보다는 구체적인 사실들을 잘 기억합니다. 현실적이고 실제적인 걸 좋아해 사실적인 상식이 풍부합니다. 주변 일에 관심이 많아서 조직이나 공동체에서 항상 밝고 낙천적인 성격으로 통합니다. 바로 저희 집 분위기 메이커 첫째 딸의 MBTI입니다.

INFJ. 혼자 상상하면서 미래를 예측하는 것을 좋아하고 창의력과 독창성이 뛰어납니다. 결정을 내릴 때는 주로 감정과 통찰력을 기반으로 합니다. 이해하고 설명하는 능력이 뛰어납니다. 자기주관이 뚜렷하고 고집이 세다는 이야기를 많이 듣습니다. 호불호가 분명하고 계획적인 것을 좋아하면서도 즉흥적으로 하는 것을 싫어하지도 않습니다. 나이에 비해 어른스러운 편입니다. 독립 지향적으로 구속받거나 강요당하는 것을 싫어합니다. 완벽주의 성향이 강해서 목표에 도달하지 못했을 경우 쉽게 화를 내거나 스스로 불만족스러워 합니다. 바로 저희 둘째 아들의 MBTI입니다.

첫째와 놀 때는 주로 여럿이 함께 어울리면서 몸으로 하는 활동적인 놀이를 하고 둘째와 놀 때는 바둑이나 장기를 두는 정적인 활동을 합니다. 첫째는 이미지나 영상으로 정보를 인식한 뒤 자신이 직접 경험하면서 배우는 걸 좋아하지만 둘째는 책을 펼쳐 놓고 자세하게 설명해 줄 때 이해를 잘합니다. 두 아이는 접근하는 방식, 공부하는 방식, 노는 방식이 서로 다릅니다. 문제는 둘이 서로 화합하지 못하고 잘 싸운다는 게 요즘 저의 고민입니다.

부모가 자녀의 MBTI 성격유형을 알고 있으면 아이를 보는 눈이 달라집니다. 물론 아이들의 유형은 자라면서 환경에 따라 조금씩 달라지기도 하지만 기본적으로 아이들이 어떤 성향이고, 어떻게 정보를 인식하면서 어떻게 판단하는지, 어떤 생활 방식이 익숙한지 정도는 파악할 수 있습니다. 이를 이해하면 의사소통이 원활해지고 생활 및 학습 지도의 방향성도 잡을 수 있습니다. 이뿐만 아니라 아이들의 강점을 살려서 진로에도 도움을 줄 수 있습니다. 따라서 부모라면 반드시 MBTI 성격유형을 알아 두는 것이 좋습니다.

MBTI 성격에 따른 독서 방법

▮ 감각형 아이의 독서 방법

감각형인 아이들은 행간의 의미보다 텍스트 자체에 집중하므로 반복해서 읽는 방법이 효과적입니다. 그래서 문학보다는 지식책에 관심이 많고 책의 세부적인 내용에 집중하면서 읽는 걸 좋아합니다. 또한 자신이 알고 있는 정보가 담긴 책에 흥미를 느끼기 때문에 먼저 배경지식을 충분히 쌓은 후 책에 접근하면 유리합니다.

▮ 직관형 아이의 독서 방법

직관형 아이들은 행간의 의미를 중요하게 생각해서 책의 맥락을 파악하는 데 집중합니다. 책을 읽으면서 순간순간 떠오르는 생각이나 감동을 준 문장을 메모하며 읽게 하면 더욱 효과적입니다. 다만 책에 담긴 의미와 가치를 찾기 때문에 핵심 내용 위주로만 책을 읽다가 세부 내용을 놓칠 수 있습니다. 따라서 정보를 정리하면서 읽는 습관이 필요합니다.

■ 사고형 아이의 독서 방법

사고형 아이들은 인과관계를 중요하게 생각해 항상 비판적으로 책을 읽어 나갑니다. 주장과 논리가 분명한 책을 자기 것으로 소화하는 능력이 있으므로 철학책이나 과학책을 선호합니다. 책을 읽을 때 질문하는 방법을 가르쳐 주면 호기심을 자극해 책을 더욱 잘 읽게 됩니다. 다만 너무 논리적이고 분석적이라 공감에 대한 부분을 놓치기 쉽습니다. 따라서 책에서 공감하는 내용이 있는지 살펴볼 필요가 있습니다.

■ 감정형 아이의 독서 방법

감정형 아이들은 공감 능력이 탁월하므로 등장인물들의 갈등이나 상황에 몰입할 수 있는 소설이나 동화 등에 흥미를 느낍니다. 반대로 이론이나 설명을 담은 지식책은 멀리하는 경향이 있습니다. 따라서 감정형 아이들은 다양한 책을 골고루 읽을 수 있게 도와줘야 합니다. 책의 내용을 주관적으로 해석하는 경향이 있으므로 사회적 맥락에서 객관적으로 분석할 수 있는 시각을 열어 줘야 합니다.

■ 판단형 아이의 독서 방법

판단형 아이들은 책을 읽는 목적이 분명합니다. 따라서 동기부여만 된다면 역사책이나 전집 같은 책도 무리 없이 읽어 나갈 수 있습니다. 스스로 책을 분류하면서 정리하길 좋아하고 난이도가 높은 책이라도 인내심을 갖고 완독합니다. 책을 즐기면서 읽는 법도 알려 준다면 폭넓은 독서를 할 수 있습니다.

■ 인식형 아이의 독서 방법

인식형 아이들은 자유분방하고 틀에 매이는 것을 싫어하기 때문에 읽고 싶은 책을 스스로 선택하도록 해야 합니다. 하지만 끈기가 부족하여 집중력 있게 한 권을 끝까지 읽기 어려워 합니다. 따라서 독서 방법에 변화를 주면서 아이에게 독서의 즐거움을 충분히 인식시켜 줄 수 있는 노력이 필요합니다.

16가지 성격유형과 기능적 특징 정리 표

ISTJ	ISFJ	INFJ	INTJ
책임감이 강하며 현실적이다. 매사에 철저하고 보수적이다.	차분하고 헌신적이며 인내심이 강하다. 타인의 감정 변화에 주의를 기울인다.	높은 통찰력으로 영감을 준다. 공동체의 이익을 중요시한다.	의지가 강하고 독립적이다. 분석력이 뛰어나다.
ISTP	**ISFP**	**INFP**	**INTP**
과묵하고 분석적이며 적응력이 강하다.	온화하고 겸손하다. 삶의 여유를 만끽한다.	성실하고 이해심이 많으며 개방적이다. 잘 표현하지 않으나 내적 신념이 강하다.	지적 호기심이 높으며 잠재력과 가능성을 중요시한다.
ESTP	**ESFP**	**ENFP**	**ENTP**
느긋하고 관용적이며 타협을 잘한다. 현실 문제 해결에 능숙하다.	호기심이 많으며 개방적이다. 구체적인 사실을 중시한다.	상상력이 풍부하고 순발력이 뛰어나다. 일상적인 활동에 지루함을 느낀다.	박학다식하고 독창적이다. 끊임없이 새로운 시도를 한다.
ESTJ	**ESFJ**	**ENFJ**	**ENTJ**
체계적으로 일하고 규칙을 준수한다. 사실적 목표 설정에 능하다.	사람에 대한 관심이 많으며 친절하다. 동정심이 많다.	사교적이고 타인의 의견을 존중한다. 비판을 받으면 예민하게 반응한다.	준비가 철저하며 활동적이다. 통솔력이 있으며 단호하다.

출처: [네이버 지식백과] MBTI

기질로 본 우리 아이

기질과 성격의 차이

임마누엘 칸트는 '인간에게는 성격과 기질이 있는데 이 중 기질은 천성적으로 타고 난다.'라고 말했습니다. 그의 말대로 기질이란 아이의 타고난 천성입니다. 좀 더 정확하게 표현하면 각 개인이 가지고 있는 고유한 성향입니다. 이러한 기질은 유전적이고, 생물학적인 경향이 있어 잘 바뀌지 않지만 그렇다고 절대로 바뀌지 않는 건 아닙니다.

반대로 성격이란 기질을 기반으로 한 감정과 의지를 표현할 때 나타나는 일관된 행동의 특징입니다. 기질과 다르게 성격은 후천적 환경의 영향을 받기 때문에 발달과 변화가 가능합니다. 일반적으로 '인성이 좋다.' '성품이 좋다.'라고 표현하는 것은 후천적인 노

력에 의해 계발됩니다. 아이들의 기질을 판단할 수 있는 요인으로
는 '적극적 활동성' '식사, 수면, 배뇨의 규칙성' '새로운 음식이나 장
난감, 사람에 대한 반응' '환경에 대한 적응성' '자극에 대한 반응과
민감도' '유쾌하고 불쾌한 정도' '주의산만도' '주의 집중 기간 및 지
속성' 등이 있습니다. 이러한 요인을 바탕으로 아이의 고유 기질을
알아야 아이를 더 잘 이해할 수 있습니다.

미국의 아동학자 스텔라 체스와 알렉산더 토마스는 기질이 아이
들의 발달에 어떤 영향을 미치는지에 대해 연구하면서 '까다로운
아이', '순한 아이', '느린 아이'로 유형을 나누었습니다. 이 세 가지
유형을 중심으로 기질에 대해 좀 더 설명하겠습니다.

까다로운 아이

'까다로운 기질의 아이Difficult temperament, Difficult child'는 전체 아
이 중에서 10퍼센트 정도를 차지합니다. 이 기질에 속하는 아이들
은 낯선 환경이나 작은 자극에도 예민하게 반응합니다. 그래서 환
경이 달라지면 잠을 잘 못 자거나 식사가 불규칙해집니다. 예민하
기 때문에 작은 일에도 짜증을 잘 내고, 잘 울며 달래기가 어렵습
니다. 낯선 상황에 놓이면 위축되고 소극적으로 변하면서 힘들어
합니다. 자기주장도 강합니다. 평소에도 잘 칭얼대고 부정적인 감

정 표현이 많습니다. 자신이 원하는 것에 집착이 강하고, 익숙한 것을 좋아합니다. 싫어하는 것에 대한 의사 표현도 확실합니다. 한 마디로 까다롭고 다루기가 힘들고 주변의 상황에 예민하게 반응하는 아이들입니다.

까다로운 아이의 부모들은 아이가 무엇을 원하는지 몰라 혼란스러워 하며, 아이에게 자주 화를 냈다가 자책하며 우울해합니다. 아이의 감정이나 행동에 부정적으로 반응하는 경우가 많고 아이와 자주 기 싸움을 하기 때문에 진이 빠지기도 합니다.

까다로운 아이들은 성장 과정에서 "안 돼!"라는 말을 많이 듣습니다. 그래서 아이도 "안 돼!"라는 말을 많이 합니다. 이런 아이는 자신의 요구가 거절당하는 걸 받아들일 수 없습니다. 따라서 부모는 먼저 아이의 요구 사항을 받아 주면서 아이가 편안한 상태일 때 거절한 이유를 납득하도록 설득해야 합니다. 그리고 아이가 어떻게 행동해야 하는지 대안을 알려 주고 아이 스스로 선택할 수 있도록 기다려 줘야 합니다. 나아가 자신이 원하는 것을 말로 표현하도록 도와줘야 합니다.

까다로운 아이 양육 방법

까다로운 아이 4단계 양육 방법

단계	목적	상황 예시
1단계	아이의 요구와 바람을 인정하기	(긍정의 감정을 담아서) "너, 그 장난감을 갖고 놀고 싶구나?"
2단계	현재의 상황을 인식시키기	(단호하게) "지금은 밥 먹는 시간이라서 장난감을 갖고 놀 수 없어. 밥 먹고 다시 갖고 놀아."
3단계	가능한 대안을 제시하기	(마음의 준비를 할 수 있게 기다렸다가) "엄마가 기다려 줄게. 1분 동안만 갖고 놀자."
4단계	아이가 스스로 선택할 수 있게 말하기	(단호하게) "이제 엄마가 더 이상 기다려 줄 수 없어 어떻게 할까?"

　까다로운 아이들은 스스로 책을 읽게 하기보다는 책 놀이로 흥미를 높이는 게 중요합니다. 책을 고를 때는 선택해 주지 말고 아이에게 어떤 책이 좋은지 물어보는 것이 좋습니다. 책을 읽어 줄 때는 최대한 아이의 눈높이에 맞춰 관심사를 찾고 호기심을 자극해야 책에 집중할 수 있습니다. 글밥이 많은 책보다는 그림책이 효과적이고 한 권의 책을 깊고 다양한 방법으로 읽어 주는 게 좋습니다. 까다로운 아이는 지적인 호기심을 자극해 줄 때 흥미를 느낄 수 있으므로 내용에 대한 배경지식을 충분히 설명해 주는 것도 좋습니다.

순한 아이

'순한 기질의 아이Easy temperament, Easy child'는 전체 아이 중에서 약 40퍼센트 정도를 차지합니다. 이 아이들은 정해진 규칙을 잘 따르고 적응력이 빠릅니다. 밥도 잘 먹고 배변도 원활하며 잠도 푹 자는 등 규칙적인 생활을 합니다. 낯선 환경이나 새로운 자극에도 관심을 보이며 감탄하는 편입니다. 예민하지 않기 때문에 울더라도 쉽게 달랠 수 있으며 잘 웃고 잘 노는 등 편안한 감정 상태를 보입니다. 순둥이라는 말을 많이 듣습니다. 이런 아이는 학교생활에도 빠르게 적응하는 편이라서 학업에 관심이 많습니다. 또래 관계도 잘 맺고 사회성도 좋습니다. 까다로운 아이에 비해 어렵지 않게 교육하고 양육할 수 있습니다. 정서적으로 편안하고 안정되어 있어 호기심이 많습니다. 회복 탄력성이 높습니다. 하지만 다른 사람에게 맞춰 주는 것에 익숙하고, 자기주장을 잘 하지 못해 우유부단하다는 단점도 있습니다.

이렇게 순한 아이는 부모와의 관계에서 문제가 적은 편입니다. 하지만 다른 사람의 요구사항에 순응하는 편이라서 아이의 주도성이나 자율성이 무시될 수 있습니다. 따라서 너무 심하게 강압하거나 아이의 행동을 제지하는 말아야 합니다.

아무리 순한 아이라도 자기주장이 없다면 제대로 성장하고 있다고 볼 수 없습니다. 항상 부모의 말에 무조건 따르도록 강요하는 것은 올바르지 않기 때문에 아이의 반응에 세심한 주의를 기울일 필요가 있습니다. 부모가 먼저 아이를 챙기면서 아이의 요구사항이 무엇인지 살펴보고 자기감정을 표현할 수 있도록 많은 대화를 나눠야 합니다.

순한 아이들은 주어진 환경에 만족하기 때문에 그 이상의 것을 바라지 않습니다. 따라서 부모는 아이의 두뇌 발달에 도움이 될 새로운 자극을 항상 제공해야 합니다. 아이가 보고, 듣고, 만지는 오감 활동으로 새로운 환경을 경험할 수 있게 아이들과 자주 밖으로 나가서 마음껏 뛰어놀 수 있게 해 주세요.

순한 아이들은 규칙적인 활동에 빠르게 적응합니다. 따라서 책 읽기도 규칙적인 습관으로 만들어 주면 자기 스스로 책을 잘 읽는 아이가 될 수 있습니다. 아이의 관심 분야를 골라서 책을 읽게 하고, 그에 따른 적절한 보상을 주는 방식으로 독서 지도를 한다면 어려운 책도 읽을 수 있습니다. 독서감상문 쓰기와 간단하게 자기 생각을 글로 표현하는 활동도 충분히 할 수 있으므로 아이 곁에서 글쓰기 활동을 도와주면 지적인 성장이 빠르게 나타납니다. 순한 아이들은 인지적인 참을성이 높기 때문에 다양한 분야의 여러 책을 읽을 수 있게 해야 합니다. 그림책보다는 글밥이 많은 생활 동화나 명작 동화를 추천합니다.

느린 아이

'느린 기질의 아이Slow to warm-up temperament, Mixed child'는 전체 아이 중에서 약 15퍼센트 정도를 차지합니다. 이 기질의 아이는 활동량이 적고 행동이 느린 편입니다. 반응이나 자극에 대해 수동적이고 변화에 대한 적응력이 낮습니다. 장난감을 줘도 장난감 자체보다는 장난감을 준 사람의 의도를 먼저 생각합니다. 그래서 엄마가 먼저 장난감을 가지고 놀아야 관심을 보입니다. 자신에게 익숙한 환경을 좋아하고 새로운 환경은 아주 조심스러워 하고 흥미를 잘 못 느낍니다. 요구하는 것도 별로 없습니다. 무엇인가 적극적으로 성취하고 싶은 마음도 없습니다. 몸을 움직이면서 활동하고 싶은 의욕이 낮습니다. 낯선 사람이나 사물에 대하여 부정적인 반응을 보입니다. 의사 표현을 잘 하지 않아 속마음을 파악하기 쉽지 않습니다. 어떤 상황에 적응하기까지 한번 친숙해지면 흥미를 갖고 능동적으로 참여하는 등 나름의 속도와 자기만의 방식이 있습니다. 느리지만 신중하기 때문에 실수가 적은 편입니다.

전반적으로 속도가 느리므로 부모가 답답해서 아이를 다그치거나 빨리하라고 재촉하기 쉽습니다. 부모는 아이가 불안감을 갖지 않도록 여유로운 마음으로 아이를 기다려 줘야 합니다. 무조건 지시하기보다는 칭찬과 격려를 해 줌으로써 아이가 정서적으로 안정감을 느낄 수 있도록 양육하는 것이 중요합니다.

다행히 느린 아이들은 틀 안에 있는 것을 좋아하기 때문에 한번 적응되면 누구보다 규칙을 잘 따를 수 있습니다. 낯선 상황에 관심이 적어서 부모가 먼저 시범을 보이고 반응해 주면 그다음에 아이가 흥미를 보입니다. 이런 유형의 아이들은 지나치게 소심하고 신중한 모습 때문에 또래들로부터 무시당하거나 따돌림을 당할 수 있습니다. 아이가 친구를 사귀는 데 자신의 감정을 적극적으로 표현할 수 있도록 부모님의 관심과 돌봄이 필요합니다.

느린 아이들에게는 엄마가 먼저 책 읽는 모습을 많이 보여 줘야 합니다. 그래야 엄마의 행동을 보고 아이가 따라 하면서 책에 대한 호기심이 생길 수 있습니다. 아이가 책에 관심을 보이면 적극적으로 칭찬해 주고 격려하면서 지속적으로 흥미가 이어질 수 있게 지켜봐야 합니다. 이 아이들도 다양한 분야의 책을 읽어 주기보다는 좋아하는 책을 반복하여 읽어 주는 방식으로 차근차근 접근해야 합니다. 아이가 책에 관심을 보이고 흥미가 붙으면 그때부터 책 읽는 습관이 만들어집니다. 한번 만들어진 습관을 유지하기 위해서 아이는 자발적으로 책을 읽게 됩니다. 이 점을 파악하여 아이 눈높이에 맞춰 재미있어 하는 그림책이나 쉬운 동화책 읽기부터 추천드립니다.

부모들은 흔히 아이를 잘 알고 그에 맞춰 교육하고 있다고 생각합니다. 하지만 정말 우리 아이의 성향과 기질에 맞춘 육아와 교육을 하고 있는지 다시 한번 체크해야 합니다. 대부분 문제라고 생각하는 아이들의 행동에는 기질에 대한 낮은 이해가 자리하고 있습니다. 물론 기질만으로 아이의 모든 행동을 설명할 순 없습니다. 하지만 우리 아이의 기질을 이해하고 있으면 자녀를 느긋한 마음으로 바라볼 수 있습니다. 부모와 자녀의 기질이 조화롭게 어울릴 때 아이의 강점을 살릴 수 있고 부모와 자녀 사이의 관계도 좋아지면서 아이가 행복해질 수 있습니다. 세상에 나쁜 기질은 없습니다. 아이들은 한 명 한 명 존재 자체로 사랑받고 존중받기 충분합니다.

에니어그램으로 본 우리 아이

에니어그램으로 본
아이들의 성격유형

정말 간절했습니다. 어떻게 하면 아이들이 책을 좋아하게 만들수 있을까요? 어르고 달래고, 협박(?)도 해 봤지만 아이들의 책 읽기는 좀처럼 나아지지 않았습니다. 그렇게 독서 수업은 저 혼자만의 짝사랑처럼 되어 버렸습니다. 몇 년의 시행착오를 거치면서 제욕심을 내려놓았습니다. 그리고 다시 시작하는 것처럼 아이들의마음을 읽었습니다. 아이들이 왜 책 읽기를 싫어하는지 마음은 어떤지 한 명 한 명 이름을 보면서 생각했습니다. 그러면서 차츰 아이들 각각의 존재를 인정해 나갔습니다.

몇 년이 흐르자 진짜 아이들의 마음이 보였습니다. 모든 아이는 달랐습니다. 저마다 탁월함이 다른 아이들을 제 틀에 억지로 끼워 맞추면서 마음대로 재단하고 있었음을 깨닫고 깊이 반성했습니다. 그 후 아이들 고유의 성격과 탁월성에 집중했습니다. 그리고 그에 맞는 맞춤형 교육으로 책 읽기를 권했을 때 어떤 효과가 있는지 선행연구를 찾아서 공부했습니다. 그러던 중 저와 비슷한 생각을 가진 공주현 선생님의 〈성격유형을 적용한 맞춤 독서지도 프로그램의 효과 연구〉(2019)라는 논문을 발견했습니다. 이 논문에서는 성격유형 검사 결과에 맞춰 아이들에게 도서를 제공해 주었더니 정서 지능이 높아졌으며 독서를 싫어하던 아이들도 흥미를 보였다고 이야기했습니다. 더불어 아이들의 독서습관을 변화시키거나 진로를 선택할 때도 도움을 주었습니다. 윤병권 선생님의 〈어린이 성격유형과 독서 능력의 상관관계 연구〉(2020)에서도 어린이의 성격유형에 따라서 읽기 매체의 종류(종이책과 전자책) 효과도 각각 다르게 나타났습니다.

성격 유형에 따른 책을 권했을 때 아이들은 책을 더 재미있게 읽었습니다. 이러한 방법이 효과적인 독서교육이라고 판단하면서 아이들의 성격과 에니어그램에 관심을 가졌습니다. 이번 장에서는 에니어그램과 아이들의 성격유형이 독서 태도에 어떤 영향을 미치는지 살펴보겠습니다.

에니어그램이란?

'에니어그램Enneagram'은 사람을 9가지 유형으로 분류하는 성격유형지표입니다. 그리스어로 'ennea'는 '아홉(9)'을 뜻하고, 'gram'은 '도형'을 뜻하는 'grammos'에서 파생되었습니다. 러시아의 철학자이자 탐험가인 이바노비치 구르지예프가 구전으로 전해져 내려오던 에니어그램을 서구 사회로 도입했고, 오랜 연구 끝에 에니어그램 상징에 대한 이론을 세웠습니다. 1960년대 볼리비아의 이카조가 에니어그램 시스템을 기반으로 9가지 유형을 개발하였고 심리치료사였던 클라우디오 나란조에 의해 미국 기독교계에 급속도로 확산되었습니다. 한국에는 1984년에 박인재가 구르지예프의 저서 『위대한 만남』(김영사)을 번역하면서 처음 알려졌고 그 후 가톨릭을 중심으로 교육이 이루어지다가 1998년에 윤운성 소장이 한국에니어그램 학회를 창설한 뒤에 대중에 널리 퍼졌습니다.

에니어그램
성격의 기본 원리

에니어그램에서 말하는 '성격의 기본 원리'란 '힘의 중심이 어디에 있는지'를 가리킵니다. 힘의 중심은 삶을 살아 나가는 데 필요한 에너지를 얻는 '원천'을 의미합니다. 이러한 힘의 원천을 에니어그램에서는 '가슴' '머리' '장'이라는 세 가지 신체 기관과 관계가 있다고 봅니다. '가슴형'은 자아 이미지를 중요하게 여기며 주된 정서는 수치심입니다. 이들은 인간관계에 집중해 주변에 감정이입을 잘하고 타인의 의견에 따라 의사 결정을 내립니다. '머리형'은 에너지의 중심을 사고 및 분석에 두고 있으며 전략과 신념을 중요하게 여깁니다. 머리형에게 삶의 주된 문제는 두려움입니다. 이들은 관찰자적인 태도로 세상을 봅니다. '장형'은 일과 자신의 영역을 중요하게 생각하고, 세상에 저항함으로써 존재감을 드러내고 에너지를 얻습니다.

에니어그램 성격의 기본 원리 표

구분	가슴	머리	장
현대의학	수질Limbicystem=감정	대뇌피질Cerebral=사고	근뇌Root brain=본능
관심사	자아, 이미지, 사랑	전략과 신념	환경 저항 및 통제
문제	정체성과 적대감	불안과 불안정	분노와 억압
추구	주의	안전	독립성
감정	수치심	두려움	분노

출처: 〈에니어그램 성격유형을 적용한 독서지도의 효과 연구〉

에니어그램
9가지 유형 해석

이렇게 세 가지 힘을 중심으로 하나당 세 가지씩 총 아홉 가지로 세분화하여 성격유형을 분류합니다. 1~9까지 숫자로 명명된 아홉 가지 유형이 에니어그램의 기본입니다. 각각 숫자에 좋고 나쁜 가치는 없고 성격의 장단점이 있을 뿐입니다. 유형은 숫자로 부르지만 특징을 쉽게 설명하기 위해 많은 학자가 별칭을 붙였습니다.

에니어그램 9가지 유형 해석 표

1번 개혁자	2번 조력자	3번 성취인
원칙적이고 이상주의적인 유형입니다. 매우 양심적이고 윤리적입니다. 변화를 추구하는 개혁가입니다. 노력형이며 실수를 두려워합니다. 정리 정돈을 잘하며 까다롭고 기준이 높습니다. 비판적이고 완벽주의자가 될 수 있습니다. 타인을 조종하려 하고 독단적입니다.	남을 위하고 대인관계를 중요하게 생각하면서 존중하는 유형입니다. 풍부한 감정, 감성을 가지고 있으며 다정하고 친절합니다. 관대하고 이해심이 많으며 기꺼이 남을 돕습니다. 적응력이 뛰어나지만 의존적이고 독점적입니다. 타인을 조정하려 하고 유혹적입니다.	융통성이 있고 성공 지향적인 유형입니다. 항상 자신감이 넘치고 야망이 크며 에너지가 많은 편입니다. 남들이 생각하는 자기 자신에 대해 지나치게 고민합니다. 긍정적이고 부지런합니다. 하지만 허영심이 많고, 무정한 면도 있습니다.
진지함, 체계적, 엄격함, 개관적, 양심적, 완벽함, 철저함	사교적, 친숙함, 따뜻함, 친절함, 사려 깊음	자신감, 이미지 중시, 효율적, 최선, 긍정적

4번 예술가	5번 탐구자	6번 충성인
내성적이고 낭만적인 유형입니다. 감수성이 예민하며 말이 없습니다. 창의적이고 개인적입니다. 마음이 따뜻해서 남을 잘 도와주지만 우울하고 소유욕이 큰 편입니다. 자의식이 강하고 자기연민 때문에 문제를 겪습니다.	지각력이 있고 사색적인 유형입니다. 경각심과 통찰력이 있고 호기심이 많으며 복잡한 생각이나 기술을 발전시키는 데 집중합니다. 독립심이 강하고 혁신적이며 독창적입니다. 하지만 인색하고 오만하고 감정이 없으며 소극적입니다.	충성하고 안전을 중시하는 유형입니다. 책임감이 강하고 현명하면서 용감합니다. 하지만 우유부단하고 신중하며 때론 반동적, 반항적이기도 합니다. 방어적이고 불안해 하고 권위적입니다.
창조적, 예술적, 외로움, 예민함, 독특함, 감정 기복	분석적, 사색적, 호기심, 이성적, 오만함, 통찰력	헌신적, 충실한, 책임감, 안정감, 준비성, 방어적
7번 열정인	8번 지도자	9번 조정자
바쁘고 생산적인 유형입니다. 외향적이고 긍정적이며 다재다능하고 놀기 좋아합니다. 산만하고 규칙을 잘 못 지켜서 자신의 능력을 적절히 사용하지 못할 때가 많습니다. 새롭고 신나는 경험을 찾으며 무엇인가 유지하는 데 관심이 없고 피곤해합니다. 자제력이 없습니다.	힘 있고 적극적인 유형입니다. 항상 자신감이 넘치고 자기주장이 강합니다. 남을 보호하고 임기응변에 능하며 직설적이고 과단성이 있습니다. 겁이 없고 정열적입니다. 하지만 타인을 조종하고 자기중심적이며 오만하고 공격적일 때가 있습니다.	조화와 평화를 바라는 유형입니다. 포용하고 사람을 믿을 줄 알며 안정적입니다. 대체로 창의적이고 낙관적입니다. 남을 잘 지지합니다. 좋은 관계에 집착하기도 합니다. 인내심이 강하고 온순하고 끈기가 있습니다. 하지만 게으르고 결정을 못하고 건망증이 있습니다.
긍정적, 다재다능, 자발적, 모험심, 열정적인, 사교적인	독립적, 영웅적, 자신감, 진취적, 지도력, 결단력	편안함, 온순한, 끈기, 인내심, 게으름, 평화로움, 여유

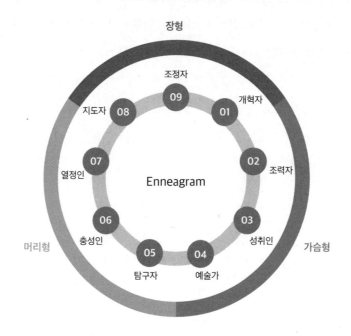

에니어그램 9가지 유형 도표

에니어그램으로 본 9가지 성격

에니어그램에서 머리형은 힘의 중심이 머리에 있습니다. 이런 유형의 아이들은 두뇌 회전이 빠르고 대체로 차분하며 앞에 나서는 것을 수줍어 합니다. 속으로 무슨 생각을 하는지 모를 정도로 자신의 생각이나 감정을 잘 표현하지 않습니다.

가슴형은 감수성과 표현력이 좋고, 원하는 것이 있으면 투정을 부려서라도 꼭 가지려 합니다. 사람들에게 주목받고 인기를 얻는데 관심이 많으며 타인에게 의존적인 경향이 강하고 인간관계를 중요하게 생각합니다.

장형은 행동이 빠르고 겁이 없으며 주도적인 편입니다. 부모에게 의존하지 않고 책임감 있게 스스로 할 일을 알아서 준비하고 처리합니다. 관계에서도 앞장서기를 좋아하고 약한 아이들을 도와주려는 정의감이 강합니다.

에니어그램의 9가지 성격 유형별 아동의 특징 표

	유형	성격 특성
머리형	5번 탐구자	책 읽기, 관찰하기, 사색하기를 좋아합니다. 행동이 느리며 친구가 많지 않고 한두 명과 깊게 사귑니다. 새로운 일을 시작할 때는 깊게 생각하고 스스로 납득해야 움직입니다.
	6번 충성인	책임감이 강합니다. 신중하면서 안전한 계획을 세우려고 노력하는 편입니다. 걱정이 많고 상대방을 쉽게 믿지 못합니다. 의지할 수 있는 사람과 함께 있을 때 편안해합니다.
	7번 열정인	호기심이 많고 상상력이 풍부합니다. 친구들과 어울려 재미있는 일을 벌이길 좋아합니다. 긍정적인 생각을 많이 합니다. 표정이 밝고 유머 감각이 있습니다.
가슴형	2번 조력자	동생들을 잘 돌봐 줍니다. 공감 능력이 뛰어납니다. 무슨 일이든 다른 사람과 함께하길 좋아합니다. 마음이 따뜻하고 착하다는 말을 자주 듣습니다. 남을 너무 배려하나가 자기 일을 못 할 때가 많습니다.
	3번 성취인	남에게 주목받고 싶어 합니다. 재주가 많고 적응력이 뛰어납니다. 신뢰감이 넘치고 경쟁심이 강하고 친구들에게 인기가 많습니다.

가슴형	4번 예술가	지난 일을 잘 기억하고 사소한 것도 소중하게 간직합니다. 사물을 창의적인 관점에서 바라봅니다. 감정 기복이 심하고 질투심과 슬픈 감정을 잘 느낍니다. 예술 감각이 뛰어나며 감수성이 풍부한 편입니다.
장형	1번 개혁자	정리 정돈을 잘합니다. 스스로 일을 처리합니다. 어른들의 기대에 맞추기 위해 최선을 다합니다. 예의 바른 사람이 되려고 애쓰며 정직하게 행동합니다. 시간이나 규칙을 잘 지키려고 노력하는 편입니다.
	8번 지도자	솔직하고 용감하면서 적극적입니다. 친구들 사이에서 리더를 맡길 좋아하고 불합리하거나 불의한 상황이 닥치면 즉시 공격하면서 저항합니다. 독립적이고 실행력이 좋은 편입니다.
	9번 조정자	규칙적으로 생활하길 좋아합니다. 마음씨가 좋고 친절하며 친구들의 고민을 잘 들어 줍니다. 나서기보다 뒤에서 일하는 걸 선호합니다. 인내심이 많고 안정감이 있습니다. 여유가 있으며 맡은 일을 성실하게 잘합니다.

에니어그램 성격으로 본
아동 선호 도서

지난 2017년 경기도와 경기콘텐츠진흥원이 경기도 학생 맞춤형 도서 추천 사업으로 에니어그램을 활용하여 〈성격유형별 맞춤형 도서 제공이 초등학생의 독서 태도에 미치는 영향〉에 대해 연구했습니다.

이 연구는 초등학교 4~6학년 학생들을 대상으로 2017년 10월 15일부터 10월 30일까지 에니어그램 성격유형을 조사한 후 자신들이 가장 즐겨 읽는 책의 종류를 선택해 독서하도록 한 것입니다. 에니어그램 조사 결과, 2번 유형(조력자)이 99명(43.8퍼센트)으로 가장 많았고, 그다음으로는 7번 유형(열정인)이 35명(15.5퍼센트), 3번 유형(성취인)이 24명(10.6퍼센트), 9번 유형(조정자)이 22명(9.7퍼센트), 5번 유형(탐구자)이 21명(9.3퍼센트), 6번 유형(충성인)이 12명(5.3퍼센트), 8번 유형(지도자)이 5명(2.2퍼센트), 1번 유형(개혁자)과 4번 유형(예술가)은 각각 4명(1.8퍼센트)이었습니다.

연구에 참여한 아이들이 성격유형별로 가장 좋아하고 즐겨 읽는 책의 종류는 다음과 같았습니다. 가슴형 중 조력자인 2번 유형의 아이들은 동화, 소설, 역사, 지리, 위인전, 수학, 과학 등 다양한 책을 선호했습니다. 성취가인 3번 유형도 다양한 책을 선호했지만 경향성은 뚜렷하지 않았습니다. 예술가인 4번 유형은 모두 동화, 소설을 좋아한다고 응답했습니다. 머리형 중 탐구자인 5번 유형은 동화, 소설, 수학, 과학, 역사, 지리 순으로 선호한다고 답했습니다. 충성인인 6번 유형의 아이들은 소설 이외에 나머지는 경향성이 뚜렷하지 않았습니다. 열정인인 7번 유형은 동화, 소설 이외에 다양한 과학에 관심이 있었습니다. 지도자인 8번 유형은 동화, 소설 이외에 수학, 과학을 선호한다고 응답한 이이는 한 명뿐이었습니다. 조정자인 9번 유형의 경우 다양한 책을 선호했으며 개혁가인 1번 유형은 선호 경향이 뚜렷하게 나타나지 않았습니다.

성격유형별로 관심 있어 하는 주제는 다음과 같았습니다.

가슴형인 조력자 2번 유형은 조사 결과에서도 읽고 싶은 주제가 친구, 우정이라고 응답했으며, 성취인인 3번 유형은 친구, 우정, 행복, 평화에 대한 책을 선호했습니다. 예술가인 4번 유형은 예술, 평화에 가장 관심이 많다고 답했습니다. 머리형인 탐구가 5번, 충성인 6번, 열정인 7번 유형 모두 친구, 우정을 다룬 책을 읽고 싶다고 응답했습니다. 탐구자 5번 유형은 친구, 우정, 지식 순으로 주제 선호도가 나타났습니다. 충성인 6번 유형은 친구, 우정, 행복 순으로 꼽았으며 그 외에도 다양한 주제에 관심이 있었습니다. 열정인 7번 유형은 친구, 우정, 지식, 행복에 관한 주제를 선호했습니다. 장형 중 지도자인 8번 유형은 지식, 성공, 돈을 골랐으며 조정자인 9번 유형은 친구, 우정, 행복, 정의로움, 평화 순으로 선호했습니다. 개혁자인 1번 유형은 지식 분야를 가장 선호했습니다.

성격 유형별 선호 도서 표

	유형	성격유형별 도서 선별 기준	좋아하는 책의 종류	읽고 싶은 주제
머리형	5번 탐구자	지적 호기심을 자극하고, 분석적이며 논리적인 사고력을 요구하는 책 깊은 사고력이 필요한 추리, 탐정물 지적 능력이 뛰어난 인물 이야기	동화, 소설	친구·우정, 지식
	6번 충성인	안전, 환경이 주제인 책 전통, 문화재, 역사가 주제인 책	소설	친구·우정, 행복
	7번 열정인	풍부한 상상력을 자극하는 모험 또는 여행이 주제인 책	동화, 소설	친구·우정, 지식, 행복
가슴형	2번 조력자	대인관계가 좋은 인물이 등장하는 책 등장인물이 가족, 친구, 선생님 등 주변 인물인 책 사랑과 우정을 소재로 한 책 헌신적인 인물의 이야기가 담긴 책	분야 다양	친구·우정
	3번 성취인	경제 분야의 지식을 습득할 수 있는 책 자기계발과 연관된 책 시사, 교양, 상식 등의 실용적인 책 유능하고 성공한 인물책	선호 경향 없음	친구·우정, 행복, 평화
	4번 예술가	예술 작품을 다룬 책 외모나 능력이 뛰어난 주인공이 등장하는 책 독특한 심리가 잘 드러나는 책 개성이 강하고 특별한 인물 이야기	동화, 소설	예술, 평화

장 형	1번 개혁자	권장도서, 추천도서, 필독도서 올바른 가치관, 윤리관이 주인 책 사회 혁신을 주도한 인물책	선호 경향 없음	지식
	8번 지도자	강인한 인물, 영웅이 주인공인 책 전쟁 이야기, 인권 등 사회적 문제를 다룬 책 의지, 투지, 역경 극복이 주제인 책	동화, 소설, 수학책	지식, 성공, 돈
	9번 조정자	대인관계가 좋고 평화적인 성향의 인물책	분야 다양	친구·우정, 행복, 정의로움, 평화

에니어그램으로
성격유형을 분석한 후 독서 태도 변화

저는 에니어그램으로 아이들의 성격유형을 파악해 독서 지도를 진행합니다. 이 방법은 아이들의 인성, 자기격려, 자기효능감, 사회성 발달에 효과적이었습니다. 〈어린이 청소년의 성격유형별 선호도서 목록 개발 및 독서 지도 방안 연구〉(2012)에서도 아이들의 성격유형을 파악한 후 책을 추천했을 때 독서에 대한 흥미와 관심이 더 높은 것으로 나타났습니다. 아이들의 성격유형을 알고 독서 교육을 하면 아이들의 독서 만족도는 높게 나타납니다.

올해 초등학교 6학년인 민서는 전형적인 머리형의 탐구자 5번 유형입니다. 사색을 좋아하고 논리적이며 분석적입니다. 자기주장이 강하고 지적인 능력도 뛰어납니다. 탐정, 추리 소설과 같은 책을 좋아합니다. 민서의 에니어그램 성격유형에 따라 난이도가 높은 하퍼 리의 『앵무새 죽이기』를 추천해 주었습니다. 2주 동안 이 책으로 심화 토론 수업을 진행했는데 역시나 만족도가 높았습니다. 민서는 수업이 끝나고 "그동안 심화 토론 수업하면서 가장 재미있었던 책이 『앵무새 죽이기』였어요. 제 꿈이 변호사인데 신기하게도 이 책이 변호사들의 필독서라서 뿌듯했습니다. 재판 과정도 너무 흥미진진하고 토론하면서 생각할 거리가 많아서 좋았습니다."라고 대답했습니다.

초등학교 5학년인 수현이는 가슴형의 예술가 4번 유형의 여자 아이입니다. 감수성이 풍부하고 독창적인 아이라서 이미지나 인물이 돋보이는 책을 추천해 주었습니다. 수현이가 소장하고 있는 도서 목록을 살펴보니 역시 인물 위주의 책이 많았습니다. 특히 다산어린이 출판사에서 출간하는 'Who?' 시리즈를 좋아했습니다. 가장 인상 깊게 읽었던 책이 『Who? 아티스트 오드리 헵번』(최은영 글, 도니페밀리 그림, 2021), 『Who? 아티스트 코코 샤넬』(오영석 글, 크레파스 그림, 2021), 최근에는 『Who? K-pop Ⅱ(아이유)』(유경원 글, 신영미 그림, 2021)을 읽으면서 음악에도 관심을 갖게 되었습니다. 수현이와 대화하면서 알게 된 사실은 이 아이는 사람을 좋아하기도 하지만 인물의 성장 스토리에 유독 흥미를 느낀다는 점이었습니다.

각각의 아이들 성격에 맞는 책을 처방해 준 후 독서를 권장하자 대부분 독서에 흥미를 붙였습니다. 다른 책보다 훨씬 더 재미있게 읽었다는 반응도 뒤따랐습니다. 평소 책 읽기를 싫어했던 아이들도 에니어그램 성격유형검사에 따라 책을 추천받고 읽었을 때는 능동적으로 책을 읽었습니다. 또한 성격유형지표를 본 학생들은 자신과 다른 성격유형에 분류된 책은 무엇이 있는지 관심을 보였고 그 책들을 읽고 싶다는 의지도 드러냈습니다.

아이들에게 책을 추천하려면 성격을 먼저 이해해야 합니다. 그러면 우리 아이에게 맞는 책이 무엇인지 고를 수 있는 안목이 생깁니다. 아이마다 자신이 편하게 느끼고 좋아하는 책은 분명 존재합니다. 문제는 부모가 아이들의 성향을 몰라서 그에 맞는 책을 발견하지 못하는 것이죠. 따라서 독서를 권장하기 전에 아이들의 성격을 먼저 파악해 보시기를 적극 추천합니다.

에니어그램 성격유형별 선호도서 목록(초등학교)

유형	책 제목	지은이	출판사
1번 개혁자	소나기: 황순원 단편집	황순원	다림
	수일이와 수일이	김우경	우리교육
	어린 왕자	앙투안 드 셍텍쥐페리	비룡소
	우리들의 스캔들	이현	창비
	이솝이야기	이솝	계림
	엽기 과학자 프래니	짐 벤튼	사파리
	노빈손, 괴짜 동물들의 천국 갈라파고스에 가다	함윤미, 문혜진	뜨인돌
	경복궁에서의 왕의 하루	청동말굽	문학동네어린이
	How so? 교과서에 나오는 한국역사탐구(전집)	다수	헤르만헤세
	왕의 남자 내시	윤영수	한솔수북
	나라의 자랑 국보 이야기	우리누리	주니어중앙
	내일을 상상해 봐 오프라 윈프리	신영란	문이당어린이
	반기문 총장님처럼 되고 싶어요!	김경우	명진출판
	더벅머리 소년 빌게이츠 컴퓨터 황제가 되다	홍당무	파란자전거
	아하! 그땐 이런 역사가 있었군요	지호진	주니어김영사
	노빈손의 파란만장 영국 유랑기	김성중	뜨인돌
	제주 여자 김만덕	정종숙	한솔수북
	훈민정음과 세종대왕	권기경	한솔수북

유형	책 제목	지은이	출판사
2번 조력자	어린이를 위한 시크릿	윤태익, 김현태	살림어린이
	신통방통 곱셈구구	서지원	좋은책어린이
	파도에 춤추는 모래알	전동철	지성사
	2대 마녀 자렛의 허브티	안비루 야스코	예림당
	괴짜 탐정의 사건 노트 5	하야미네 가오루	비룡소
	괴짜 탐정의 사건 노트 9	하야미네 가오루	비룡소

유형	책 제목	지은이	출판사
3번 성취인	환경 이야기	자운영	능인
	아주 특별한 요리책	한성옥	보림
	음식을 바꾼 문화 세계를 바꾼 음식	김아리	미래엔아이세움
	필 코치의 필 꽂히는 야구 코칭	이경필	아우름
	그림자 아이들 1	마거릿 피터슨 해딕스	봄나무
	명혜	김소연	창비
	보이는 세상 보이지 않는 세상	이강옥	보림
	초정리 편지	배유안	창비
	파란 눈의 내 동생	이지현	청어람주니어
	할머니의 레시피	이미애	미래엔아이세움
	그림으로 읽는 우리 고전 삼국유사 1	전일봉	휴머니스트
	마주 보는 세계사 교실 1~7	강선주	웅진주니어
	노빈손의 시끌벅적 일본 원정기	한희정	뜨인돌

3번 성취인	아하! 그땐 이렇게 살았군요	이혁	주니어김영사
	역사 속으로 숑숑 1 고조선 편	이문영	토토북
유형	**책 제목**	**지은이**	**출판사**
4번 예술가	동화 없는 동화책	김남중	창비
	로봇의 별	이현	푸른숲주니어
	마법의 시간 여행 8	메리 폽 어즈번	비룡소
	수학자가 들려주는 수학 이야기 10	차용욱	자음과모음
	열두달 토끼밥상	김정현	보리
	인터넷 사진 조작 사건	김현태	미래아이
	파퍼 씨의 12마리 펭귄	리처드 앳워터, 플로렌스 앳워터	문학동네어린이
	크리스티나	김은희	북스
	스이코	김은희	북스
	테오도라	김은희	북스
	고려 왕조 500년	우리기획	학은미디어
	마리아 테레지아	유수미	북스
	만화 바로 보는 세계사 1	이희수	주니어김영사
	천 년의 역사와 숨결이 담긴 석굴암	손기원	처음주니어
	선덕여왕	김은희	북스
	엘리자베스 1세	유수미	북스
	예카테리나 2세	유수미	북스
	이사벨 1세	김은희	북스

4번 예술가	제노비아	김은희	북스
	클레오파트라	김은희	북스
	하트셉수트	김은희	북스
번호	**책 제목**	**지은이**	**출판사**
5번 탐구자	국어 교과서도 탐내는 맛있는 속담	허은실	웅진주니어
	노빈손의 아마존 어드벤처	박경수, 장경애	뜨인돌
	궁녀학이	문영숙	문학동네
	그림자를 믿지 마!	데이비드 허친스	바다어린이
	나, 오늘 독서록 어떻게 써!	조혜원	파란정원
	다름이의 남다른 여행	최유성	우리교육
	나니아 나라 이야기 7: 마지막 전투	C. S 루이스	시공주니어
	무섭고 징그럽고 끔찍한 동물들	로알드 달	담푸스
	심청전	장철문	창비
	엄마는 거짓말쟁이	김리리	다림
	여우비	김선희	웅진주니어
	노빈손 피라미드의 비밀을 풀어라	강영숙, 한희정	뜨인돌
	노빈손 정조대왕의 암살을 막아라	남동욱	뜨인돌
	노빈손 조선 최고의 무역왕이 되다	김경주	뜨인돌
	노빈손과 왕건과 빨간 바지 도적단	남동욱	뜨인돌
	노빈손의 예측불허 터키 대모험	이영주	뜨인돌
	노빈손의 좌충우돌 로마 오디세이	한희정, 강영숙	뜨인돌

5번 탐구자	노빈손의 올레올레 스페인 탐험기	장은선	뜨인돌
	노빈손의 파란만장 영국 유랑기	김성중	뜨인돌
유형	**책 제목**	**지은이**	**출판사**
6번 충성인	종이접기 짱!(시리즈1~100권)	한국창작종이 문화원	함께가는길
	그램그램 영단어 원정대 (시리즈1~18권)	장영준	사회평론
	그램그램 영문법 원정대 (시리즈1~27권)	장영준	사회평론
	고양이 학교	김진경	문학동네어린이
	금오신화	김시습	민음사
	꼬마 니콜라	르네 고시니	문학동네
	내 짝꿍 김은실	이규희	좋은책어린이
	다락방의 비밀	이경순	홍진P&M
	로빈슨 크루소	다니엘 데포	지경사
	목걸이	기 드 모파상	소담출판사
	별을 헤아리며	로이스 로리	양철북
	왜 나만 미워해!	박현진	길벗어린이
번호	**책 제목**	**지은이**	**출판사**
7번 열정인	나 좀 내버려 둬!	박현진	길벗어린이
	대화가 필요해!	박현진	길벗어린이
	어린이를 위한 계획성	서지원	위즈덤하우스
	어린이를 위한 실천	한창욱	위즈덤하우스

유형	책 제목	지은이	출판사
7번 열정인	어린이를 위한 칭찬	김하늬	위즈덤하우스
	리락쿠마 종이접기	테라니시 에리코	해든아침
	돼지 영어	서석영	처음주니어
	15소년 표류기	쥘 베른	비룡소
	1리터의 눈물	키토 아야	옥당
	내 이름은 삐삐 롱스타킹	아스트리드 린드그렌	시공주니어
	맥덜과 맥먹 이야기 1~2권	브라이언 츠	푸른날개
	병원에 간 명탐정 홈스	양수범	주니어김영사
	비뢰도 1~29	검류혼	청어람
	셜록 홈즈 전집 세트	아서 코난 도일	황금가지
	아이코 악동이 1~3권	이희재	보리
	어느 날 내가 죽었습니다	이경혜	바람의아이들
유형	책 제목	지은이	출판사
8번 지도자	국제무대에서 꿈을 펼치고 싶어요	서지원, 나혜원	뜨인돌어린이
	귀신 씻나락 까먹는 이야기	유다정	사파리
	둥글둥글 지구촌 경제 이야기	석혜원	풀빛
	스펀지 2.0 공부 잘 하는 법	KBS 스펀지 2.0 제작팀, 신민섭	주니어김영사
	어린이를 위한 시험공부의 기술	서지원	위즈덤하우스
	어린이를 위한 목표 달성의 기술	김하늬	위즈덤하우스
	어린이를 위한 용돈 관리의 기술	김은의	위즈덤하우스

	한눈에 반한 우리 문화 20	오세기, 지호진	미래엔아이세움
8번 지도자	과학자는 세상을 이렇게 바꿨어요	정창훈	토토북
유형	**책 제목**	**지은이**	**출판사**
	수수께끼: 알쏭달쏭 재미있고 궁금한	BB기획	효리원
	어린이를 위한 자율	한영희	위즈덤하우스
	어린이를 위한 좋은 습관	한창욱	위즈덤하우스
	눈속임	월터 윅	소년한길
	돌고도는 물질의 변화	테리 디어리, 바바라 앨런	주니어김영사
	물리가 물렁물렁	닉 아놀드	주니어김영사
	탈레스 박사와 수학영재들의 미로게임	김성수	주니어김영사
	꼬르륵 뱃속여행	닉 아놀드	주니어김영사
9번 조정자	종이접기 백과	주부의벗사	봄봄스쿨
	1분 동생	조성자	아이앤북
	가족사진	남찬숙	미세기
	곰의 아이들	류화선	문학동네
	과자의 유혹을 이기는 절제의 힘	꼬리별	스콜라
	꼬마 백만장자 삐삐	아스트리드 린드그렌	시공주니어
	꿈꾸는 인형의 집	김향이	푸른숲주니어
	냄비와 국자 전쟁	미하엘 엔데	소년한길
	냐옹이	노석미	시공주니어

9번 조정자	당나귀 실베스터와 요술 조약돌	윌리엄 스타이그	다산기획
	딱지, 딱지, 코딱지	조성자	미래엔아이세움
	또 한번의 전학	김혜리	시공주니어
	마법의 설탕 두 조각	미하엘 엔데	소년한길
	몰래 한 기도	이지현	책내음
	미운 돌멩이	권정생	오늘
	빡빡머리 엄마	박관희	낮은산
	삐삐는 어른이 되기 싫어	아스트리드 린드그렌	시공주니어
	사라, 버스를 타다	윌리엄 밀러	사계절

참고: 〈어린이 청소년의 성격유형별 선호도서 목록개발 및 독서 지도방안연구(2012)〉,
한윤옥 외 6명, 국립어린이청소년도서관

♠에니어그램 성격검사 사이트

한국에니어그램 www.kenneagram.com

청소년리더십진로교육센터 www.leadershipcareer.kr

나인하트 에니어그램 www.nineheart.com

다중 지능으로
우리 아이 강점 개발하기

강점 지능의 발견

『꿈을 찾아 한 걸음씩』(이미애 저, 원유미 그림, 푸른책들, 2009)에는 요리를 좋아하는 '두본이'가 나옵니다. 두본이는 요리를 좋아하고 음식도 잘 만드는 아이입니다. 하지만 엄마는 두본이가 요리하는 것을 싫어합니다. 자신의 남동생이 요리사로 살다가 인생에서 실패했다고 생각하기 때문입니다. 그래서 두본이는 사람들에게 자신의 꿈이 '과학자'라고 말하고 다닙니다.

그러던 어느 날 요리사인 외삼촌이 미각을 잃고 결국 요리를 포기했다는 이야기를 듣게 됩니다. 두본이는 외삼촌의 미각을 되찾아 주기 위해 함께 여행을 다니면서 직접 콩죽도 끓여 주고 할머니에게 배운 비법으로 현미죽도 만들어 줍니다. 두본이의 헌신적인 노력 덕분에 외삼촌은 미각과 삶의 희망을 찾게 됩니다. 엄마는 삼촌을 위해 노력하는 두본이의 모습을 보고 요리를 향한 마음이 진심이라는 것을 깨닫습니다. 그리고 마침내 두본이의 재능을 인정해 줍니다.

저는 이 책을 읽을 때 두본이의 타고난 재능에 주목했습니다. 두본이는 할머니와 외삼촌을 닮아 손재주가 뛰어납니다. 체계적으로 요리를 배운 적은 없지만 요리를 잘합니다. 어떤 나물이 싱싱한지 어떤 채소가 좋은지 관심이 많고, 전통 음식과 요리 방법에도 흥미를 보입니다. 이렇게 두본이처럼 자신이 좋아하는 것과 잘하는 것이 무엇인지 아는 것을 '강점 지능'이라고 합니다. 강점 지능을 잘 알면 인생이 행복해지고 자기다운 삶을 살 수 있습니다.

어느 날 한 아이가 학교에서 받아 온 성적표를 엄마에게 보여 줍니다. '앞으로 어떤 분야에서도 성공하기 어려울 것으로 보임.' 냉혹한 문구가 적힌 성적표를 본 엄마는 아이를 비난하지 않았습니다.

"네가 다른 사람과 같다면 성공할 수 있겠니? 다른 사람과는 아주 다른 능력을 가지고 있다는 말처럼 들려서 엄마는 오히려 기쁘구나!"

엄마는 아이에게 행복한 표정을 지으며 무한한 신뢰를 보냈습니다. 그 후 엄마는 아이에게 바이올린을 가르쳤고, 음악을 배운 지 7년 만에 아이는 모차르트 음악에서 수학적 구조를 발견하게 됩니다. 그리고 놀라운 집중력과 끈기를 발휘해서 수학과 기하학을 공부했습니다. 자신이 좋아하는 분야를 파고들던 아이는 훗날 '이론 물리학의 천재'라는 말을 듣게 됩니다. 이것은 천재 물리학자 아인슈타인의 이야기입니다.

수학은 빵점이지만 그림 그리기를 좋아하고 공감 능력이 탁월한 아이가 있습니다. 부모는 아이에게 미술을 권했습니다. 다른 일은 제쳐두고 컴퓨터에만 몰두하는 또 다른 아이가 있습니다. 부모는 아이를 변호사로 키우려 했지만 마음을 접고 컴퓨터 선생님을 모셔와 배우도록 했습니다. 그림을 그리던 아이는 훗날 피카소가 되었고, 컴퓨터에 매진하던 아이는 빌 게이츠가 되었습니다.

이처럼 평범해 보이는 아이도 자신의 강점 지능을 발견하면 누구나 열정과 의욕이 생기고 비전과 목표를 갖게 됩니다. 따라서 부모는 아이에게 부족한 점이 아니라 아이가 가진 능력을 찾아서 다중 지능을 계발해 줘야 합니다.

다중 지능이란 무엇일까?

IQ 테스트는 암기력, 연산 능력 등을 진단하는 지수입니다. 이

지수가 높으면 지능 면에서 탁월성을 보일 수 있습니다. 하지만 IQ가 한 아이의 모든 능력을 정확하게 보여 줄 수는 없습니다. 1980년대 미국의 하버드 대학교 심리학과 교수였던 하워드 가드너는 'IQ가 낮은 아이는 능력이나 재능이 없는 것일까?'라는 의문에서 한 연구를 시작했습니다. 그리고 '사람의 지능은 IQ만으로 나타낼 수 없다. 그보다 훨씬 복잡하고 다양하며 각각의 지능은 사람마다 다르다.'는 주장을 펼치게 됩니다. 가드너가 말한 것이 바로 '다중 지능'으로 이는 인간의 정신이나 지능에 다원적으로 접근해야 한다는 이론입니다. 그는 이것을 바탕으로 누구나 8가지 지능을 갖고 태어난다는 '8가지 다중 지능 이론'을 주장합니다. 다음은 각각의 지능별 특징입니다.

■ ① 언어 지능

자신의 생각과 감정을 표현하는 데 효과적으로 언어를 사용하는 능력입니다. 말을 빨리 배우고 조리 있게 잘하며 외국어 습득 능력이 뛰어납니다. 작가, 시인, 정치가, 웅변가, 언론인 등에게 요구되는 지능입니다.

■ ② 대인관계 지능

사람들과 잘 교류하고 타인의 감정과 행동을 정확히 파악합니다. 원만한 대인관계를 유지하면서 가족과 친구들의 마음을 잘 읽고 상황에 따라 기분을 맞추며 어울리는 데 능숙합니다. 정치가,

종교인, 마케터, 사회복지사 등에게 요구되는 지능입니다.

■ ③ 논리수학 지능

이미지나 문자보다는 숫자에 민감하고, 기호, 규칙, 명제 등을 익숙하게 받아들입니다. 수학과 과학을 좋아하며 무슨 일이든 합리적이고 논리적으로 설명할 수 있습니다. 컴퓨터 공학이나 수학자, 물리학자 등에 요구되는 지능입니다.

■ ④ 공간 지능

공간적, 시각적인 것을 파악하는 능력이 뛰어납니다. 도형이나 그림, 지도를 잘 이해하며 그리기와 만들기에 소질이 있고 수학 중에서도 도형을 잘 이해합니다. 건축가, 예술가, 발명가, 지리학자 등에게 요구되는 지능입니다.

■ ⑤ 음악 지능

적절한 상황에 맞는 소리나 음악을 찾는 능력이 뛰어납니다. 리듬, 음정, 음색 등과 같은 음악적 상징 체계를 쉽게 받아들이고 창조하는 능력이 있으며 새로운 노래를 금방 따라 부르고 정확한 음정을 짚어 냅니다. 작곡가, 연주가, 가수, 음악 관련 종사자 등에게 요구되는 지능입니다.

■ ⑥ 신체운동 지능

자신의 신체를 통제하는 능력이 뛰어납니다. 몸을 자유롭게 움직이는 능력으로 달리기나 축구 같은 운동을 잘하고 춤도 잘 배웁니다. 몸의 균형을 잘 잡고 손으로 하는 일을 잘합니다. 운동선수뿐 아니라 행위예술가, 무용가 등에게 요구되는 지능입니다.

■ ⑦ 자연탐구 지능

자연과 상호작용하는 지능으로 동식물에 관심이 많고 자연뿐 아니라 모양이 비슷한 사물을 구별하는 능력이 뛰어납니다. 자연에 대한 인식이 강해서 식물을 잘 키우는 능력이 있습니다. 과학자나 공학자, 식물을 다루는 직업에 요구되는 지능입니다.

■ ⑧ 자기성찰 지능

자기 자신의 감정 변화에 민감하며 자신과 관련된 문제를 잘 풀어냅니다. 자신의 감정에 충실하며 진지한 삶의 목표를 세우고 이를 달성하기 위해 자신을 다스릴 줄 아는 능력이 있습니다. 자신의 생각을 객관적으로 이해하며 그에 따라 행동합니다. 상담가, 철학자, 심리학자, 종교인 등에게 요구되는 지능입니다.

우리 아이
다중 지능 찾기

　다중 지능은 누구나 가지고 있으며 사람에 따라서 강점과 약점이 존재합니다. 또한 환경에 따라 계발되거나 계발되지 못하는 유동적인 지능입니다. 따라서 부모는 우리 아이가 무엇에 흥미를 느끼고 좋아하는지 발견하도록 도와줘야 합니다.

　아이마다 다중 지능이 나타나는 시기나 속도에는 차이가 있습니다. 따라서 다중 지능을 하나로 규정하거나 섣불리 판단하지 말고 탁월성을 발견할 수 있을 때까지 충분히 기다려 줘야 합니다.

　단순히 몇 개의 질문으로 이루어진 설문지는 아이들의 선호도만 측정할 수 있을 뿐 지능에 대한 객관적인 지표가 될 수 없습니다. 공식적으로 다중 지능을 정확하게 측정할 수 있는 질문은 없습니다. 다만 우리 아이가 무엇을 잘하는지 주의 깊게 관찰하며 문제를 해결하는 방법과 성취도를 기록으로 남겨 두면 좋습니다. 음악을 좋아한다고 음악 지능이 높다고 단정 지을 수는 없습니다. 전문가의 의견을 들으며 악기를 배우는 속도, 곡을 분석하고 이해하는 능력, 꾸준함 등을 살펴봐야 합니다.

　지난주에는 아이들과 독서 토론 수업에서 나의 강점 찾기 수업을 진행했습니다. 테스트를 통해서 나의 강점을 찾고, 이것을 강점 카드에 쓰고 영상도 찍으면서 발표하는 시간이었습니다. 언어 지능이 뛰어난 효선이, 공간 지능이 뛰어난 재준이, 신체운동 지능이 뛰어난 민수, 자연탐구 지능이 뛰어난 영준이. 저마다 다른 강점 지능을 가지고 있다는 사실이 새삼 놀라웠습니다. 특히 언어 지능이 뛰어난 효선이는 얼마 전 전국 글쓰기 대회에서 입상할 정도로 글쓰기 재능이 탁월합니다. 효선이는 글이나 말로 자신의 생각과 느낌을 잘 표현하고 공감 능력도 높습니다. 장래 희망 역시 작가입니다. 꿈을 이루든 그렇지 않든 효선이가 자신의 강점이 무엇인지 관심을 갖게 되었다는 것만으로 절반은 성공입니다. 모든 아이가 자신의 탁월성을 알고 다중 지능을 발견했으면 좋겠습니다. 사람에게는 누구나 자신만의 탁월성이 있으니까요.

[다중 지능 검사]

※아래 해당되는 것에 체크하고 각 지능별로 점수를 합산해 보세요.

(①전혀 그렇지 않다 ②별로 그렇지 않다 ③보통이다 ④약간 그렇다 ⑤매우 그렇다)

언어 지능	점 수
나는 사람들과 대화하는 것을 좋아한다.	① ② ③ ④ ⑤
나는 말로 상대방을 설득하고, 글을 조리 있게 잘 쓴다는 얘기를 자주 듣는다.	① ② ③ ④ ⑤
나는 국어와 글쓰기를 좋아한다.	① ② ③ ④ ⑤
나는 외국어를 배우는 게 어렵지 않고 재미있다.	① ② ③ ④ ⑤
나는 책을 읽을 때 쉽게 내용을 파악하고 이해한다.	① ② ③ ④ ⑤
나는 다른 사람의 이야기를 잘 듣고 문제의 핵심을 잘 파악한다.	① ② ③ ④ ⑤
나는 떨지 않고 사람들 앞에서 발표할 수 있다.	① ② ③ ④ ⑤
합계	

논리수학 지능	점 수
나는 수학, 과학을 좋아한다.	① ② ③ ④ ⑤
나는 추리 문제를 풀거나 추론하는 것을 즐긴다.	① ② ③ ④ ⑤
나는 퍼즐 맞추기, 큐브, 레고 조립을 좋아한다.	① ② ③ ④ ⑤
나는 무조건 암기하는 것보다 논리적으로 이해해서 배우는 것을 좋아한다.	① ② ③ ④ ⑤
나는 계산이 빠르고 숫자를 활용하는 일이 두렵지 않다.	① ② ③ ④ ⑤
나는 상대방과 비논리적인 대화를 하면 마음이 불편하다.	① ② ③ ④ ⑤
나는 문제가 있을 때 원인과 해결 방법을 찾아서 꼼꼼하게 분석한다.	① ② ③ ④ ⑤
합계	

공간 지능	점 수
나는 정리정돈을 잘하고, 꾸미는 것을 좋아한다.	① ② ③ ④ ⑤
나는 지도를 잘 보고 한 번 갔던 길도 잘 찾는다.	① ② ③ ④ ⑤
나는 기계를 분해하고 조립하는 일에 흥미가 있다.	① ② ③ ④ ⑤
나는 눈대중으로 사물의 길이와 넓이를 잘 맞힌다.	① ② ③ ④ ⑤
나는 옷, 시계, 가방 등 브랜드에 관심이 많다.	① ② ③ ④ ⑤
나는 공부할 때 이미지나 그림, 개념지도를 그리면서 외운다.	① ② ③ ④ ⑤
나는 놀이공원의 안내도를 보고 가고 싶은 목적지를 쉽게 찾는다.	① ② ③ ④ ⑤
합계	

신체운동 지능	점 수
나는 체육과 몸으로 하는 활동을 좋아한다.	① ② ③ ④ ⑤
나는 연기나 춤으로 내가 전하고자 하는 것을 잘 표현한다.	① ② ③ ④ ⑤
나는 시범 동작을 잘 따라 한다.	① ② ③ ④ ⑤
나는 운동에 소질 있다는 말을 자주 듣는다.	① ② ③ ④ ⑤
나는 운동 경기를 좋아하고 규칙과 선수들의 장단점을 잘 알고 있다.	① ② ③ ④ ⑤
나는 가만히 앉아 있는 것보다 몸으로 하는 활동을 즐긴다.	① ② ③ ④ ⑤
나는 어떤 운동이라도 한 두 번 해 보면 금방 배운다.	① ② ③ ④ ⑤
합계	

음악 지능	점 수
나는 노래를 부르고 악기를 연주하는 게 즐겁다.	① ② ③ ④ ⑤
나는 새로 나온 신곡을 틀리지 않고 잘 따라 부른다.	① ② ③ ④ ⑤
나는 한두 번만 들어도 멜로디를 쉽게 기억한다.	① ② ③ ④ ⑤
나는 음악을 들을 때 어떤 점이 부족한지 잘 파악한다.	① ② ③ ④ ⑤
나는 다양한 장르의 음악을 듣고 평가하는 것을 좋아한다.	① ② ③ ④ ⑤
나는 악보를 보면 곡의 멜로디를 이해할 수 있다.	① ② ③ ④ ⑤
나는 음정, 박자, 리듬을 잘 기억하고 소리 패턴에 예민하다.	① ② ③ ④ ⑤
합계	

자기성찰 지능	점 수
나는 객관적으로 나의 장단점을 명확하게 알고 있다.	① ② ③ ④ ⑤
나는 성찰하면서 사색하는 것을 좋아한다.	① ② ③ ④ ⑤
나는 평소에 나의 능력, 재능을 계발하기 위해 노력하는 편이다.	① ② ③ ④ ⑤
나는 매일 나의 일정을 기록하고 일기를 쓰면서 하루를 정리한다.	① ② ③ ④ ⑤
나는 생각과 감정을 잘 통제하고 상황에 맞게 행동한다.	① ② ③ ④ ⑤
나는 학교나 단체 활동에서 내가 할 일을 먼저 찾아서 한다.	① ② ③ ④ ⑤
나는 내 삶에 뚜렷한 신념과 목표를 갖고 있다.	① ② ③ ④ ⑤
합계	

대인관계 지능	점 수
나는 다른 사람의 기분과 감정에 민감하고 감정이입을 잘한다.	① ② ③ ④ ⑤
나는 친구나 부모님의 기분을 잘 파악하고 이야기를 잘 들어 준다.	① ② ③ ④ ⑤
나는 친구의 고민을 잘 들어 주고 문제를 해결해 주는 것을 좋아한다.	① ② ③ ④ ⑤
나는 사람들에게 너그럽고 다정하다.	① ② ③ ④ ⑤
나는 가족, 선후배, 친구 등 누구와도 원만하게 잘 지내는 편이다.	① ② ③ ④ ⑤
나는 친구들 사이에서 리더십이 있다는 말을 자주 듣는다.	① ② ③ ④ ⑤
나는 다양한 단체나 모임에 가입하는 것을 좋아하고 활동적이다.	① ② ③ ④ ⑤
합계	

자연탐구 지능	점 수
나는 애완동물과 식물을 좋아하고 잘 돌본다.	① ② ③ ④ ⑤
나는 동식물과 관련된 직업에 관심이 많다.	① ② ③ ④ ⑤
나는 환경 문제에 관심이 많고 해결하는 방법을 많이 알고 있다.	① ② ③ ④ ⑤
나는 동식물의 특징을 공부하고 분석하는 것을 좋아한다.	① ② ③ ④ ⑤
나는 식물 키우기, 텃밭 가꾸기 등에 관심이 많다.	① ② ③ ④ ⑤
나는 동물이나 식물, 곤충, 자연, 환경 등과 관련된 책이나 영화를 좋아한다.	① ② ③ ④ ⑤
나는 산책, 둘레길 걷기, 등산 활동 등 자연 활동을 좋아한다.	① ② ③ ④ ⑤
합계	

다중 지능 테스트 결과

각 지능별로 가장 점수가 높게 나온 항목이 자신의 강점 순서입니다.

언어 지능	점	논리수학 지능	점
공간 지능	점	신체운동 지능	점
음악 지능	점	자기성찰 지능	점
대인관계 지능	점	지연탐구 지능	점

아이들의 성격유형을 알아야
소통할 수 있다

지금까지 MBTI, 에니어그램, 다중 지능을 통해 아이들의 특성과 그에 맞는 독서 성향, 관심사 등을 설명했습니다. 기질이란 아이가 부모님으로부터 물려받은 것이고, 성격은 기질을 기반으로 만들어진 일관된 행동입니다. MBTI 성격유형은 대중적으로 가장 잘 알려진 성격유형지표이므로 꼭 활용해 보기를 바랍니다. 에니어그램은 사람을 아홉 가지 성격으로 분류하는 성격유형지표로 내면의 행동 근거를 설명하고 그 이면에 숨겨진 핵심 동기를 찾아볼 수 있는 방법입니다. 그래서 다른 성격유형의 사람들과 조화로운 관계를 맺을 수 있는지 확인해 볼 수 있습니다. 다중 지능은 IQ로만 측정할 수 있는 사고에서 벗어나 인간의 정신이나 마음은 다원적이라는 시각으로 아이들의 지능에 접근합니다. 누구나 여덟 가지의 지능을 갖고 태어나기 때문에 아이의 탁월성이 무엇인지 파악하는 중요한 지표가 될 수 있습니다.

　모든 아이가 책을 좋아한다면 좋겠지만 아이들은 책 읽기를 싫어합니다. 그 원인은 아이의 성향을 무시한 채 독서를 학습 문제로 접근하기 때문입니다. 아이의 성향을 파악하면서 천천히 대화해 보세요. '자녀와의 소통'이 잘 된다면 독서교육은 알아서 굴러갑니다. 저는 앞에서 언급한 다양한 성격유형을 활용해서 부모님들이 아이들과 활발하게 소통했으면 좋겠습니다. 아이들마다 타고난 기질과 성격에 독서교육이 더해질 때 책 읽기 효과도 따라옵니다.

　매주 월요일 오후에 수업하는 예서는 '말하지 않는 아이'입니다. 이유는 모르지만 질문에 빨리 대답을 하지 않았습니다. 처음에는 답답하기도 하고 어떻게 가르쳐야 할지 난감하고 당황스러웠습니다. 하지만 시간이 지나면서 예서의 기질을 알게 되었습니다. 예서는 내향적인 아이로 자신의 생각을 말로 표현하는 데 시간이 필요했습니다. 말을 하지 않는다고 인지 능력이 떨어지기는커녕 또래보다 정보를 이해하는 속도는 빨랐습니다. 긴 지문을 읽고 글로 표현하는 능력 또한 매우 우수했습니다. 그래서 예서와 수업할 때는 말하기 편안한 환경을 만들고 충분한 시간을 들여 천천히 소통하고 있습니다.

　미나는 독서 토론 교실에서 집까지 차로 약 40분 정도 걸리는 거리에 살면서도 빠짐없이 성실하게 나오는 초등학교 6학년 여자아이입니다. 한번은 이동 시간이 너무 긴 것 같아 근처 다른 학원에 다닐 수 있도록 추천도 해 주었지만 자기 생각을 말할 수 있는 곳이 좋다며 지금까지 아주 열심히 다니고 있습니다. 미나는 항상 자신감이 넘치고 임기응변에 탁월하고 토론과 논쟁을 좋아하는 에니어그램 8번 지도자 유형입니다. 친구들과 활발하게 토론하는 일에서 만족감을 느끼므로 미나와 수업하기 전에는 준비 시간이 꽤 걸립니다. 책을 신경 써서 꼼꼼하게 읽어야 하고 미나에게 맞는 질문을 뽑기 위해 생각도 많이 해야 합니다. 주제와 관련된 배경지식도 미리 공부해야 합니다. 미나와 소통하는 방식은 지적인 도전을 주는 '티키타카 토론'입니다.

수업 준비의 8할은 아이들의 성향과 기질 등 성격 연구입니다. 아이마다 성격이 다르므로 수업 내용과 방식, 목표가 달라집니다. 토론보다 글쓰기에 집중하는 아이들이 있고, 글쓰기보다 토론에 집중하는 아이들이 있습니다. 아이에 맞게 수업 방식을 다르게 해야 학습 효과를 높일 수 있습니다. 아이들의 성향과 기질은 무시한 채 수업 진도만 생각한다면 일방적인 수업이 되고, 자연스럽게 학습 효과도 떨어집니다. 아이들이 가지고 있는 성격 위에 수업 내용과 경험을 공유할 때 아이들은 효과적으로 지적인 자극을 받게 됩니다.

『말 한마디 때문에』(청년정신, 2018) 작가이자 소통 커뮤니케이션 전문가인 김인희 강사는 소통에 대해 이렇게 이야기했습니다. "소중한 관계는 통하는 데서 시작된다." 짧지만 소통의 뜻을 정확하게 정의한 문장입니다. 소중한 관계에서는 서로 마음이 통해야 합니다. 독서 교실에 오는 한 명 한 명의 아이들은 저에게 너무나 소중하고 특별한 존재들입니다. 그래서 수업 내용을 전달하는 것보다 아이들과 소통하는 데 시간과 에너지를 더 많이 쓰고 있습니다.

아이들과 통하면 그 관계는 더욱 소중해집니다. 교사를 신뢰하게 되면 자연스럽게 정서적으로 안정되면서 행복한 독서로 이어지니까요. 이후에는 수업에도 흥미를 느끼고 책으로 소통할 수 있습니다. 아이들에게 "공부해라. 책 읽어라!"라는 말을 건네기 전에 먼저 아이의 성격유형에 눈높이를 맞추면서 소통해 보는 것은 어떨까요?

4장

우리 아이 마음을 움직이는
공감 독서법

우리 아이가
자기 주도성이 부족한 이유

미래를 바꾸는
아이들의 성장 의욕

어떤 모자가 있습니다. 어렸을 때부터 엄마는 아들에게 "넌 꼭 서울대에 가야 한다." "서울대 가서 의사가 되어야 한다."라며 노래를 불렀습니다. 아들은 열심히 공부해서 서울대에 합격하고 졸업 후 의사가 되었습니다. 그런데 의사가 된 다음에 곧바로 그만두었습니다. 엄마는 너무 황당해서 물었습니다. "너 어렵게 공부해서 의사가 돼 놓고 왜 그만두니?" 그러자 아들은 엄마에게 이렇게 말합니다. "난 의사 되고 싶은 적 없었어! 엄마가 원해서 된 거야! 이제 엄마 말대로 다 했으니까 그만해도 되지?" 아들은 피 보는 것을 끔찍하게 싫어했습니다. 하지만 엄마 때문에 억지로 의사가 된 것입니다. 아들은 어렸을 때부터 꽃을 좋아했기에 지금은 꽃집 사장이 되었습니다.

이 이야기는 가까운 지인에게 들은 실화입니다. 대부분 아이들은 엄마에게 "너 이거 할래?"라는 제안을 받았을 때 쉽게 거절하지 못합니다. 부모가 생각하는 것 이상으로 부모의 기쁨을 자신의 기쁨으로 생각하기 때문입니다. 부모가 기뻐하면 힘들고 하기 싫은 일도 자신의 감정을 억누르면서 열심히 합니다. 그 모습을 본 엄마는 아이가 좋아서 자발적으로 한다고 착각합니다. 아이는 자신의 속마음을 살피고 표현하는 능력이 부족하고, 자신이 무리하고 있다는 사실도 인지하지 못합니다.

부모는 아이를 교육하는 관점을 바꿔야 합니다. 지금 당장 아이가 공부하는 것보다 더 중요한 것이 있습니다. 지금 당장 아이가 좋은 대학에 들어가는 것보다 더 중요한 것이 있습니다. 지금 당장 아이가 영어를 잘하는 것보다 더 중요한 것이 있습니다. 지금 당장 아이가 책을 많이 읽는 것보다 더 중요한 것이 있습니다. 바로 우리 아이의 성장 의욕입니다.

요즘 아이들은 성장하고 싶은 의욕이 없습니다. 그런데 엄마는 아이의 마음 상태를 돌보지 않고 부모 기준으로 성적만 긱징하고 탓합니다. 아이에게 부모의 신념을 강요해서 관계가 틀어지는 경우도 많습니다. 아이에게 맞지 않거나 의욕이 없는 일은 무엇이든 강제로 시킬 수 없습니다. 아이를 위하는 일이라며 부모가 간섭해도 아이 마음은 달라지지 않습니다. 아이 스스로 성장하고 싶은 의욕이 있어야 공부도 하고 영어도 배우고 책도 읽으며 자신의 삶과 미래를 개척할 수 있습니다.

얼마 전 CBS 프로그램 〈세상을 바꾸는 시간, 15분〉에서 교육전문가인 이범 선생님의 '한국 학생이 겪는 3대 위기'라는 강연을 보았습니다. 우리나라 학생들이 전 세계에서 가장 재미없는 방식으로 재미없는 공부를 오래 하는 이유는 바로 '혼날까 봐.'라고 합니다. '핵공감'하는 말이었습니다. 저는 이 강연을 보면서 많은 아이가 엄마의 잔소리와 호통 때문에 재미없고 하기 싫은 공부를 억지로 붙잡고 있다는 생각이 들었습니다.

"너 왜 못 해!" "이렇게 하지 않으면 이길 수 없어!" "더 열심히 해야만 해!"라는 말을 들으며 계속 혼이 나는 아이는 자신감을 잃거나 심한 경우 우울증이 생겨 정신적으로 망가지기도 합니다. 이런 부정적인 피드백으로 아이가 부모를 적으로 인식하거나 더 나아가 지울 수 없는 상처를 안고 살 수도 있습니다. 따라서 부모는 먼저 아이가 무엇을 원하는지, 아이의 자질을 지켜보고 응원해 줘야 합니다. 그래야 아이의 '공부 의욕'을 살려 줄 수 있습니다. 아이는 부모의 기대만큼 성장합니다.

성장 의욕을
불어넣는 방법

독서 교실에는 호영이라는 아이가 있습니다. 중학교 2학년이지만 초등학교 6학년 반에서 수업을 받을 만큼 책 읽기를 싫어하고 공부에 의욕도 없는 아이였습니다. 이곳에 다닌 지 며칠이 지나도 호영이는 책을 읽기는커녕 말도 없고 집중도 못 했습니다.

그렇게 몇 달이 지나고 역사책 수업에서 근현대사 이야기가 나왔습니다. 그때 호영이의 눈이 반짝반짝 빛나더니 질문에 대답도 잘하고, 질문도 많이 하며 적극적으로 수업에 참여했습니다. 알고 보니 호영이는 역사에 관심이 많았습니다. "너는 정말 역사에 해박하구나. 선생님이 지금까지 본 아이 중에서 역사를 해석하는 안목이 너처럼 깊고 탁월한 아이는 처음이야."라며 구체적인 예시를 들어 칭찬해 주었습니다. 그 후 호영이는 집에서 스스로 역사 공부를 해 오기 시작했습니다. 어느 날은 중간고사에서 역사 시험을 잘 보고 싶다고 하여 수준에 맞는 문제집을 골라 주고 공부도 도와주었는데 놀랍게도 만점을 받아 왔습니다.

호영이는 그동안 자기가 관심 있고 좋아하는 분야를 아무도 알아주지 않아 의욕이 떨어진 상태였습니다. 그런데 누군가 자신의 관심사를 알아봐 주고 격려해 주었더니 자신감과 공부 의욕이 생겼습니다. 아이들의 의욕은 놀라운 힘을 발휘합니다. 따라서 부모는 아이를 감시하거나 조정하려 하지 말고 의욕을 북돋워 줘야 합니다.

아이들에게 의욕을 불어넣을 수 있는 첫 번째 방법은 아이의 관심사가 무엇인지 살펴보고 더 잘할 수 있게 도와주고 응원하는 것입니다. 누군가의 지지를 받은 아이들은 자신감을 느끼고 성취욕이 높아지면서 어떻게 하면 더 잘할 수 있을지 스스로 방법을 찾습니다.

저희 집 첫째 아이는 어느 날 유튜브 채널을 개설하더니 스마트폰으로 브이로그를 찍고 편집해 업로드하기 시작했습니다. 초등학생 치고 편집도 깔끔하게 잘하고 또래 아이들이 좋아할 만한 주제를 찾아서 콘텐츠를 만드는 게 신기해 칭찬해 주었습니다. 그랬더니 점점 기획, 촬영, 편집 기술이 늘어 이제는 전문가처럼 컴퓨터를 다룰 뿐만 아니라 영상 전문가들이 만드는 영상 제작에도 참여하고 있습니다. 아이들의 관심사가 무엇인지 살펴보고 잘할 수 있도록 응원해 주세요.

두 번째 방법은 분명한 비전과 목표, 꿈을 발견하게 도와주는 것입니다. 초등학교 6학년인 다빈이의 부모님은 맞벌이를 하기 때문에 집에는 늘 다빈이 혼자 있습니다. 다빈이는 심심함을 달래려 책을 읽고 상상력을 키웠습니다. 그러더니 어느 날 저에게 "선생님, 저는 커서 동화작가가 되고 싶어요. 작가가 되면 글도 많이 쓸 수 있고, 돈도 벌 수 있잖아요."라고 말했습니다. 다빈이는 누가 시키지 않아도 매일 책을 읽고 일기와 동화를 쓰고 있습니다. 분명한 꿈과 비전이 있기 때문에 자발적으로 미래를 준비하는 것입니다.

지금 당장 공부를 시키기보다는 아이의 의욕이 무엇인지 관찰해 보세요. 그래야 우리 아이의 관심사와 흥미를 발견할 수 있습니다. 아이가 무언가 좋아하고 관심이 있다는 건 성장하고 싶다는 신호입니다. 아이들이 분명한 목표와 비전을 찾을 수 있도록 도와주세요. 그러면 언젠가 꿈을 발견하고 스스로 성장할 수 있습니다.

"어떤 일을 하고 싶은지 스스로 찾아내고 전력을 다해 몰두하라.

다른 사람보다 한 걸음 앞서고 싶으면

계획은 자기가 정해야 한다.

몰두할 수 있는 일에서 의욕과 힘을 찾아내

성공의 길로 나가라."

- 그레이엄 벨

아이들의 마음과 연결될 수 있는 공감 대화

삶을 버티게 하는 힘, 공감

"너 뭐야!"

"이 학교 학생인데요?"

"왜 술 마시고 학교에 온 거야?"

"아…… 저기…… 제가 갈빗집에서 알바를 하는데 손님들이 고생한다고 술 한잔 따라 주시길래 마셨습니다. 술을 먹고 집으로 가서 자야 할지 학교에 가야 할지 고민하다가 그냥 학교에 왔습니다."

"음, 그렇구나……. 그럴 수 있지. 괜찮다."

술에 취해 비틀거리며 교내를 돌아다니던 한 아이가 선생님에게 들켜 혼이 나고 있었습니다. 이 광경을 목격한 교장 선생님은 아이를 교장실로 불러 물을 한 잔 따라 주면서 술을 마시고 등교할 수밖에 없었던 아이의 속사정을 듣게 되었습니다.

"행동만 보면 그냥 술 취한 아이였어요. 잠깐 자리에 앉히고 물 한 잔 주며 얘기를 듣는 순간 아차 싶었습니다. 어려운 집안 형편 때문에 아르바이트를 하는데 고깃집 손님들이 주는 술을 받아 마시다 취한 거였어요."

다큐멘터리 영화 〈스쿨 오브 락〉에 나왔던 아현산업고등학교 방승호 교장 선생님의 이야기입니다. 단순히 문제아로 생각했던 아이에게 훈계 대신 공감하며 대화를 나누었더니 이상한 행동도 이해하게 되고 아이의 가능성도 발견한 것입니다. "최소한 한 사람은 자기 편이라는 믿음을 주고 싶습니다. 교육은 자기 안에 묻힌 꿈을 학교라는 공간 안에서 찾도록 용기를 북돋아 주는 것이라는 걸 알게 되었습니다." 이 영화를 보며 아이들의 마음에 공감한다는 게 무엇인지 생각해 보았습니다.

공감이란 방승호 교장 선생님의 말씀처럼 자기 존재를 인정받고 싶어 하는 사람에게 건네는 '따뜻한 시선'이자 '자기 편'이라는 인증입니다. 사람은 누군가 자기에게 공감해 줄 때 긍정적으로 반응

182

합니다. 아이가 자신의 속마음을 털어놓을 수 있었던 이유도 행동만 보고 섣불리 판단하지 않고 자신의 이야기를 끝까지 경청해 주었던 교장 선생님의 따뜻한 마음 덕분입니다.

공감이란 '네가 그런 행동을 한 건 그럴 만한 이유가 있기 때문이다.'라는 이해로 시작해 '너는 나쁜 아이가 아니다.'라는 믿음과 지지의 표현으로 이어집니다. 공감 대화를 하면 아이는 안심하게 되고 꼭꼭 걸어 잠근 마음의 빗장도 풀 수 있습니다. 사람은 자신이 잘못되지 않았다는 확신이 들어야 그다음 발길을 어디로 옮길지 생각할 수 있는 힘이 생깁니다.

공감으로 가는
단단한 첫걸음

우리는 누군가 잘못을 저질렀을 때 따끔하게 지적하며 충고해 줍니다. 하지만 그건 겉으로 드러난 행동만을 보고 옳고 그름을 따지는 틀에 박힌 생각입니다. 사람은 상대가 말하는 메시지와 정서적인 태도, 감정을 느끼면서 반응합니다. 눈물을 글썽이는 교장 선생님의 행동과 태도에서 아이는 '나를 비난하지 않고 있는 그대로 받아 주고 있구나!'라며 안정감을 느낀 것입니다. 이것이 바로 공감 대화입니다.

이러한 공감 대화가 이루어지기 위해서는 몇 가지 단계가 필요합니다. 먼저 상대방이 어떤 상황에 처했는지 인식해야 합니다. 교장 선생님은 아이가 가정형편이 어려워서 아르바이트를 해야 한다는 사실을 먼저 받아들였습니다. 상대방의 입장을 머리로 이해한 '인지적 공감'입니다. 선생님은 아이의 이야기를 들으면서 아이의 머릿속으로 들어가 그가 처한 상황을 인식했기 때문에 공감할 수 있었습니다.

그다음으로는 '정서적 공감'이 필요합니다. 교장 선생님은 아이의 이야기를 듣고 함께 울면서 정서적으로 반응해 주었습니다. 어떤 훈계나 책망이 아닌 아이가 느꼈을 고통을 마음으로 함께 느낀 것입니다.

아이가 성장하는 동안 부모는 아이가 낯설어지는 순간을 경험합니다. 말 없이 자기 방으로 들어가 버리거나 노크를 해도 문을 열어 주기는커녕 소리 지르며 방문을 걸어 닫기도 합니다. 가족보다 친구들과 어울리고 하루 종일 스마트폰만 붙들고 있습니다. 조잘조잘거리며 쉼 없이 떠들던 아이는 어느 순간 마음의 문을 굳게 걸어 닫습니다.

어떤 아이에게든 사춘기가 찾아옵니다. 사춘기인 아이들은 전두엽이 완전히 발달하지 못해 좌충우돌 미성숙한 태도를 보입니다. 이 시기에 아이와 좋은 관계를 유지하기 위해서는 아이의 눈높이에서 '공감 대화법'을 해야 합니다. 이 대화법에는 많은 지식이나 기술이 필요하지 않습니다. 그저 아이를 향한 따뜻한 시선을 온몸에 실어 아이를 인정해 주면 됩니다. 공감 대화는 가족에게 행복을 가져다줍니다.

공감 대화를
하는 방법

공감 대화를 하기 위해서는 먼저 아이의 이야기를 경청해야 합니다. 경청은 기울일 경(傾)에, 들을 청(聽)을 씁니다. 즉, 몸을 상대방에게 기울여서 귀로 듣고 눈으로 보고 마음으로 공감한다는 뜻이죠. 경청에는 생각보다 집중력이 필요합니다. 단순히 고개를 끄덕이거나 맞장구치며 끝까지 타인의 이야기를 들어 주는 게 아니기 때문입니다. 경청이란 내가 가진 모든 에너지와 나의 경험, 감정을 동원해 귀를 쫑긋 세우고 상대방의 생각과 감정에 집중하는 것입니다. 예컨대 자녀와 대화할 때 "얘기해 봐. 엄마가 들어 줄게."라고 말만 하고 듣기만 하는 것이 아니라 아이가 정서적으로 안정감을 느끼도록 편안한 분위기를 조성하고 대화를 통해 감정 교류를 하면서 아이의 문제를 인지하고 감정을 확인하는 게 적극적인 경청입니다. 온몸의 체중을 실어서 엄마의 감정이 전달될 수 있도록 대화 에너지에 집중할 때 자녀는 진심으로 위로와 공감을 받을 수 있습니다.

그다음 너의 감정이 옳다는 반응을 보여 줘야 합니다. 부모가 자녀에게 흔히 저지르는 대화 실수는 섣부르게 충고하거나 조언, 평가, 판단하는 것입니다. 대체로 이런 이야기는 자녀가 겪고 있는 문제를 해결해 주지 않습니다. 갈등의 골만 깊게 만들 뿐이죠. "그렇구나!" "네 마음이 그런 마음이었구나."라며 감정을 먼저 읽어 줘야 아이들의 마음이 편안해집니다. 자신이 한 행동이 틀리지 않았다, 너는 옳다라는 공감을 받아야 '행동 수정 단계'로 갈 수 있습니다.

공감 대화를 하다 보면 부모와 자녀의 관계가 행복해질 수 있습니다. 아이들에게 상처 주지 않고 쌍방향으로 소통하길 원한다면 공감 대화를 시작해 보세요.

수업에서 발휘되는
공감의 위력

아이들의 마음을 움직이는
공감의 기술

제 일상은 매일 똑같습니다. 독서 교사로서 해맑은 아이들을 만나서 함께 책을 읽고 이야기를 나누고, 감상을 주고받고 글을 쓰며 하루하루를 보냅니다. 그동안 수많은 아이를 만나면서 어제 만난 아이에게 잘 맞았던 독서법이 오늘 만난 아이에게는 아닐 수도 있다는 사실을 깨달았습니다. 누군가에게 성공한 독서법을 다른 아이에게 적용했다가 독서를 포기하게 만들기도 했습니다. 아이의 마음을 제대로 보지 못한 결과였습니다. 아이가 원하는 것이 무엇인지 현재 아이 마음이 어떤 상태인지 관심을 두지 않은 채 학습 매뉴얼대로만 가르친 게 문제였습니다. 아이들을 가르치면서 수많은 좌절과 실패를 경험했지만 이것이 생각을 바꾸는 힘이 되었습니다. 진정한 교육이란 잘 가르치고 싶은 욕심을 내려놓는 것입니다. 아이를 무작정 끌고 가지 않고 아이의 가능성을 보고 함께 성장해 가는 것입니다. "누구에게 진정 무엇을 가르칠 수 없다. 스스로 깨닫는 것을 도울 뿐이다."라고 말한 갈릴레오 갈릴레이처럼 교사의 역할도 가르치는 것이 아니라 아이 스스로 자신의 존재를 깨닫고 자기 안의 무한한 잠재력과 탁월성이 발현될 수 있도록 생각을 끄집어내는 것입니다.

아이들에게 필요한 적절한 자극이란 마음을 움직이는 '공감의 기술'입니다. 공감이야말로 무기력한 아이들의 의욕을 불러일으킬 수 있는 가장 큰 무기입니다. 감정적인 교류 없이 단순히 방법론만 가르치는 교사에게 아이들은 마음의 문을 열지 않습니다. 교육 이전에 먼저 아이의 내면을 만나야 합니다. 공감 다음이 학습입니다.

교사가 학생의 마음과 원하는 것이 무엇일지 헤아리고, 학생의 존재를 인정해 줄 때 아이들은 교사에게 마음의 무장을 해제합니다. 그러면 수업은 훨씬 수월해집니다. 이것이 공감의 위력입니다.

공감으로
아이 마음 움직이기

올해 초등학교 6학년인 소영이와 중학교 2학년인 준형이는 남매입니다. 준형이는 머리가 좋고 논리적이면서 분석적이고 계산 능력도 빠릅니다. 준형이와 수업할 때는 아이 성향에 맞춘 이성적인 텍스트를 준비해서 사고력과 지적인 자극을 주는 질문 위주로 수업을 진행합니다. 반대로 소영이는 그림과 음악을 좋아하는 예술적인 기질이 많은 아이이므로 감성적인 텍스트로 흥미를 유도합니다. 얼마 전 소영이와 수업을 하는데 아이의 표정이 별로 좋지 않았습니다. 아이들의 표정이 좋지 않을 때는 수업에 관심이 없거나 흥미를 느끼지 못할 때입니다.

"소영아, 오빠가 너한테 뭐라고 했지?"
"네, 맞아요. 요즘 오빠 잔소리가 너무 심해요. 이것도 모르냐면서 저한테 맨날 책 좀 똑바로 읽으라고 엄청 뭐라고 해요."

준형이는 소영이가 오랫동안 독서 토론 수업을 했음에도 자기 생각을 논리적으로 표현하지 못한다고 생각합니다. 그래서 소영이에게 핀잔을 준 것이지요.
"소영이 기분이 속상했겠구나! 선생님이 수업해 보니까 둘이 관심 분야가 다른 것 같아 준형이는 수학이나 과학, 철학 같은 논리적인 학문을 좋아하고, 소영이는 그림을 좋아하잖아! 지난번에 소영이가 그린 그림 보니까 색감이 너무 좋더라고. 기분이 절로 좋아진다니까! 소영이는 그림에 감성과 생각을 담을 수 있지만 오빠는 이렇게 못 그릴걸?"

"맞아요! 어떻게 아셨어요? 전 기분을 색깔로 표현하거든요!"

소영이의 존재를 인정해 주고 공감하는 대화를 나누었더니 아이 표정이 밝아지면서 안정감을 느끼는 듯했습니다.

사람은 자기에게 공감해 주는 사람에게 반드시 반응합니다. 이렇게 대화하다 보면 아이의 상황이 보이기 시작합니다.

세상에는 훌륭한 가르침을 줄 수 있는 교사와 책과 학원이 넘쳐납니다. 그대로 따라 하기만 하면 모두 천재가 될 수도 있습니다. 문제는 아이의 마음이 움직이지 않는다는 것입니다. 방법에 집중하기 전에 아이 마음에 먼저 집중해 보세요. 아이의 잃어버린 의욕을 살릴 수 있는 가장 빠른 방법입니다.

코로나 시대의 공감 교육

코로나19 팬데믹과
공감 교육

2020년 초부터 불어닥친 코로나19 팬데믹으로 가장 큰 충격을 받은 곳은 '교육 분야'입니다. 2020년 4월부터 전국의 학교는 온라인 수업을 하기 위해 부랴부랴 학급 SNS를 개설하고 온라인 플랫폼을 만들어 학생들에게 가입하도록 했습니다. 개학 후에는 학생도 교사도 온라인, 비대면, 원격 수업에 적응해야만 했습니다. 교육부에서는 쌍방향, 단방향, 과제 제시형이라는 세 가지 수업 형태만을 간략하게 고지했기에 교사들은 각개 전투하듯 수업 교재를 직접 만들었습니다. 비대면 수업이 계속되다 보니 학생 간의 격차와 학습 손실이 심각해졌습니다. 무엇보다 안타까운 건 교실에서 얼굴을 마주하고 서로 협업하고 토의하면서 문제를 해결하는 공동체 역량과 타인의 감정을 느끼는 공감 교육이 사라졌다는 사실입니다.

"사람은 느끼고 생각하는 바에 따라 행동합니다. 느끼는 게 공감이고, 생각하고 새로운 아이디어를 내는 게 창의라면, 행동은 혁신입니다. 결국 혁신과 창의를 만드는 출발은 공감입니다." UCLA 기계항공공학과의 데니스 홍 교수는 '서울포럼2020'에서 창의적인 아이디어의 시작은 '공감'이라고 강조했습니다. 또한 코로나19 팬데믹으로 인한 비대면 사회에서 창의적 발상을 키우기 위해서는 본질을 이해해 공감 능력을 키우는 교육이 가장 중요하다고 말했습니다. 공감이란 상대방을 이해하고 상대방이 느끼는 상황 또는 기분을 비슷하게 느끼는 심리적인 역량입니다. 공감은 개인이 지니고 있는 하나의 관점, 태도로 주변 환경과 관계없이 일관성 있게 나타납니다. 이러한 타인의 마음을 읽고 이해하는 공감 교육은 절대적으로 필요합니다.

언콘택트 시대에
공감 능력 키우기

최근 공감에 관한 선행연구 〈공감기반학습을 적용한 초등학교 국어과 수업이 학교생활 공감과 학업참여에 미치는 효과〉(이준·유숙경·이윤옥, 2016)에 따르면 공감 교육은 학생들의 학교 적응과 학업성취 향상에 효과적이었으며 학생들의 의사소통 영역과 관계 형성에도 긍정적인 영향을 미쳤고 인격 형성도 촉진시켰다는 보고가 있습니다. 이뿐 아니라 사회 행동 특성이 형성되고 발달하는 데도 영향을 미친다는 연구 결과도 있습니다.

아이들의 지적인 발달도 중요하지만 저는 무엇보다 타인을 이해할 수 있는 공감 교육이 절실하다고 생각합니다. 학교에서 공감 능력을 배우지 못한다면 타인의 표정이나 감정을 읽는 능력이 떨어지게 되고, 자기중심적인 사람으로 성장해 정서적으로 불안해질 수 있습니다. 현직 초등학교 교사들은 요즘 아이들이 마스크를 끼고 생활하기 때문에 오해가 많이 생긴다고 말합니다. 물리적인 거리감으로 다른 사람의 감정을 읽기가 어려워지면서 관계를 맺고 의사소통하는 동기나 자극이 줄어든 탓입니다. 제가 있는 사교육 현장에서도 마찬가지입니다. 교사와 아이들이 전부 마스크를 착용하고 참여하기 때문에 아이들 표정이나 기분을 읽지 못한 채 정보 전달에만 신경 쓰고 있습니다.

바야흐로 언콘택트Uncontact 시대, 어떻게 해야 아이들에게 공감 능력을 키워 줄 수 있을까요? 저는 독서 토론 수업이 공감 능력을 키워 줄 수 있다고 확신합니다. 독서 토론 수업은 책을 읽고 내용을 이해해야 하고, 다른 아이들과 서로의 생각을 주고받는 과정입니다. 이 과정에서 등장인물에 감정을 이입할 수 있고, 친구들의 생각을 들으면서 상대방을 이해할 수 있습니다. 마지막으로 서로의 생각을 주고받으며 몰랐던 사실을 깨달을 수 있습니다. 이것은 타인에게 공감할 수 있는 긍정적인 자극입니다.

이런 긍정적 효과를 알기에 팬데믹이 유행하는 중에도 저는 온·오프라인으로 독서 토론 수업을 진행했습니다. 매주 아이들 수준에 맞는 책 한 권을 선정해 읽어 오게 하고 함께 모여 토론을 합니다. 지난주는 설리 잭슨이 쓴 『찰스』를 가지고 토론하는 날이었습니다. 이 책은 주인공인 로리가 새롭고 낯선 환경 속에서 어떻게 적응해 가는지, 아이가 생각하는 본인의 마음과 부모가 알고 있는 아이의 마음이 어떻게 다른지 생각해 볼 수 있는 작품입니다.

아이들에게 질문했습니다. "왜 로리는 엄마 아빠를 속였을까?" "엄마, 아빠에게 혼날까 봐 거짓말을 했어요. 저도 그런 적이 있었거든요." "장난으로 거짓말을 해 봤는데 너무 재미있어서 계속 거짓말을 하고 싶었던 것 같아요." "로리는 새로운 유치원에 가게 되면서 적응도 안 되고 유치원 생활에 너무 스트레스를 받아서 짜증이 많이 난 거 같아요." "유치원의 다른 아이들을 보고 배워서 그런 것 같아요." 등 다양한 답변이 나왔습니다. 토론 수업이 끝나자 한 아이가 이렇게 말했습니다. "처음에는 로리가 왜 엄마 아빠를 속이면서 거짓말을 했는지 이해가 안 됐어요. 그런데 친구들의 이야기를 다 듣다 보니 로리의 행동에 공감이 돼요."

토론을 통해 아이들의 생각은 확장되고, 주인공의 심리와 감정을 분석하면서 타인의 입장을 이해할 수 있습니다. 이처럼 독서 토론 수업은 효과적인 공감 교육입니다. 가정에서도 쉽게 토론을 할 수 있습니다. 아이들이 좋아하는 책을 읽어 주고, 주인공의 행동과 감정이 어떠한지 질문해 보세요. 책을 읽고 아이들과 함께 나누는 독서 토론이 가정에서 함께 할 수 있는 최고의 교육입니다.

킬러 콘텐츠의 비밀

한국의
킬러 콘텐츠

"어렸을 때 가슴에 항상 새겼던 말이 있었습니다. 영화 공부할 때 들었던 '가장 개인적인 것이 가장 창의적인 것이다.' 이 말은 우리의 위대한 마틴 스콜세지가 했던 말입니다. 저는 학교에서 마틴의 영화를 보며 공부했던 사람입니다. 같이 후보에 오른 것만으로도 너무나 영광인데 상을 받을 줄 전혀 몰랐네요. 그리고 미국 관객들이나 사람들이 아직 제 영화를 모를 때 항상 좋아하는 영화 리스트에 제 영화를 올려 주고 좋아했던 쿠엔틴 타란티노 감독님이 계십니다. 정말 사랑합니다. 그리고 같이 후보에 오른 토드 필립스, 샘 맨데스 감독님들. 제가 너무나 존경하는 멋진 분들입니다.

오스카가 허락한다면 이 트로피를 텍사스 전기톱으로 다섯 개로 잘라 나누고 싶은 마음입니다. 고맙습니다. 내일 아침까지 술 마실 거예요!"

　제92회 아카데미 시상식장에서 세계인들에게 감동을 주었던 봉준호 영화감독의 위트 있는 수상 소감입니다. 영화 〈기생충〉은 천만 관객을 돌파하면서 한국 영화 역사상 최초로 칸 영화제에서 황금종려상, 아카데미 시상식(OSCARS)에서 6개 부문에 노미네이트되어 각본상, 국제영화상, 감독상, 작품상 등 총 4개 부문을 수상하는 대기록을 남겼습니다. 특히 아카데미 역사상 비영미권 영화가 작품상을 수상한 경우는 이번이 처음입니다.

　BBC에서는 봉준호 감독에 대해 "봉준호 자체가 장르다."라는 찬사를 보냈고, 세계적인 영화 비평지인 〈인디와이어〉에서도 "〈기생충〉에 이르러 우리는 더 이상 봉준호 감독의 작품을 기존에 있던 분류 체계에 끼워 맞추려고 노력하지 않아도 된다. 봉준호는 마침내 하나의 장르가 되었다."라는 기사를 썼습니다. 미국 조지아 공대에서는 〈살인의 추억〉, 〈괴물〉, 〈마더〉, 〈기생충〉 등을 한국 현대사 교재로 활용하고 있습니다. 문재인 대통령도 국가의 이미지를 높여 준 것에 극찬과 고마움을 표했습니다.

　2013년 6월 13일 빅히트엔터인먼트에서 작곡가 방시혁은 BTS라는 이름의 7인조 남자 아이돌 그룹을 데뷔시킵니다. 8년이 지난 지금 BTS는 한국 가수 중 최초로 빌보드 차트 1위를 달성하고 전 세계에서 가장 사랑받는 아이돌 가수가 되었습니다. BTS는 전 세계에 케이팝 장르를 새로 쓰고 있으며 한국의 수출, 관광, 국가 이미지까지 견인하고 있습니다. 그뿐 아니라 굿즈, 웹툰, 게임 등 다양한 문화콘텐츠와 창작물에도 이들이 미치는 파급력은 상상을 초월합니다.

봉준호 감독과 BTS를 보면서 이들이 만들어 낸 콘텐츠가 '킬러 콘텐츠Killer Contents'라는 생각이 들었습니다. 킬러 콘텐츠란 기존 상품이나 서비스를 몰아내고 독점하는 '킬러 애플리케이션'에서 따온 말로 방송, 만화, 영화, 음악, 애니메이션, 게임, 캐릭터 등 미래 산업을 이끌어 갈 신 성장 동력을 말합니다. 〈기생충〉과 BTS처럼 잘 만든 킬러 콘텐츠는 사회 전반에 영향을 미치는 핵심 가치가 될 수 있다는 걸 보여 줍니다.

4차 산업혁명 시대에 필요한 공감 교육

그렇다면 〈기생충〉과 BTS가 킬러 콘텐츠가 될 수 있었던 비결은 무엇일까요? 바로 공감 능력입니다. 봉준호 감독은 한 인터뷰에서 이렇게 이야기합니다.

"외국인들은 이 영화가 다들 자국 이야기래요. 가난한 사람과 부자의 이야기니까 어느 나라나 마찬가지일 거라고 생각했지만 다들 그렇게 말하니까 마냥 기쁘지만은 않네요."

영화 〈기생충〉이 보여 준 계급 간의 갈등은 전 세계인이 안고 있는 사회 문제로 전폭적인 공감을 얻을 수 있었습니다. BTS의 노래도 마찬가지입니다. BTS의 멤버 RM(김남준)은 자신들의 음악을 이렇게 설명했습니다.

"우리의 지극히 개인적인 이야기가 세계 사람들에게 공감을 받았습니다. 본질(마음)을 음악, 퍼포먼스, 소통 등 다양한 형태로 풀어냈기 때문에 신선하게 다가갈 수 있었습니다."

빌보드가 게재한 칼럼 〈BTS는 어떻게 미국 케이팝 차트 기록을 세웠나〉를 보면 "BTS는 노래에서 인생과 어긋난 관계를 표현하는가 하면 정신적인 고뇌, 아이돌(공인)의 삶 등 한국 가요에서는 잘 다루지 않는 독특한 주제를 다룬다."고 했습니다. JTBC 〈이규연의 스포트라이트〉에서도 BTS가 조용필, 서태지에 이어 성공한 이유를 "전 세계인들이 공감하고 위로받을 수 있는 가사 덕분."이라고 말했습니다.

킬러 콘텐츠는 공감이란 핵심 가치를 기반으로 창조되어야 합니다. 4차산업혁명 시대도 마찬가지지만 공감 능력을 갖춘 인재는 더 큰 미래 산업을 주도할 수 있습니다. 퓰리처 상을 세 번이나 수상한 칼럼니스트인 토머스 L. 프리드먼은 『늦어서 고마워』(21세기북스, 2017)에서 미래 사회 인재가 갖춰야 할 필수 능력에 대해 이렇게 이야기합니다. "앞으로 가장 많은 보상이 따를 최고의 일자리는 내가 '공감형 기술직'이라고 일컫는 것이다. 이는 STEM(과학, 기술, 공학, 수학) 능력과 인간의 오래된 공감 능력을 결합하는 일이다. 기계들이 더 잘할 수 있는 일과 가슴을 가진 인간이 가장 잘할 수 있는 일을 결합하는 능력은 다른 무엇보다 높은 가치를 지닐 것이다. 이는 기계가 하는 일을 다른 인간에게 연결해 주고 그들이 이 세계를 더 잘 헤쳐 나갈 수 있도록 도와주는 일이다." 4차산업혁명이 본격화될수록 기존 일자리 중 대다수는 AI와 로봇으로 대체돼 사라지고 존재하지 않는 새로운 일자리가 만들어질 것입니다.

폴 킴 미국 스탠퍼드 대학교 교육대학원 부원장은 '글로벌 인재 포럼 2017' 기조 강연에서 "현재 초등학생의 65퍼센트는 현존하지 않는 일자리를 갖게 될 것."이라 전망했으며 유럽 최대의 컨설팅 회사인 롤랜드버거는 『4차 산업혁명 이미 와 있는 미래』(다산3.0, 2017)에서 "미래 사회의 모습을 미리 알고 대비한 소수는 디지털 경제의 혜택을 즐기지만 대다수는 일자리에서 강제로 쫓겨나는 운명이 될 수 있다."고 지적했습니다.

고대부터 산업사회에 이르기까지 이 사회는 이성의 능력을 강조해 왔습니다. 그러나 이성의 영역인 논리력, 사고력, 추론 능력은 컴퓨터와 인공지능의 등장으로 더 이상 강점이 아닙니다. 인간 대 인공지능의 경쟁에서 살아남으려면 인간의 마음을 읽을 수 있는 감성의 영역인 공감 능력을 키워야 합니다. 따라서 우리 자녀들은 이에 대비해야 합니다. 우리가 타인의 입장에 공감하지 못하는 것은 감정이 메말라서가 아니라 인지적인 노력이 부족해서입니다. 따라서 공감 교육은 평생 노력해야 합니다.

공감 능력을
갖추는 방법

미래인재상인 공감 능력을 갖추기 위해서는 어떻게 해야 할까요? 첫 번째는 감성지능을 길러야 합니다. 『사피엔스』(김영사, 2015)의 저자 유발 하라리는 4차산업혁명 시대 교육에 대해 "수학, 과학 등은 AI에게 맡기고 인간은 감성지능을 길러라."라고 조언했습니다. '감성지능'이란 자신의 감정을 다스리면서 다른 사람의 감정까지 이해하는 역량입니다. 이것이 뒷받침되어야 공감 능력도 높아집니다. 감성지능을 기르기 위해서는 먼저 자기감정을 발견하고 이해해야 합니다. 두 번째는 경청의 기술이 필요합니다. 경청은 상대방에게 관심을 표현하는 기술입니다. 경청만 잘해도 신뢰를 쌓아 타인과의 관계가 긍정적으로 발전할 수 있습니다. 세 번째는 다양한 경험이 필요합니다. 사람들의 생각을 들여다볼 기회는 흔하지 않습니다. 하지만 직간접으로 많은 경험을 한다면 사람들을 만나서 대화할 때 이해의 폭이 넓어질 수 있습니다.

'사회 지능 지수Social Quotient'라는 개념을 처음으로 주장한 대니얼 골드먼은 "미래 사회에서 성공 가능성이 높은 사람들은 상대의 이야기를 잘 들어 주고 공감 능력이 뛰어나며 서로를 배려하는 사람이다."라고 말합니다. 정보를 많이 안다고, 공부를 잘한다고, 머리가 좋다고 킬러 콘텐츠를 만드는 것이 아닙니다. 먼저 인간 마음의 본질을 이해하는 공감 능력이 있어야 가능합니다. 아이들의 감성지능과 경청, 다양한 경험을 통해 공감 능력을 높여 주세요. 우리 아이들도 킬러 콘텐츠를 만들 수 있습니다.

디자인 싱킹의 메시지

사회에 녹아든
디자인 싱킹

GE헬스케어의 수석 디자이너인 더그 디츠는 MRI를 개발한 사람입니다. 어느 날 그는 자신이 개발한 MRI 장비가 잘 운영되는지 확인하기 위해 병원에 방문했다가 우연히 7살 여자아이와 만나게 되었습니다. 그런데 이 아이는 MRI 기기를 보자 겁에 질려 검사를 거부했습니다. 당시 어린이 환자 대부분은 MRI를 '커다란 괴물'이라고 생각했기 때문에 마취를 하지 않고서는 검사할 수 없었습니다.

집으로 돌아온 더그는 깊은 고민에 빠졌습니다. 그동안 MRI를 개발하기 위해 온갖 고생을 감수하며 노력했는데 아이들이 무서워

할 것이라고는 예상하지 못한 것입니다. 그리고 어떻게 하면 어린 아이들이 마취 없이 MRI 검사를 받을 수 있을지 연구했습니다.

그는 보육 센터를 찾아가 어린이들을 관찰하고 어린이 박물관 직원, 아동병원 의료진, 간호사, 기술자, 방사선 전문의, 지역 어린이집 원장 등을 만나면서 아이들의 심리에 대해 물어보았습니다. 그리고 이에 맞춰 MRI를 다시 디자인했습니다. 친근감을 불러 일으키고 호기심을 자극하기 위해 해적선과 우주선 모양의 MRI를 만들었고, 검사실도 애니메이션 캐릭터와 모험을 떠나는 분위기로 바꿨습니다. MRI 촬영기사는 "해적선에 오신 걸 환영합니다. 여러분은 이제 곧 해적선 내부로 모험을 떠나게 됩니다. 배에 올라타 있는 동안은 절대 움직이지 말고 조용히 있어야 합니다!"라는 재치 있는 말로 아이들이 안정을 취할 수 있게 했습니다. 모험이 끝났을 때는(검사가 끝났을 때는) 해적의 가슴에서 보물을 꺼내 가져가는 이벤트도 마련했습니다. 과연 결과는 어떻게 되었을까요? 소아 환자들에게 투여하는 마취제 양이 줄었고, 겁먹지 않고 MRI 검사를 받는 소아 환자들이 늘어났으며 의료 서비스 만족지수도 90퍼센트나 상승했습니다.

이 문제는 아이들 눈높이에서 온 마음을 다해 그들과 공감한 덕분에 해결할 수 있었습니다. 더그가 공감을 얻기 위해 사람들을 찾아다니며 노력한 것이 바로 '디자인 싱킹Design Thinking'입니다. 디자인 싱킹이란 아이디어를 인간 중심으로 이해하고 시각화하는 방식입니다. 이것은 사용자가 무엇을 원하고 필요로 하는지 또 무엇을 좋아하고 싫어하는지 등을 속속들이 알아야 합니다. 한마디로 공감적 태도가 있어야 문제를 발견하고 혁신적인 아이디어를 얻을 수 있습니다.

저는 더그의 사례를 보면서 독서교육에도 디자인 싱킹이 필요하다고 생각했습니다. 독서의 중요성은 높아지고 있지만 책을 읽어야 하는 아이들은 책을 끔찍하게 싫어합니다. 학년이 올라갈수록 이런 현상은 더 심해집니다.

좋은 교재를 활용해 훌륭한 선생님이 독서법을 가르치더라도 아이들이 책 읽기에 대해 느끼는 마음을 돌리지 못한다면 독서교육은 실패할 확률이 높습니다. 마치 디자인을 바꾸기 전인 MRI처럼 책은(또는 책 읽으라는 소리는) 괴물과 흡사한 공포의 대상일 뿐입니다.

책이 없는
독서교육

영상과 이미지에 익숙한 시대에 사는 아이들이 활자에 거부감을 느끼는 건 지극히 자연스러운 현상입니다. 이를 전제로 독서교육에서 디자인 싱킹은 '꼭 책이 아니어도 괜찮다.'는 마음으로 접근해야 합니다.

시작은 아이들이 좋아하는 만화영화나 음악, 유튜브 동영상, 그림 등입니다. 이것만 활용해도 독서 토론의 효과를 충분히 거둘 수 있습니다. 어차피 독서 토론의 목표는 아이들의 의식 확장, 사고력과 표현력, 문해력 상승입니다. 만약 아이가 게임을 좋아한다면 이것으로 독서교육을 시작하는 것도 나쁘지 않습니다. 아이들에게 어떤 게임을 좋아하는지 물어보세요. 게임 이름, 방법, 기술, 문제점 등 자기의 생각을 술술 말할 것입니다. 더러 게임의 역사까지 이야기하는 아이들도 있습니다. 자신의 전문 분야(?)이기 때문에 막힘이 없습니다. 지루해 하지도 않습니다.

게임하는 방법을 주제로 글을 쓰라고 하면 독창적인 글이 나옵니다. 소재만 다를 뿐 생각을 표현하는 방법이나 글쓰기, 토론하기는 독서 토론의 패턴과 비슷합니다. 오히려 이런 수업이 독서 수업보다 더 역동적이고 효율적입니다. 얼마 전 남자아이들과 '배틀그라운드(이하 배그)'라는 게임을 가지고 토론한 적이 있습니다. 주제는 '어떻게 하면 배그에서 인싸가 될 수 있을까?'였습니다. 남자아이들의 90퍼센트가 이 게임을 좋아하기 때문에 여러 가지 의견이 나왔습니다. "지형지물을 잘 이용해야 해요." "먼저 은폐가 가능한 곳이 어딘지 파악해야 해요. 그래야 승리할 수 있는 유리한 위치를 차지할 수 있거든요." "싸움보다는 생존이 더 중요해요. 끝까지 버텨야 이길 수 있어요." 등 저마다 생각한 의견을 펼쳤습니다.

게임 이야기만 하면서 노는 것처럼 보일 수 있지만 아이들은 토론이라는 형식 안에서 자유롭게 자신의 의견을 개진開陳하고 상대방을 설득하기 위한 논리적인 대화법을 배우게 됩니다. 설득이 안된다면 본인이 가진 게임 지식이 부족하다는 것을 깨닫게 됩니다. 책을 읽고 토론하는 수업과 크게 다르지 않지요? 저는 이런 과정 하나하나가 토론의 기술, 표현의 기술, 배움의 원리라고 생각합니다.

게임은 책으로 도달하게 해 주는 다리, '접촉점'입니다. 자신들이 좋아하는 주제로 친구들과 토론하고 자신의 생각을 표현하다 보면 그 상황에 익숙해지고 재미있다고 받아들입니다. 그러면 게임 대신 책을 내밀어도 거부하지 않게 되지요.

아이들이 좋아하는 것으로 독서교육을 시작해 보세요. 아이들의 관심사를 활용해 잘 따라올 수 있도록 적당한 형식을 만들어 주기만 하면 됩니다. 이것이 독서교육의 디자인 싱킹입니다.

〈겨울왕국〉으로 시작하는 공감 수업

미디어 교육의
세 가지 효과

책보다 만화영화를 더 좋아하는 아이들을 위해 〈겨울왕국〉을 주제로 수업을 진행했습니다. 2014년 개봉한 이 영화는 최단기간에 300만 명의 관객을 영화관으로 불러들였으며 최장기간 예매율 1위, 좌석점유율 79퍼센트라는 기록을 세웠습니다. 그동안 애니메이션은 어린이들의 전유물이라 여겨졌지만 〈겨울왕국〉에는 청소년은 물론 성인들도 매료시키기에 충분한 스토리와 매력이 있었습니다. 영화배우이자 가수인 데미 로바토가 부른 〈Let it go〉는 선풍적인 인기를 끌었고 수많은 가수와 팬들에 의해 커버되었습니다.

〈겨울왕국〉의 줄거리는 이렇습니다. 어느 왕국에 공주인 엘사와 안나가 있었습니다. 엘사는 태어날 때부터 자유자재로 얼음을 만드는 마법의 힘을 지니고 있었죠. 어느 날, 안나는 엘사의 실수로 다치게 됩니다. 안나는 트롤의 도움으로 치료를 받았지만 엘사에게 마법의 힘이 있다는 것과 사고당한 기억은 지워졌습니다. 부모님은 엘사가 마법을 다스리는 법을 배울 때까지 안나를 포함한 모든 사람과 거리를 두게 합니다.

이후 부모님은 엘사가 지닌 마법의 힘을 해결하기 위해 여행을 떠나지만 그만 폭풍에 휩쓸려 죽게 됩니다. 엘사는 돌아가신 아빠를 대신해 왕위를 물려받습니다. 엘사의 대관식 날, 안나는 대관식에 참석한 한스 왕자를 우연히 보고 사랑에 빠져 엘사에게 그와 결혼하겠다고 전합니다. 터무니없는 소리에 당황한 엘사는 안나에게 화를 내다가 그동안 숨겨 두었던 마법의 힘을 무심코 사용하게 됩니다. 모든 사람에게 숨겨야만 했던 마법의 힘을 들킨 엘사는 그 길로 왕국을 떠나 아무도 없는 산꼭대기 얼음 성 안에 스스로를 가둔 채 살아갑니다.

엘사가 떠난 뒤 왕국은 깊은 겨울에 잠겨 버립니다. 안나는 이 겨울을 끝낼 사람이 엘사뿐이라고 생각해 언니를 찾아 나섭니다. 우여곡절 끝에 엘사를 만난 안나는 함께 돌아가자고 설득하지만 엘사는 돌아가지 않겠다고 버텼고, 이때 또다시 실수로 마법의 힘을 사용해 안나의 심장에 상처를 입히게 됩니다. 치료를 받기 위해 트롤을 찾아간 안나는 진정한 사랑만이 자신의 얼어붙은 심장을 녹일 수 있다는 말을 듣습니다.

한편, 엘사와 안나가 왕국을 비운 사이 한스 왕자는 왕국을 손에 넣을 계략을 꾸밉니다. 안나는 이 계략에서 언니를 구하려다 그만 얼어붙고 맙니다. 엘사는 안나의 진심을 알아주지 못한 미안함과 슬픔으로 눈물을 흘렸는데 이때 안나의 얼어붙었던 몸이 녹아 되살아납니다. 안나에게 진정한 사랑은 가족, 엘사였던 것이죠. 엘사는 마법의 힘으로 왕국을 녹이고 깊은 겨울을 끝냅니다. 그리고 안나에게 성문을 닫지 않겠다고 약속합니다.

저는 〈겨울왕국〉으로 수업을 하면서 가끔은 잘 만든 영화 한 편이 책으로 하는 독서 수업보다 더 높은 교육적 효과를 줄 수 있다는 것을 깨달았습니다. 지금부터는 지난 〈겨울왕국〉 수업에서 제가 직접 경험했던 교육적인 효과가 무엇이었는지 말씀드리겠습니다.

첫 번째는 자유로운 쌍방향 소통입니다.

"얘들아! 〈겨울왕국〉 다 봤지? 너희들은 어떤 장면이 가장 인상 깊었니?"

"힌스가 엘사를 갈로 죽이려고 할 때 안나가 막아 주는 장면이 감동적이었어요."

"안나가 엘사에게 눈사람 만들러 가자고 조르는 장면이요."

"엘사가 〈Let it go〉 노래하는 장면이요."

요즘 아이들은 대부분 활자보다 익숙한 영상 미디어를 보면서 정보를 얻고 학습합니다. 아이들은 너나 할 것 없이 애니메이션을 좋아하고 자주 봅니다. 자신이 재미있게 본 것에 대해서는 이야깃거리가 생기기 마련이죠. 교사가 가볍게 운만 띄워 주면 각자의 생각을 주고받을 수 있는 쌍방향 소통이 가능해집니다. 아이들은 서로 대등한 관계에서 소통하기 때문에 일방적으로 교사가 주입하는 딱딱한 독서 토론이 아니라 역동적인 수업이 됩니다.

두 번째는 책에서 볼 수 없던 꼼꼼한 분석입니다.

"선생님 저는 이 영화가 왜 아이들한테 인기가 있는지 알았어요. 다른 영화에서는 공주가 한 명만 나오는데 〈겨울왕국〉에서는 두 명이나 나와요. 또 주인공이 여러 명이라는 게 다른 애니메이션하고 좀 다른 것 같아요. 예를 들면 〈라푼젤〉 같은 경우 주인공이 라푼젤이랑 유진이고 〈인어공주〉에서도 공주하고 왕자가 주인공인데 〈겨울왕국〉은 엘사, 안나, 크리스토프, 올라프처럼 등장인물이 많아서 좋았어요. 그리고 공주가 마법을 부릴 수 있다는 것도 신기했고요."

어쩌면 아이들이 어른들보다 더 정확하게 텍스트를 이해하고 있기도 합니다. 교사는 수업을 위해 이야기의 구조와 핵심 주제를 파악하며 시청하지만 아이들은 애니메이션 그 자체에 빠져들기 때문에 '창의적인 시각'에서 비롯된 의견을 풀어냅니다.

아이들 눈높이에서 엘사는 '혁신의 아이콘'입니다. 공주가 마법을 쓸 수 있다는 것, 공주가 두 명이나 등장한다는 것, 주인공이 여러 명이라 재미를 준다는 것은 아이들만 생각할 수 있는 지점입니다. 지금까지 다른 애니메이션에서 본 공주는 한 명이거나 백마 탄 왕자가 구해 주길 바라는 수동적인 존재였으니까요. 저는 아이들이 좋아하는 매체였기 때문에 이런 점을 발견할 수 있었다고 생각합니다. 아이들은 어른들보다 더 꼼꼼하고 정확하게 애니메이션에 숨겨진 텍스트를 읽습니다. 이것이 이 수업의 장점입니다.

세 번째 자연스럽게 배우는 현실성입니다.

"선생님, 저도 여동생이 있는데 안나 같으면 좋겠어요. 안나는 자기 언니를 사랑하는데 제 동생은 저를 좋아하지 않아요. 저를 무시해요."

아이 말에 저는 크게 웃을 수밖에 없었습니다. 아이가 영화를 현실에 대입함으로써 토론할 거리가 생겼으니까요. 이것만으로 충분히 교육직인 가치가 있다고 생각합니다. 신영복 선생님은 녹서를 '삼독三讀'이라고 했습니다. "먼저 텍스트를 읽고 그다음엔 텍스트의 필자를 읽고 마지막으로 자신을 읽어야 한다." 그렇습니다. 아이들은 영화를 보면서 단순히 줄거리만 이해한 것이 아니라 자기의 현실을 들여다봄으로써 자신을 읽고 있었습니다. "제 동생이 안나 같으면 좋겠어요."라고 말하는 아이는 영화에서 자기의 현실을 보았습니다. 책을 읽었을 때와 같은 효과입니다. 아이는 영화를 보면서도 현실을 대입할 수 있었습니다.

이처럼 책을 싫어하는 아이들의 눈높이에서 아이들이 무엇을 원하는지 어떤 감정을 느끼는지 이해한다면 교육 방법이 보이고 아이들과 소통할 수 있습니다.

순수문학이 아이들의
공감 능력을 키운다

국민요정
아이유를 아시나요?

가수 아이유와 임슬옹이 함께 부른 〈잔소리〉를 들어 보셨나요? 저는 〈꽃갈피〉와 〈꽃갈피 둘〉에 수록된 리메이크곡을 좋아합니다.

후배 가수인 서기는 "아이유 선배님의 가사는 시적이고 배워야 할 점이 많다. 또 누구나 공감 가는 가사가 많다."라고 말하며 그녀의 공감 능력을 칭찬했습니다. 문화평론가인 박희아도 "가사에 자신의 생각을 솔직하게 털어놓는 모습을 보며 일종의 동화를 느낀다. 나도 할 수 있다는 자극을 받기도 하고, 용기를 얻을 수 있어 20~30대가 공감하고 있다."라고 MZ 세대에 아이유 노래가 통하는 이유를 분석했습니다. 가수 제아도 "아이유에게 '파워당당'이라는 키워드만 주고 어떠한 코멘트도 없이 가사를 부탁했는데 모든 가사에 공감이 될 만큼 잘 써 줬다."며 아이유의 공감 능력을 언급했습니다. 아이유 노래에는 세대 간의 감성을 이어 주는 묘한 공감의 힘이 있습니다. 올해 초등학교 5학년인 제 딸아이도 아이유의 '찐 팬'입니다. 그래서인지 아이유 음악을 들을 때면 부녀간에 공감대가 형성됩니다.

그렇다면 아이유는 어떻게 공감이 느껴지는 가사를 쓰게 되었을까요? 궁금했던 차에 JTBC〈효리네 민박〉에서 그 비결을 찾을 수 있었습니다. 청소를 마친 아이유는 창가에 앉아 책을 읽고, 잠들기 전 일기를 쓰면서 책을 읽었습니다. 실제 드라마나 광고 촬영 현장에서도 틈틈이 책을 읽는 모습이 포착될 정도로 그녀는 독서광으로 유명합니다. 한 방송에서도 "엄마 아빠는 한 번도 체벌한 적이 없습니다. 뭘 잘못했으면 두꺼운 책을 주시고 읽어 오라고 한 덕에 자연스레 책 읽는 습관이 생겼습니다."라고 말했습니다. 물론 강제로 시키는 독서는 역효과를 불러올 수 있지만 아이유에게는 이것이 취미이자 음악적인 영감을 얻을 수 있는 원천이 되었습니다. 한 언론과의 인터뷰에서도 "저는 책을 읽으면서 자기성찰을 하고 생각의 깊이도 깊어지는 것 같아요. 책 속에는 여러 가지 생각이 모여 있잖아요. 한 구절을 읽으며 생각에 잠기고, 새로운 생각에 빠져들다 보면 나중에 음악을 하는 데에도 도움이 돼요."라고 말했습니다.

공감의 원천은
독서

아이유 노래가 많은 사람에게 사랑받고 공감대를 형성할 수 있었던 건 어린 시절부터 꾸준히 실천해 온 공감 독서 덕분입니다. 오랜 시간 책을 읽으며 높아진 문학적 감수성은 이후 음악으로 표현됐습니다. 다시 말해 꾸준한 독서를 통해 사람의 마음을 읽어 낼 수 있는 공감 능력이 생겼고 이를 우리가 알기 쉽게 가사와 멜로디로 풀어낸 것이지요. 앞서 언급했듯이 킬러 콘텐츠의 본질은 공감 능력입니다. 공감을 제대로 포착한다면 대중의 마음을 움직여 오랜 시간 사랑받는 콘텐츠로 자리매김하게 됩니다.

그럼 아이유는 주로 어떤 책을 많이 읽었을까요? 인터넷에서 아이유가 읽고 팬들에게 추천했던 책의 목록을 찾아봤습니다. 헤르만 헤세의 『데미안』, 도스토옙스키의 『카라마조프가의 형제들』, 알랭 드 보통의 『왜 나는 너를 사랑하는가』, 프레드릭 배크만의 『오베라는 남자』(다산책방, 2015), 박민규의 『카스테라』(문학동네, 2005), 에쿠니 가오리의 『낙하하는 저녁』(소담출판사, 2017), 파울로 코엘료의 『브리다』(문학동네, 2010), 이혜린의 『열정 같은 소리 하고 있네』(소담출판사, 2010), 밀란 쿤데라의 『참을 수 없는 존재의 가벼움』까지 순수문학이 많았습니다.

순수문학을
읽어야 하는 이유

미국의 심리학자 데이비드 코머 키드와 사회심리학자인 에마누엘 카스타노는 국제 전문학술지 〈사이언스〉에서 문학성이 높은 순수문학을 읽으면 인간의 공감 능력 향상에 도움이 된다고 발표했습니다. 연구팀은 18~75세 독자를 대상으로 단편소설을 읽은 그룹, 장편소설을 읽은 그룹, 논픽션을 읽은 그룹, 대중소설을 읽은 그룹, 아무것도 읽지 않은 그룹으로 나눈 후 이들의 공감 능력을 측정했습니다. 대상 도서로는 안톤 체호프의 단편소설과 도스토옙스키의 소설, 노벨문학상 수상자인 앨리스 먼로의 단편들, '오 헨리 상' 수상작 등을 선정했으며 대중들이 좋아하는 베스트셀러 또한 읽어 보게 했습니다. 각 그룹별로 독서를 마치면 다른 사람의 사진을 보여 주고 이 사람이 어떤 생각을 하고 어떤 감정을 표출하고 있는지, 어떤 행동을 할 것인지 예측해 보는 실험을 진행했습니다. 피실험자들은 사진 속 인물들의 눈과 표정만으로 그들의 감정 상태를 추론해야 했습니다. 기쁨이나 슬픔, 놀람, 짜증 등의 단어가 객관식으로 주어졌습니다. 그리고 감정 상태를 맞출 때마다 1점씩 얻었습니다. 36명의 감정 상태를 모두 정확히 맞추면 총 36점이 됩니다. 이른바 'RMET'라 불리는 시험이었습니다.

실험 결과 순수문학을 읽은 피실험자들의 점수가 압도적으로 높았습니다. 연구팀은 순수문학이 문법적으로 정확하고 참신한 문장들로 구성되었으며 인물 개개인의 심리 묘사에 중점을 두었기 때문에 독자들의 공감 능력을 높여 주었다고 설명했습니다. 반면 대중소설은 등장인물의 성격이 평면적이고 스토리가 다소 진부하기 때문에 독자들의 공감대가 낮았다고 평가했습니다.

『다시, 책으로』(어크로스, 2019)의 저자 메리언 울프는 소설을 읽을 때 뇌는 다른 사람의 의식을 따라 한다고 이야기했습니다. 즉, 읽는 순간 주인공의 입장에서 생각해 보는 간접경험을 한다는 것입니다. 소설을 몰입해서 읽다 보면 다른 사람의 생각과 목소리 영혼 속으로 빨려 들어가면서 등장인물과 자신을 동일시하고, 그들의 감정을 자신의 감정처럼 느낄 수 있습니다. 따라서 아이들에게는 지식 정보책도 중요하지만 다양한 인간군상이 등장하는 문학책을 읽고 공감 능력을 기르는 것이 더 중요합니다. 아이들이 경험하는 세계는 한정적일 수밖에 없습니다. 하지만 문학 작품을 읽을 때 자신이 경험할 수 있는 한계를 뛰어넘을 수 있습니다. 이러한 과정이 반복될수록 아이들은 더 현명해지고 단단해집니다. 아이들과 함께 소설책 읽기를 적극 추천드립니다.

5장

시대에 맞는
성장 골든타임을 잡아라

언어 능력의 골든타임

늑대 소녀 이야기

1920년, 미국인 조셉 싱 목사는 인도 동북부 벵갈주 캘커타 근처에 있는 메디니푸르 지방에서 선교 활동을 하고 있었습니다. 그러던 어느 날 '고다무리'라는 마을 숲속에 괴물이 살고 있다는 소문을 듣게 됩니다. 목사 부부는 호기심이 생겨 마을 사람들과 숲속으로 들어갔습니다. 한참을 헤매던 끝에 동굴에서 늑대와 함께 있던 어린아이 둘을 발견했습니다. 아이들은 발가벗은 채 늑대처럼 네 발로 걸으면서 목사 일행을 향해 으르렁거렸습니다. 싱 목사는 그 아이들을 집으로 데려와 입히고 먹였습니다.

아이들은 대략 7세, 2세 정도 된 여자아이들이었습니다. 싱 목사는 이들에게 '카말라'와 '아말라'라는 이름을 지어 주고 정성껏 보살

폈습니다. 아이들은 집 안을 두 발로 기어 다녔고, 음식을 손으로 집지 않고 혀로 핥아 먹었습니다. 밤에는 늑대처럼 허공을 향해 울부짖기도 했습니다. 신체는 사람이었지만 행동 양식이나 습성은 늑대와 똑같았습니다.

안타깝게도 아주 어렸던 동생 아말라는 발견된 지 1년도 채 되지 않았을 때 병으로 죽게 됩니다. 아말라가 죽자 카말라는 아무것도 먹지 않고 울부짖었습니다. 싱 목사는 카말라가 인간 생활에 적응할 수 있도록 언어를 가르쳤지만 교육 효과는 미미했습니다. 5년 동안 카말라가 습득한 단어는 고작 30개 정도에 불과했습니다. 1929년, 카말라가 이질에 걸려 사망할 때까지 습득한 단어를 따져 봐도 총 45개 정도밖에 되지 않았습니다. 교육으로 인간 사회에 적응하려 노력했지만 끝내 인간의 언어와 생활에 적응하지 못한 것이죠.

1970년, 미국의 한 사회복지사가 시각장애인 여성의 집을 정기적으로 방문하다가 부모에게 학대당하고 방치된 소녀를 발견해 경찰에 신고했습니다. 경찰 조사 결과, 이 아이는 무려 13년 동안 다락방에 갇혀 방치된 채 지냈습니다. '지니'라는 이름의 이 여자아이는 구출된 후 여러 가지 재활 프로그램을 받았고 차츰 사회에 적응해 나가는 모습을 보였습니다. 하지만 언어 면에서 몇십 개의 단어만 말할 뿐 의사 표현과 문법 체계를 이해하지는 못했습니다. 지니는 자신이 아는 단어들을 조합하여 의사를 전달하려 했으나 사람들은 그녀의 말을 알아듣지 못했습니다. 지니의 언어적 능력은 성인이 되어도 나아지지 않았습니다. 7년간 지니의 언어를 연구한 언어학자 커트리스는 그녀가 다락방에 갇히기 전에 말을 했다는 것으로 보아 후천적으로 말을 잃었다고 추측했습니다.

2009년, 러시아 시베리아 치타의 한 누추한 아파트에서 5살 여자아이가 경찰에게 발견되었습니다. 이 아이의 이름은 '마디나'로 출생 후 5년 동안 바깥세상과 완전히 격리된 채 몇 마리의 개와 고양이를 보면서 자랐습니다. 소녀는 발견 당시 사람의 말을 전혀 알아듣지 못했고 구사할 수 있었던 단어는 고작 '응' '아니'라는 두 단어뿐이었습니다. 또한 개처럼 짖거나 방문 위로 뛰어오르는 등 동물처럼 행동했다고 합니다. 조사 결과 소녀의 어머니는 심각한 알코올의존자로 술에 취하면 집을 뛰쳐나가기 일쑤였습니다. 집에서 밥을 먹을 때도 자신은 식탁에서 먹고 마디나는 바닥에서 개와 고양이와 함께 먹도록 한 것으로 밝혀졌습니다.

언어력이란
무엇인가

아이들의 언어력이 발달하는 데는 '결정적 시기'라는 게 있습니다. 언어학자 펜필드는 '결정적 시기 이론Critical Period Theory'을 다음과 같이 설명했습니다. "아동기는 생애에서 어휘 습득이 가장 왕성한 시기다. 이때 습득한 어휘는 성인이 되어서 원활한 독서와 청취는 물론 생각과 의사를 글로 쓰고 말로 표현하는 데 사용된다. 언어 습득은 아동기 이후에 생물학적 제약을 받아 둔화된다. 따라서 다양하고 정확한 어휘를 사용하는 어린이로 자라기 위해서는 아동기 독서가 결정적인 역할을 한다." 인도에서 발견된 늑대 소녀들이나 미국에서 발견된 지니, 러시아에서 발견된 마다나처럼 언어력은 나이를 먹은 후에는 노력해도 키우기 어렵습니다. 일명 '언어의 골든타임' 시기를 놓친 것이죠.

이러한 골든타임은 일반적으로 생후 2개월부터 사춘기까지입니다. 만약 이 시기가 지나고 나서 언어를 배우면 결정적 시기에 언어를 배운 아이에 비해 언어 습득이 현저히 느리고 전반적으로 학업성취도도 떨어집니다.

언어력에는 말하기, 읽기, 쓰기뿐만 아니라 자신의 생각을 타인에게 제대로 전달하는 것까지 포함됩니다. 언어는 인간과 동물을 구분하는 기준점입니다. 사람은 언어로 타인과 관계를 맺고 생각하는 법을 배우면서 생존력과 삶의 질을 높입니다. 이는 인간이 가신 핵심 능력입니다. 언어력의 중요성은 4차산업 시대에 더욱 커질 전망입니다. 한 국가의 예산과 몇십만 명의 일자리가 걸린 국제적인 경제 협상, 국가의 안보를 좌우하는 정치 협상, 자신의 아이디어를 상대방에게 설득하고 표현하는 프레젠테이션 등 말이 오가는 모든 중요한 자리에는 언어력이 필요합니다. 미래의 아이들은 언어력으로 자신의 존재가치를 증명해야 하는 시대에 살고 있습니다. 이제는 자신의 의견을 피력해서 상대방을 설득할 줄 아는 언어력이 뛰어난 리더가 주목받게 될 것입니다.

언어력을
키우기 위해서는

앞서 말한 것처럼 언어력을 키울 수 있는 시기는 유아기에서 사춘기 전후입니다. 특히 6세 이후에는 부모와 가족의 울타리를 벗어나 학교에서 수업을 받고 또래 친구들과 의사소통하면서 언어력이 비약적으로 성장합니다.

2세인 유아기 때는 가정에서 성장하면서 부모에게 배우게 됩니다. 이때 아이들의 언어발달을 높이기 위해서는 뇌에 다양한 자극을 많이 줘야 합니다. 가장 효과적인 방법이 '부부 간의 대화'입니다. 아이들은 가정에서 부모님이 대화하는 소리를 들으며 단어를 인지합니다. 아이가 지속적으로 대화에 노출되면 관심 있는 단어와 상황을 익히고 이를 선택적으로 저장하면서 언어가 발달됩니다. 강동성심병원 소아청소년과 이윤영 교수는 "아이가 부모의 대화 중에 끼어들거나 참견할 때 주의를 주는 것보다 아이를 대화에 동참시키거나 부모의 말을 따라 하도록 유도하는 것이 언어 발달에 도움이 된다."고 말했습니다.

두 번째, 초등 시기부터는 토론교육이 중요합니다. 토론교육에는 언어력을 키우기 위한 총체적 과정이 포함되어 있습니다. 책을 읽고 정보를 정리하고 나의 생각과 타인의 생각을 교환하면서 의사소통할 수 있기 때문입니다. 과학책을 열심히 읽는다고 실제로 실험을 해 본 것만큼 효과를 얻을 수 없듯이 언어력도 현장 경험에서 배우는 것만큼 효과적인 게 없습니다.

아이들의 인지 능력, 공부 지능, 리더십, 사회성의 토대는 모두 언어력에 바탕을 두고 있습니다. 아이들의 총체적인 발달 영역의 기초가 되는 중요한 능력이 언어력입니다. 특히 어떤 시기에 어떻게 교육하느냐에 따라 평생 언어력이 달라집니다. 우리 아이의 언어발달 수준을 기억하면서 적절한 자극을 주고 토론교육을 실시해 언어력을 키워 주세요.

아이들 뇌에 읽기 회로 만들기

후천적인 노력을
요구하는 독해력

다음 글을 읽고 물음에 답하세요.

공굴리기

학교에서 공 굴리기 놀이를 했다. 짝과 함께 큰 공을 빨리 굴리는
놀이였다. 나는 호순이와 짝이 되었다. 우리 차례가 되었다. 나와
호순이는 큰 공을 힘껏 굴렸다. 결승점에 왔을 때 우리 편 친구들이
기뻐하는 소리가 들렸다.

이 글의 내용으로 알맞은 것을 고르세요.
① 나는 호순이와 짝이 되었다.
② 나와 호순이는 작은 공을 힘껏 굴렸다.
③ 나와 호순이는 큰 공을 각자 빨리 굴렸다.
④ 나와 호순이와 놀이터에서 공굴리기 놀이를 했다.

　답을 찾으셨나요? 정답은 1번 '나는 호순이와 짝이 되었다.'입니다. 이 문제는 초등학교 1학년 아이들이 글자만 읽고 바로 풀기에는 난이도가 높습니다. 전체적인 맥락과 내용을 이해해야지만 풀 수 있습니다.

　자녀를 이제 막 초등학교에 입학시킨 부모님들의 가장 큰 걱정은 바로 아이들의 '독해력'입니다. 이 시기가 되면 아이가 지문을 읽고도 무슨 뜻인지 모른다며 어떻게 가르쳐야 하느냐는 상담 문의가 많이 들어오지요. 독해력이 떨어지면 수업을 지루하게 느낄 수 있고 집중력도 떨어져 학습에 대한 흥미도 잃어버립니다. 이런 아이들은 교실에서 산만하다거나 집중력이 약하다는 지적을 받습니다. 사실은 글을 제대로 읽고 이해하는 독해력이 원인인데 말이죠. 독해력은 참으로 신비한 뇌의 영역입니다. 성장에 특별한 문제가 없으면 듣는 뇌와 말하는 뇌는 노력하지 않아도 자연스럽게 발달합니다. 하지만 읽기 능력은 후천적인 노력 없이는 나이를 먹어도 발달하지 못합니다. 다시 말해 뇌에 읽기 회로를 만들어 줘야만 발달할 수 있다는 뜻입니다.

"한 가지 강조하고 싶은 사실이 있습니다. 유전적으로 결정된 읽기의 청사진은 없다는 것입니다. 하나의 이상적인 읽기 회로란 존재하지 않습니다. (중략) 우리는 흔히 읽기가 타고난 것이어서 아이가 적정 시기에 이르면 언어와 마찬가지로 '온전한 형태'로 발현될 거라고 생각합니다. (중략) 그렇지 않습니다. 우리 대다수는 이 비자연적인 문화적 발명의 기본 원리를 배워야만 합니다." 『다시, 책으로』의 저자 메리언 울프의 말처럼 아이들의 읽기 회로는 후천적인 학습과 습관에 의해서만 만들어질 수 있습니다. 이러한 독해력은 호모사피엔스, 오직 인간만이 가질 수 있는 중요한 후천적 성취물입니다.

뇌의 가소성

인간의 뇌는 신경가소성 덕분에 기존의 회로를 연결해서 읽기 회로를 만들 수 있습니다. 신경가소성이란 뇌가 스스로 신경회로를 바꾸는 능력입니다.

뇌의 가소성을 발견하게 된 재밌는 일화가 있습니다. 한 청각장애인이 인공 달팽이관 이식수술을 받게 되었습니다. 인공 달팽이관은 소리의 진동을 전기 신호로 변환해 이를 뇌가 소리로 해석하도록 돕는 역할을 합니다. 그러나 인공 달팽이관이 처음부터 제 역할을 하는 것은 아닙니다. 수술 직후에는 소리가 들리지만 명확하지 않거나 여러 소음이 섞여 들리기 때문에 말소리를 잘 이해하지 못합니다. 하지만 몇 달이 지나면 놀라운 변화가 일어납니다. 인공 달팽이관은 그대로인데 뇌가 달라지는 것이죠. 뇌가 복잡하게 얽힌 신경망들을 점진적으로 연결해 말소리를 이해할 수 있도록 뇌 신경구조를 재구성합니다. 즉, 뇌에 새로운 회로가 만들어지면서 소리를 식별하게 되는 것입니다. 이 사건을 계기로 인간의 뇌는 스스로 변하는 특성, 즉 '뇌의 가소성'이 있다는 것을 발견하게 되었습니다.

인간의 뇌는 90세까지도 끊임없이 발달할 수 있다는 새로운 연구가 속속 발표되고 있습니다. 인간의 뇌에는 뉴런과 시냅스가 서로 연결되어 있습니다. 비유하자면 뉴런은 '컴퓨터'고 시냅스는 '인터넷 통신망'입니다. 뉴런(컴퓨터)은 많은 정보를 처리할 수 있지만 그 속도는 느립니다. 인터넷 통신망이 연결되지 않은 컴퓨터는 정보가 제한됩니다. 하지만 시냅스(초고속 통신망)가 연결되면 컴퓨터는 다양한 정보를 빠르게 처리할 수 있습니다. 바로 이것이 뉴런과 시냅스의 관계입니다.

우리 뇌에는 뉴런을 연결할 수 있는 수많은 시냅스가 있는데 이는 반복적인 자극으로 새롭게 만들어지기도 하고 강화되기도 합니다. 반대로 쓰지 않는다면 퇴화될 수도 있습니다. 그래서 뇌에 어떠한 자극을 주느냐가 중요합니다. 많은 시냅스가 촘촘하게 연결되어 있다면 두뇌 회전이 빠르고 정보처리 능력도 높아집니다. 따라서 아이들의 독해력을 기르기 위해서는 읽기 회로인 시냅스를 만들어 줘야 합니다.

독해력이 부족한 이유는 시냅스 연결의 부족

초등학교 1학년인 아이들이 공굴리기 문제의 답을 빠르게 찾지 못한 이유는 무엇이었을까요? 뉴런과 시냅스의 연결이 부족했기 때문입니다. 반대로 5학년인 저희 딸은 이 문제를 푸는 데 1분도 걸리지 않았습니다. 왜 그럴까요? 후천적인 노력과 훈련으로 시냅스를 만들었기 때문입니다. 이것이 우리가 책을 읽어야 하는 이유입니다.

새로운 시냅스를 만드는 가장 좋은 방법은 독서입니다. 꾸준히 독서를 하면 읽는 시간을 1000분의 1초씩 단축시킬 수 있습니다. 숙련된 독서가가 되면 약 0.6초 만에 인지, 언어, 감정 모두가 융합하면서 수십억 개의 뉴런이 동시에 움직입니다. 기적 같은 현상입니다. 마치 초보 요리사는 매뉴얼을 보면서 음식을 만들지만 숙련된 요리사는 매뉴얼을 안 보고도 쉽게 음식을 만드는 것과 마찬가지입니다.

실제 수업 현장에서 제가 목격했던 아이들이 그랬습니다. 유치원 때부터 매주 한 권씩 책을 읽던 아이가 중학교 2학년이 된 지금은 서너 시간 만에 『앵무새 죽이기』 같은 500쪽이 넘는 책을 독파하며 제시문도 빠르게 읽고 정확하게 해석해 냅니다. 반대로 중학교 때부터 독서를 시작한 아이는 2주가 걸려도 책을 다 읽지 못했습니다.

읽기의 중요성은 고학년으로 올라갈수록 더욱 커집니다. 읽기 난이도가 높아지고 어휘력의 수준도 격차가 심해집니다. 극단적으로 분류하면 고학년이 될수록 스스로 책을 읽은 아이와 책을 제대로 읽지 않는 아이 딱 두 부류만 존재합니다. 책을 읽은 아이들은 교과서를 제대로 이해하고 분석하며 정리할 수 있습니다. 책 읽기가 제대로 준비되지 못한 아이들은 교과서를 붙잡고 있어도 문맥을 이해하는 데 시간이 오래 걸리고, 조금만 어려워도 금방 포기합니다. 전 과목이 독해력과 연결되어 있습니다. 따라서 지금부터 우리 아이의 읽기 회로를 만들어 주는 노력에 각별한 관심을 가지고 지켜봐야 합니다.

책을 두 번 읽어야 하는 이유

정확한 주제 파악을 위한
두 번 읽기

"일단 텍스트를 제대로 읽는 법을 대학에 와서야 배우게 된 것 같아요. 고등학교 때 교과서를 많이 읽는다 해도 전체적인 주제나 소재에 대한 정리를 참고서에서 다 해 줬기 때문에 그냥 그걸 믿고 글을 읽었지요. 3학년이 된 지금은 조금 익숙해졌지만 친구들 가운데에는 여전히 인터넷에서 찾은 요약 노트 없이는 저자의 생각을 파악하지 못하는 경우가 흔합니다."

〈한겨레신문〉 기사에서 명문대 영문과에 재학 중인 대학생의 인터뷰입니다. 기사에서도 지적했듯이 우리나라의 초·중·고등학교에서는 대부분 제대로 된 독서법을 가르치고 있지 않습니다. 그래서 아이들은 책을 읽어도 사고력이나 독해력 수준을 끌어올리기가 쉽지 않습니다. 한 권의 책을 읽고 생각을 정리하지 않으면 '책을 통한 지적인 성장'을 이룰 수 없습니다. 책을 통한 지적인 성장이란 저자의 생각을 빌려서 자신만의 생각을 만드는 과정을 의미합니다.

수학, 사회, 과학, 국어 등 모든 공부의 기본은 읽기와 이해에서 시작됩니다. 일단 글을 읽고 이해할 수 있어야 복잡한 문제에서 요구하는 답도 찾을 수 있습니다. 이러한 읽기 능력은 교과 분량이 늘어나고 문제의 난이도가 높아지는 고학년이 될수록 점점 더 중요해집니다. 읽기 능력의 부재가 계속되면 결국 수포자(수학 포기자), 국포자(국어 포기자), 독포자(독서 포기자)가 됩니다. 따라서 초등학교 저학년 아이들은 무엇보다 글을 읽고 이해하는 방법을 먼저 배워야 합니다.

아이들이 책 한 권에 담긴 주제를 파악하고 자신만의 관점으로 해석할 수 있으려면 최소한 두 번 이상은 읽어야 합니다. 이게 무슨 말일까요? 저는 수업을 마치면 매번 아이들에게 "얘들아! 다음 주까지 책을 꼭 두 번 이상 읽고 와야 한다!"라고 이야기합니다. 한 주가 지나고 아이들과 만나면 "선생님, 저 책 다섯 번 넘게 읽었어요." "저는 열 번 읽고 왔어요."라면서 자신이 읽은 횟수를 자랑합니다. 책을 두 번 이상 읽는 건 기계적으로 통독했다는 뜻이 아니라 이야기의 구조가 내면화될 때까지 읽는다는 걸 뜻합니다. 이 책의 저자, 주제, 주인공의 성격, 주요 사건 등을 파악하면서 읽는 것이 첫 번째 읽기입니다. 이때 줄거리를 파악하기 힘들다거나 미심쩍은 부분이 남아 있다면 다시 앞 장으로 돌아가 이해가 될 때까지 반복해서 읽어야 합니다.

분량이 많은 책을 나눠서 차근차근 읽는 건 문제가 되지 않습니다. 읽은 책의 내용을 구조화할 수 없다는 게 더 큰 문제이지요. 가장 먼저 이야기를 이끌어 가는 사람과 주요 인물이 누구인지 파악하고 중요 사건을 정리하면서 읽습니다. 아이가 혼자 책을 읽기 힘들어 하면 부모님이 곁에서 도와줘야 합니다.

그다음에는 중요한 사건을 시간 순서대로 정리하며 중요도를 나누고 핵심 줄거리를 요약하는 연습을 합니다. 처음에는 어렵겠지만 몇 번 연습하면 자연스럽게 익숙해집니다. 나아가 자신이 싫어하는 책이더라도 핵심 주제 정도는 파악할 수 있게 됩니다. 책 전체의 구조가 내면화되었다면 첫 번째 읽기가 끝난 것입니다.

첫 번째 읽기를 마쳤다면 처음 책을 읽으면서 느꼈던 잔상과 모호한 감상을 가라앉게 하기 위해 하루 정도의 시간 차를 두어 두번째 읽기를 시작해야 합니다. 이것을 생각의 숙성 과정, 즉 사색이라 합니다. 영국의 대수학자인 제임스 조지프 실베스터는 사색을 "독서만 하고 사고가 없는 사람은 그저 먹기만 하려는 대식가와 같다. 그것은 영양가 높고 맛 좋은 음식이라도 위액으로 소화하지 않고서는 이로움이 없는 것과 같다."라고 말하며 사고의 중요성을 강조했습니다. 전적으로 공감합니다. 첫 번째 읽기를 끝냈다면 그 내용이 충분히 소화되기를 기다려야 합니다. 생각을 정리하지 않은 채 단순히 읽은 횟수에만 집착하면 비판적인 생각과 견해가 형성되지 않아 책에 흥미가 떨어지고 책 읽기를 숙제로 여길 수도 있습니다.

두 번째 책 읽기에서 가장 중요한 것은 시간을 두고 천천히 생각하는 습관입니다. 이때는 중요 사건을 중심으로 읽으며 주인공의 행동이 어떻게 달라지는지, 왜 달라졌는지, 주제가 무엇인지 질문하면서 이유와 논리를 따져 봐야 합니다. 그래야 책 내용을 완벽하게 정리할 수 있습니다.

주인공의 행동을 보며 자기의 지식과 가치관을 근거로 타당한지 판단하는 책 읽기는 적극적인 책 읽기입니다. 사색을 거치면 책의 내용과 의미를 자기만의 관점으로 해석할 수 있습니다. 이러한 과정이 모두 끝난 후 아이들과 대화하면 책이 더 재미있어지고 주제도 파악할 수 있습니다.

우리는 습득한 정보를 자기만의 새로운 의미로 조합한 후 재창조하는 사람, 즉 창의성이 인정받는 시대를 살아가고 있습니다. 따라서 새로운 느낌, 호기심, 다양한 관점, 풍성한 생각, 생각의 확장을 누리도록 해 주세요.

반복 독서의 실제 사례

얼마 전 레이 브래드버리의 한솔교육에서 나온 리딩북 『하루 동안의 여름』을 가지고 초등 4학년 딸과 초등 1학년 아들과 함께 반복 독서(두 번 읽기)를 했습니다. 그리고 질문을 읽으며 서로의 생각을 나눠 봤습니다. 저희는 주인공 '마고'를 보며 서로 다르다는 것이 무엇인지 그 다름을 어떻게 받아들이고 행동해야 하는지 각자의 생각을 듣고 책의 주제와 저자의 의도가 무엇인지 정리해 보았습니다.

책 내용 정리(줄거리 요약)

세차게 장대비가 쏟아집니다. 투명한 수정처럼 떨어져 내리는 소나기, 섬을 집어삼킬 듯한 해일을 일으키며 땅을 울리는 거센 폭풍우가 끊임없이 이어지고 있는 이곳은 금성입니다. 이곳에서는 7년 전, 딱 한 시간 동안만 해가 제 모습을 드러냈습니다. 여기에 살고 있는 사람들은 지구에서 로켓을 타고 이주해 온 사람들로 해를 기억하고 있는 아이들은 아무도 없었습니다. 그때 아이들은 2살이었기 때문입니다. 단, 마고라는 여자아이만 해의 모습을 유일하게 기억하고 있었습니다. 마고는 다른 아이들과 달리 지구에서 태어나 이곳으로 이사 온 지 5년이 되었기 때문입니다. 마고는 4살 때 지구에서 해를 본 적이 있습니다.

하지만 아이들은 마고를 싫어했습니다. 외모부터 빛바랜 옛날 사진처럼 희끄무레한 모습인데 어쩌다 말을 걸면 목소리도 꼭 유령 같았기 때문입니다. 친구들이 말을 걸어도 잘 대답하지 않자 점점 아이들은 마고를 쳐다보지도 않았습니다. 마고도 아이들이 자기를 싫어하는 걸 알고 있었습니다.

사실 아이들이 마고를 미워하는 가장 큰 이유는 마고만 해를 기억하고 있기 때문입니다. 어느 날 마고가 "해는 동전처럼 생겼어!"라고 했는데 아이들은 "그렇지 않다!"면서 해는 난롯불 같다고 반박했습니다. 아이들은 마고기 히는 말을 믿기 싫었습니다. 마고의 부모님도 학교생활에 잘 적응하지 못하는 딸이 걱정되어 돈을 들여서라도 다시 지구로 데려가려고 했습니다. 이 사실을 알게 된 아이들은 마고를 더욱 멀리하고 싫어했습니다.

그러던 어느 날 마고가 무언가를 기다리면서 창밖을 보고 있는데 한 남자아이가 마고를 밀치면서 "뭘 기다리냐?"고 물었습니다. 그리고 넌 아무것도 못 본다며 여기서 기다리지 말라고 심술궂게 굴었습니다. 마고는 과학자들이 말했던 7년 만에 해가 뜨는 날이라는 것을 알고 있었기 때문에 해를 기다리고 있었던 것입니다. 아이들은 마고의 말을 믿지 않았고 마고를 터널 속으로 끌고 가 어느 방에 있는 옷장에 밀어 넣고 문을 잠가 버렸습니다. 마고가 안에서 열어 달라고 옷장 문을 두드리고 흔들었지만 아이들은 바라만 보았습니다. 옷장에서 희미한 울음소리가 새어 나와도 아이들은 빙긋빙긋 웃으며 터널을 따라 교실로 돌아갔습니다.

바로 그때 비가 점점 잦아들고 갑자기 완전한 고요가 찾아왔습니다. 평화로운 열대의 모습처럼 세상이 정지되었습니다. 7년 만에 비가 그쳤습니다. 믿을 수 없을 정도로 조용했습니다. 아이들은 청력을 잃기라도 한 것처럼 손을 귀에 갖다 대보았습니다. 문이 바깥으로 스르륵 열리면서 기다리고 있던 세상이 고요함의 냄새를 풍기며 아이들에게 다가왔습니다.

"해가 뜬 거야!" 해는 이글이글 타오르는 구릿빛이었고, 엄청나게 컸습니다. 해를 에워싼 하늘은 청기와처럼 새파란 빛을 띠었고, 햇빛 아래에서 정글은 환하게 빛나고 있었습니다. 아이들은 마법에서 풀려난 것처럼 환호성을 지르며 봄날이 펼쳐진 밖으로 나갔습니다. 아이들은 눈물이 얼굴을 타고 흘러내릴 때까지 해를 바라

보았습니다. 그리고 신선한 공기를 가슴 가득 들이마시고, 보이는 모든 걸 눈에 담고, 가슴에 새겨 넣었습니다.

그런데 갑자기 신나게 달리던 여자아이 한 명이 울음을 터뜨렸습니다. 차가운 빗방울이 뚝 하고 떨어졌습니다. 곧이어 번쩍하고 번개가 쳤고 하늘은 다시 눈 깜짝할 사이에 한밤중처럼 깜깜해지면서 엄청난 비가 쏟아져 내렸습니다. '때마침 우레가 쾅 하고 내리치자 아이들은 기절할 듯이 놀라 태풍 속의 나뭇잎들처럼 서로 한데 엉겨 곤두박질을 쳐 가며 달리기 시작했습니다. 10여 마일 떨어진 곳에서 또다시 번개가 쳤습니다. 그 순간 한 아이가 조그맣게 울음을 터뜨렸습니다. "마고! 어떡해!" "뭐?" "우리가 잠가 놓은 옷장 안에 있잖아." 아이들은 마고가 생각났습니다. 그리고 곧바로 요란한 빗소리를 들으면서 천천히 터널로 걸어갔고, 옷장 문을 열었습니다.

책을 읽고 난 후 대화

🧒 : 『하루 동안의 여름』 재밌게 잘 읽었니? 읽어 보니까 어땠어?

🧒 : 나는 못생긴 친구라도 따돌리면 안 되겠다는 생각이 들었어.

🧒 : 어떤 장면을 보고 그런 생각이 들었어?

🧒 : 음…… 아이들이 마고를 놀렸잖아. 아무리 친구가 못생겨도 놀리면 안 되지.

🧒 : 그렇구나……. 하연이는 어땠어?

👧 : 마고는 해가 동그랗다고 설명해 줬는데 윌리엄이랑 다른 애들은 그 말을 무시했잖아. 그러니까 사람의 말을 무시하지 않고 잘 들어야 한다는 생각이 들었어. 마고의 말을 무시하지 않았어 봐. 어떻게 됐겠어?

: 이 책의 제목이 『하루 동안의 여름』인데 왜 작가는 제목을 이렇게 지었을까?

: 여름이 덥잖아. 햇빛이 있으면 여름이라고 생각했어. 짧은 두 시간 동안 아이들이 놀 수 있으니까 작가는 책 제목도 내용처럼 『하루 동안의 여름』이라고 지은 거야.

: 난 잘 모르겠어.

: 마고가 사는 금성이라는 곳은 어떤 곳인 것 같아?

: 달나라 같아. 지구와 반대쪽이라서 그런 생각이 들었어.

: 여기는 비가 많이 오는 곳이고, 사람들이 답답하게 사는 곳이야. 매일 비만 오니까 얼마나 답답하겠어.

: 그렇구나.

: 마고는 어떤 아이야?

: 말이 없고 성격은 아빠랑 비슷한 것 같아. 그냥 맨날 책만 읽는 사람처럼 너무 조용한 아이……

: 헐~

: 마고는 뭔가 윤이처럼 새로운 것을 싫어하는 아이야. 금성이라는 곳에 적응도 못 하고 친구들하고 놀지도 않으니까 새로운 걸 싫어하는 아이?

😊 : 아이들은 왜 마고를 싫어했을까?

😊 : 말이 별로 없고, 친구들이 말을 시켜도 말을 안 하잖아! 그러니까 당연히 싫어하지.

😊 : 그렇구나.

👧 : 아이들은 해가 뜨거운 난로 같다고 했잖아? 근데 마고는 해가 동그랗다고 하고. 그리고 자기는 해를 기억한다고 했잖아? 그래서 마고가 잘난 척하는 것 같으니까 싫어했지.

😊 : 근데…… 왜 그런 게 친구를 싫어하는 이유가 될까?

😊 : 질투심이지. 아이들은 잘난 척하는 걸 싫어해.

👧 : 또 마고는 해를 봤다면서 말도 안 되는 이야기를 계속 꺼내고 계속 자기 말이 맞다고 우기니까 친구들이 싫어하지.

😊 : 마고의 부모님들은 돈이 많이 들 텐데 왜 다시 지구로 돌아가려고 했을까?

😊 : 나는 잘 모르겠어…….

👧 : 응…… 마고가 금성에서의 생활에 적응을 못 하고 5년 동안 살아 왔는데도 학교생활을 너무 힘들어 하니까 다시 지구로 돌아가고 싶었겠지.

😊 : 그렇구나.

🙂 : 근데 왜 아이들은 마고를 옷장에 가뒀을까?

🙂 : 마고가 툭 하면 말도 안 하고 미우니까 싫어한 거야.

👧 : 내가 얘기했잖아! 마고가 자꾸 해가 동그랗다면서 자기들과 다른 말을 하니까 잘난 척하는 것 같고 마음에 들지 않아서 장난으로 옷장에 가두고 싶었겠지.

🙂 : 7년 동안 해가 뜨지 않았던 금성에 처음으로 비가 그치고 떠오른 해를 봤을 때 아이들은 어떤 기분이 들었을까?

🙂 : 신기하고, 그다음에 어…… 좋았을 것 같아.

👧 : 나도 신비롭고 당황스러울 것 같은 기분? 갑자기 해가 뜨니까 어쨌든 좋았을 것 같아.

🙂 : 아이들은 비가 다시 내리자 마고가 생각났고, 다시 마고를 옷장에서 꺼내기 위해 갔는데 왜 갑자기 그런 생각이 들었을까?

🙂 : 마고 말대로 해가 동전같이 둥글었던 거지. 그러니까 마고가 생각났고, 꺼내 주기 위해 간 거야.

👧 : 나도 그렇게 생각해.

🙂 : 마고를 옷장에서 꺼내 주면서 아이들은 마고한테 무슨 말을 했을 것 같아?

🙂 : 미안하다고.

👧 : 계속 미안하다고 했을 것 같아. 왜냐하면 마고의 말이 맞았으니까. 그래서 잘못한 걸 깨달아서 미안하다고 말할 것 같아.

👦 : 옷장에서 나온 마고는 아이들한테 뭐라고 했을까?

👦 : 응…… 나는 아무 말 없이 고마워했을 것 같아. 말이 없는 아이니까.

👧 : 나도 사과를 받아 줬을 것 같아. 진심으로 사과했으니까.

👦 : 그 후 아이들과 마고는 어떻게 되었을까?

👦 : "친구야 같이 놀자." 하면서 함께 놀았겠지.

👧 : 나도.

👦 : 이 책을 쓴 작가는 이 이야기에서 무엇을 말하고 싶었을까?

👦 : 친구가 못생겼다고 따돌리지 말자!

👧 : 아이들은 다를 수 있기 때문에 서로 다름을 인정하고 왕따시키면 안 된다?

👦 : 마고를 옷장에 가둔 아이들의 행동에 대해 어떻게 생각해?

👦 : 잘못했다. 왜냐하면 옷장에 아이를 가두고 때렸으니까.

👧 : 나도 아이들이 잘못했다고 생각해. 마고는 자기만의 개성이 있는데 아이들은 그걸 무시하고 옷장에 가뒀으니까. 그런데 마고도 잘못

이 있어. 아이들과 어울리지 않았잖아.

😊 : 만약에 학교에 마고 같은 아이가 전학 올 수도 있잖아? 너희들은 어떻게 할 거야?

😊 : "반가워 우리 친하게 지내자." 마고는 나하고 똑같은 점도 많아. 나도 귀신 목소리잖아.

👧 : 나도 자기가 하고 싶은 대로 내버려 두고 같이 놀 것 같아. 걔도 우리 친구잖아.

😊 : 그렇구나 하연이, 하윤이 다들 책 잘 읽었구나. 이제 우리 아이스크림 먹으러 가자! 끝.

질문 능력이 중요한 이유

질문하지 못하는
기자들

2010년 11월 서울에서 열린 'G20 정상회의'에서 당시 미국의 오바마 대통령은 폐막식 기자회견을 열었습니다. 회견이 시작되자마자 미국 기자들은 중앙 선거 참패와 한미 FTA 회담 결렬을 거론하며 오바마의 지도력이 부족한 것 아니냐는 질문을 했습니다. 오바마는 곤혹스러운 상황을 반전하기 위해 이런 제안을 합니다. "한국이 이번 G20 정상회담을 훌륭하게 치렀으니 한국 언론의 질문을 하나 받겠습니다."라며 질문권을 한국의 기자에게 넘긴 것입니다. 여러 나라 대통령들이 지켜보는 가운데 한국의 기자들에게만 질문권을 준다는 것은 상당한 특혜였습니다.

여러분은 지금 이 글을 읽으면서 어떤 장면을 예상하시나요? 아마 한국의 모든 기자가 서로 질문하려고 손을 들지 않았을까요? 하지만 현실은 그렇지 않았습니다. '한국'이라고 정확하게 국호를 거론한 오바마 대통령은 질문을 기다렸지만 손을 드는 대한민국의 기자는 단 한 명도 없었습니다. 오바마 대통령은 "Anybody?"라고 재차 물었습니다. 여전히 아무도 손을 들지 않았습니다.

그런데 그때 다른 나라의 동양인 기자가 손을 들고 "나는 중국인이지만 아시아인을 대표해 질문하겠습니다."라고 말했습니다. 그러자 오바마 대통령은 "한국 언론의 질문을 받겠다고 했으니 양해해 주길 바란다."라며 그 기자의 질문을 거절합니다. 질문권을 가지고 옥신각신하는 와중에도 여전히 손을 드는 한국 기자는 없었습니다. 결국 오바마 대통령은 그 중국 기자에게 질문권을 주었고, 기자회견이 끝날 때까지 한국의 기자는 단 한 명도 질문하지 않았습니다.

질문이 사라진
공교육의 문제

한국의 기자들은 미국 대통령에게 질문할 수 있는 절호의 기회를 놓쳤습니다. 의장국이자 주최국이었던 대한민국이 G20 정상회의에서 아무런 존재감을 보여 주지 못했던 너무나 안타까운 사건이었습니다. 미국 대통령 앞에서는 왜 단 한 명도 손을 들지 않았을까요?

제 생각에 한국 기자들은 처음부터 질문을 준비하지 않았고, 날카로운 질문을 할 용기도 없었고, 엉뚱한 질문을 던져 국가의 격을 떨어뜨렸다는 비난을 받을까 두려웠거나 유창하게 영어로 질문해야 한다는 압박감이 있었던 것 같습니다. 아니면 윗사람들의 눈치를 살피느라 질문하지 못했을 수도 있습니다. 이유야 어찌되었든 기자의 의무는 '질문'에 있습니다. 질문은 자신이 아는 것과 모르는 것을 확인하고 알고 싶다는 의사 표현입니다.

질문 능력은 학년이 올라갈수록 줄어듭니다. 초등학생들은 수업에 적극적으로 참여하면서 질문을 많이 하지만 중·고·대학교에서는 학생들이 질문하지 않는 문화가 고착되어 있습니다. 한근태 작가는 『고수의 질문법』(미래의창, 2018)에서 "질문을 하지 않는 건 오랫동안 질문하지 않는 것이 습관이 되었기 때문"이라고 말합니다.

내가 한 질문 때문에 무식한 사람이 될까 봐 창피해서 질문하지 못한다고 말하는 사람도 있습니다. 〈주간조선〉 김효정 기자는 '커버스토리'에 '왜? 우리는 질문을 잃어버렸을까'란 르포를 썼습니다. 내용은 이렇습니다. 서울의 한 사립대학교 교양수업 2개의 수강생 205명을 대상으로 수업 시간 중 질문과 관련한 설문 조사를 했습니다. 이 학교 학생 205명 중 "수업 시간에 질문한 적이 있다."라고 응답한 학생은 모두 65명, 31.7퍼센트에 그쳤습니다. 설문에 응답한 학생들은 "궁금한 것이 없다." "궁금한 것을 질문으로 표현하기 쉽지 않다." "수강생이 많아 용기가 나지 않는다." 순으로 질문하지 않는 이유를 말했습니다. "주변 시선을 의식해서 질문을 못했다." "다 아는 내용을 나만 모르고 질문한 것일까 봐 걱정된다."라는 응답도 나왔습니다. '이 질문이 적절한 것일까?' '누군가 내 질문을 비웃지 않을까?'처럼 질문을 던지더라도 정해진 방향과 결론에서 어긋나면 안 된다는 강박 때문에 질문을 어려워하는 것입니다.

우리나라 중고등학교 문학 수업에서 가르치는 문학작품은 감상하는 방식에 답이 정해져 있습니다. 학생들마다 문학작품을 읽었을 때의 느낌과 생각이 각각 다를 텐데도 정답이 정해져 있는 교육을 받고 있습니다. 예컨대 이육사 시의 내재적·외재적 관점을 묻는 문제가 나오고 교사는 정답이 정해진 질문만 학생들에게 던집니다. 위축된 학습 분위기 속에서 다른 질문을 했다가 혼이 날까 봐 절대 질문하지 않습니다.

아이들은 학생들의 느낌과 생각을 간과하는 학습 방식에 점점 길들여집니다. 이것이 바로 우리나라 문학 교육의 실태입니다. 저는 우리에게 가장 필요한 교육이 무엇일까 생각했습니다. 무엇보다 자유롭게 자기 의견을 표현하고 질문하는 교육 문화가 필요합니다. 그래야 성장하고 배울 수 있습니다.

아이들의 질문 능력을
키우기 위해서는

아이들의 질문 능력을 키우기 위해 가장 좋은 방법은 무엇일까요? 예상하셨듯이 바로 책을 읽고 토론하는 경험입니다. 토론도 한 사람이 10권의 책을 읽는 것보다 10명이 한 권의 책을 읽고 문답, 대화, 토의하는 것이 더 효과적입니다.

'하브루타 교육'으로 유명한 유대인 문화의 뿌리는 『탈무드』에서 시작되었습니다. 『탈무드』는 절대적인 진리를 담은 경전이 아니라 질문과 답변 형식으로 구성된 책으로 당대 유명한 랍비들이 논쟁하면서 완성한 일종의 '토론 지침서'입니다.

어렸을 때부터 토론을 하면 다양한 견해, 관점, 시각을 배울 수 있습니다. 토론함으로써 의사소통 능력, 경청하는 능력, 설득하는 능력 등을 자연스럽게 익혀 언어 능력이 발달되고 질문할 수 있는 토대가 만들어지게 됩니다. 따라서 질문 능력을 키우려면 아이들과 함께 책을 읽고 토론할 수 있는 문화가 필요합니다.

가정에서도 이것을 쉽게 할 수 있습니다. 워크북과 질문지도 필요 없습니다. 그저 아이들이 좋아하는 책을 함께 읽고 대화하듯 자연스럽게 질문을 던져 호기심을 자극하면 됩니다. 토론이 처음인 아이들은 쉽게 입을 열지 않으므로 책에 나온 사실 확인용 질문을 던져도 괜찮습니다. 이 방식에 어느 정도 익숙해졌다면 등장인물의 입장이 되어 자신의 생각을 말로 표현하는 훈련을 시작합니다. 만약 아이가 등장인물에 대해 어떤 느낌이나 생각이 없다면 책 표지나 제목, 카피, 삽화를 보며 생각을 물어도 괜찮습니다. 그리고 '인물의 행동이 갑자기 달라지는 부분'을 질문합니다.

예를 들면 『백설공주와 일곱 난쟁이』라는 책을 읽었다고 해 봅시다. 백설공주는 자신을 해치려는 왕비를 피해 일곱 난쟁이의 보호를 받으며 숲에서 살게 됩니다. 그 사실을 안 왕비는 백설공주를 죽이기 위해 할머니로 분장해 독이 묻은 머리빗, 허리띠를 가져와 백설공주를 위험에 빠뜨립니다. 두 번이나 죽을 뻔했던 백설공주를 향해 난쟁이들은 절대 낯선 사람에게 함부로 문을 열어 주지 말라고 합니다. 하지만 백설공주는 이 충고에도 낯선 사람에게 문을 열어 주고 독이 든 사과를 먹어 다시 한번 위험에 빠집니다.

이 장면을 아이에게 물어봅니다. "왜 백설공주는 난쟁이들의 주의를 무시하고 문을 열어 주었을까?" "욕심이 많아서요." "할머니가 불쌍해서요." "호기심이 많아서요." 등 다양한 답변이 나옵니다. 아이들의 이야기를 들은 후 다시 한번 연결 질문을 던져 왜 그렇게 생각하는지 구체적인 생각이나 근거를 끌어 냅니다.

"책의 어느 장면을 보면서 백설공주가 욕심이 많다는 생각이 들었니?" "백설공주가 머리빗이나 허리띠, 사과가 갖고 싶어서 욕심이 많다고 생각했어요." "백설공주는 착하니까 불쌍한 할머니를 그냥 돌려보내기 싫었던 것 같아요." "할머니가 가지고 온 물건이 너무 신기해서요." 등 연결 질문을 함으로써 아이들의 사고를 확장할 수 있습니다. 이렇게 한 권의 책을 가지고 질문하고 토론하다 보면 아이들의 사고력이 커지면서 문제 해결 능력까지 키울 수 있습니다.

'마따호세프'는 유대인 부모나 교사 들이 가장 많이 하는 말입니다. "네 생각은 어때?" "네 생각은 뭐니?"라는 뜻입니다. 그만큼 유대인들은 자녀들이 스스로 생각하는 것을 교육의 중요한 목표로 삼고 있습니다. 공부는 스스로 생각하는 힘, 즉 사고력을 기르는 데 초점이 맞춰져 있습니다. 사고력은 생각하는 힘이고 지혜이자 안목이며 통찰력입니다. 또한 창의성입니다. 사고력의 시작은 주고받는 질문 교육에 있습니다. 어릴 때 부모님과 대화하며 기른 사고력은 학년이 올라갈수록 토론 능력으로 발전됩니다. 아이들과 함께 책을 읽고 토론하면서 질문으로 창의성을 키워 주세요. 21세기를 살아가는 가장 강력한 무기가 될 것입니다.

요약하기의 중요성

비판보다는
독해가 먼저다

소설가 김영하는 tvN 〈알쓸신잡〉에서 '책 읽는 목적'에 대해 "나의 감정을 발견하고 상대의 감정을 이해하는 과정으로 볼 수 있다. 작가는 절대 독자가 답을 찾는 독서를 원하지 않는다. 1000명의 사람이 책을 읽으면 1000가지 감상문이 나와야 한다. 절대 문학작품에서 답을 찾게 해서는 안 된다."고 말했습니다. 김영하 작가의 독서법은 '자기만의 답을 찾기 위해 읽는 행위'입니다. 즉, 작가가 숨겨 놓은 주제를 찾거나 내용을 요약하는 게 아니라 등장인물의 감정을 느끼면서 인물이나 상황에 자기만의 생각을 덧붙이는 것이죠. 독서의 목적은 정확한 독해가 아닙니다. 개인의 감수성 계발에 중점을 두면서 주관적으로 느끼고 해석하는 데 더 큰 방점이 찍혀 있습니다.

독서광으로 잘 알려진 이동진 영화평론가는 『닥치는 대로 끌리는 대로 오직 재미있게 이동진 독서법』(위즈덤하우스, 2017)에서 초보 독서가들은 책을 해석하고 비판하려 하지 말고 핵심 내용을 간추려서 구조를 파악하라고 이야기합니다. 줄거리 요약은 핵심을 볼 줄 안다는 뜻이고, 이러한 지적 활동을 잘하는 사람은 강연이나 대화도 잘한다고 말입니다.

김영하 작가의 독서법이 '비판'이라면 이동진 작가의 독서법은 '독해'입니다. 그렇다면 초보 독서가인 아이들에게는 비판이 먼저일까요, 독해가 먼저일까요? 저는 비판보다는 독해가 먼저라고 생각합니다. 예컨대 초보 독서가가 어떤 책 한 권에 대해 자기 생각이나 느낌을 말하고, 저자가 말하는 논점을 찾고, 그 논점을 비판하는 건 어려운 일입니다. 저자는 누구보다 깊은 고민과 사색을 거쳐 다양한 자료를 수집하며 자기만의 논리로 책을 썼는데 겨우 딱 한 번 책을 읽은 사람이 작가의 논점을 꿰뚫어 보고 빈틈을 찾아내서 비판하기란 쉽지 않기 때문입니다. 독서를 통해 내용을 해석하고 비판해야 하는 것은 맞지만 그 단계에 도달하려면 책에 있는 객관적인 정보를 얻기 위한 독해력부터 쌓아야 합니다.

많은 책을 읽어도 이러한 훈련이 없다면 비판 능력과 의견을 갖기는 매우 어렵습니다. 책을 읽은 후 재미있다, 재미없다와 같은 짧은 감흥만 남는다면 독해력은 점점 떨어집니다. 처음에는 어렵고 힘들더라도 꾸준히 책의 내용을 분석하며 작가의 의도를 논리에 근거하여 추론하다 보면 어떤 책을 읽어도 어려움 없이 핵심 내용을 파악할 수 있는 독해력이 쌓이게 됩니다.

줄거리를 요약하는
훈련이 먼저

독해를 잘하고 싶다면 줄거리를 간추려 보는 훈련을 해야 합니다. 저학년에게는 요약하는 연습을 어떻게 가르칠 수 있을까요? 먼저 전래 동화나 명작 동화 같은 책을 권해 주세요. 이러한 책은 '기-승-전-결'의 구조가 명확해 초보 독서가들이 줄거리 요약 연습을 하기 좋습니다.

동화를 요약하는 순서는 크게 '문제 파악' '해결 과정' '결과' 세 단계입니다. 먼저 주인공이 어떤 문제에 처해 있는지 알아야 합니다. 모든 이야기는 주인공이 등장하고 사건이 터지면서 시작됩니다. 예를 들면 백설공주의 문제는 왕비가 백설공주를 싫어해서 숲속에 버렸다는 것입니다. 흥부의 문제는 착하지만 가난해서 먹을 게 없다는 점이었고, 놀부의 문제는 부자였지만 욕심이 많다는 것이었습니다. 신데렐라는 무도회에 갈 수 없는 게 문제였습니다. 이처럼 모든 이야기의 시작을 알리는 문제가 무엇인지 생각해 보아야 합니다.

그다음 문제를 어떻게 해결했는지 찾아보며 해결 과정을 정리합니다. 예를 들면 백성공주는 혼자 숲속에 버려졌지만 일곱 난쟁이의 도움으로 어려움을 해결할 수 있었습니다. 홍부는 제비의 도움으로 가난에서 벗어날 수 있었으며, 신데렐라는 요정의 도움으로 무도회에 갈 수 있었습니다.

세 번째는 이야기의 결과를 정리합니다. 백설공주는 우연히 목에 걸려 있던 독이 든 사과 조각이 튀어나와 다시 살아났고, 왕자와 결혼해서 행복하게 살았습니다. 착한 홍부는 망한 놀부를 용서해 주고 도와주며 행복한 결말을 맞았습니다. 신데렐라도 잃어버린 유리 구두를 찾아 왕자와 결혼식을 올리며 이야기를 끝냅니다. 이렇게 결과를 정리해 보면 주인공의 처음 모습과 마지막 모습에서 문제와 해결 과정이 자연스럽게 드러나면서 책의 메시지가 무엇인지 발견할 수 있게 됩니다.

한 권의 책을 요약한다는 건 내가 읽은 텍스트의 내용을 능동적으로 장악해 다시 나만의 언어로 재구성하는 두뇌 활동이자 고도의 지적 훈련입니다. 이런 훈련이 반복되면 글에서 개요와 핵심을 잡아내는 근육이 생기고, 이러한 역량이 생길 때 비로소 깊게 읽기와 비판도 가능해집니다.

따라서 비판의 전제 조건은 정확한 독해 능력입니다. 아이가 아직 초보 독서가 단계라면 반드시 요약하기 연습부터 시작하게 해 주세요. 독해력에 큰 도움을 받을 수 있습니다.

문해력이 부족한 아이들

위기에 처한
문해력

얼마 전 아내에게 "여보, 큰일 났어! 기관들이 공매도하면서부터 주가가 떨어지고 있어!"라고 말했습니다. 아내는 '공매도'가 뭐냐고 물어봤습니다. 아내는 주식을 가지고 있지도 않은 상태에서 판다는 공매도의 뜻을 몰랐던 것입니다.

뉴스에서 다음과 같은 기사가 나왔습니다. "7월 거리두기 개편을 며칠 앞두고 갑자기 코로나19가 확산세로 돌아서면서 거리두기 개편안 적용에 차질이 빚어졌습니다. 7월 수도권 거리두기는 개편안 적용을 유예해 5인 이상 집합 금지가 유지됩니다." 무슨 뜻일까요? 실제 많은 사람이 위 기사를 보면서 헷갈려 했습니다. 유예라는 말이 무슨 뜻인지, 5인 이상 집합금지면 5인부터 안 된다는 말인지, 4인까지는 모여도 된다는 말인지, 6인부터 안 된다는 뜻인지 정확하게 이해하는 사람들이 드물었습니다.

"이번 추석 연휴가 사흘밖에 안 되네."라고 말하자 아이들이 "우리 4일 동안 뭐 할까?"라고 이야기합니다. 순간 '아차!' 하는 생각이 들었습니다. 아이들이 사흘과 나흘을 구분하지 못한다는 사실을 알았습니다.

어휘력이 부족하면 글자를 알아도 그 뜻이 무엇인지 모르므로 글을 읽고 이해하는 문해력이 떨어집니다. 우리나라의 문맹률은 1퍼센트에 불과합니다. 하지만 OECD 조사에 따르면 우리나라의 실질 문맹률은 75퍼센트로 10명 중 7명은 글을 읽어도 무슨 뜻인지 모른다고 합니다. EBS 특별기획 프로그램 〈당신의 문해력〉 제작팀에서 성인 남녀 883명을 대상으로 실시한 '성인 문해력 테스트'에서는 이 점이 잘 드러났습니다. 참가자에게 총 11문제를 15분간 풀게 했는데 평균 정답률이 55퍼센트로 나타난 것입니다. 특히 디지털 환경에 익숙한 MZ세대인 20~30대 젊은 사람들의 문해력이 더 낮았습니다. 2020년 한 구인 구직 플랫폼에서도 191개 기업을 대상으로 조사한 결과 기업 10곳 중 6곳에서 2030 직원들의 국어 능력이 이전 세대보다 떨어진다고 응답했습니다. '수신' '발신' '참조'와 같은 사내 문서에 사용하는 기본 어휘조차 정확한 의미를 알지 못하는 수준이었습니다.

문해력 부족은 성인들만의 문제가 아닙니다. EBS 제작팀은 전국 중학교 3학년 학생 2405명을 대상으로 문해력 진단 평가를 실시했습니다. 다양한 주제의 글을 주고 어휘력, 추론적 사고력, 비판적 사고력, 사실적 사고력을 측정하는 시험이었습니다. 평가 결과 수준에 미달하는 학생들의 비율이 27퍼센트에 달했으며, 적정 수준이라고 할 수 있는 비율은 35퍼센트밖에 되지 않았고, 초등학생 수준인 아이들도 11퍼센트나 되었습니다. 중학교 3학년 아이들 10명 중 한 명은 초등학생 수준의 문해력을 가진 것입니다.

문해력이 낮은 이유

문해력 수준이 떨어지고 있는 주된 원인은 무엇일까요? 전문가들에 따르면 사회에서 요구하는 문해력 수준은 높아졌지만 학습 환경이 미디어 위주로 변화하면서 읽기 능력이 낮아졌기 때문이라고 입을 모읍니다. 과거에는 책을 읽어 필요한 정보를 찾고 흩어진 자료를 취합하는 과정에서 자연스럽게 문해력을 키울 수 있었습니다. 하지만 요즘에는 인터넷 검색만으로 필요한 정보를 금세 찾을 수 있어 군이 일일이 책을 찾아 읽거나 글의 맥락을 생각하지 않아도 됩니다.

또다른 원인으로 영상 중심의 '숏폼 콘텐츠' 유행을 꼽기도 합니다. 숏폼이란 1~10분 이내의 짧은 영상을 의미하는 말로 언제 어디서나 모바일 기기를 이용해서 손쉽게 콘텐츠를 즐길 수 있는 최신 트렌드입니다. 사람들 대부분이 짧은 영상 콘텐츠를 소비하다 보니 오랜 시간 공을 들여야 하는 읽기는 점점 더 어려워합니다. 더구나 15초 안에 끝나는 영상 콘텐츠 '틱톡TikTok'에 익숙한 아이들은 상대적으로 긴 호흡이 필요한 텍스트를 읽기 위한 인지적 인내심이 줄어들었습니다. 글을 읽지 않으니 글에 대한 집중력은 더 떨어지고, 집중력이 떨어지니 글을 읽지 않는 악순환이 반복됩니다. 인터넷 커뮤니티에서도 게시글의 분량(글자 수)이 길어지면 내용을 꼼꼼하게 읽는 대신 '세 줄 요약을 찾습니다.'라는 댓글을 달고, '스압주의(스크롤 압박 주의. 내용이 길어서 스크롤을 오래 내려야 한다는 뜻)'라는 제목을 붙이기도 합니다.

이처럼 달라진 미디어 교육 환경에서 일어나는 문해력 문제는 점점 심각해지고 있습니다. 이는 대학 입시나 성인이 되어 사회생활에서 업무를 배우는 속도와 과정, 처리 기술 등에서도 문제가 될 수 있습니다. 문해력은 사회 전반에 걸쳐 가장 기본적인 능력이기 때문에 반드시 습득해야 합니다.

아이들의 문해력을
키우기 위해서

문해력을 키우기 위해서는 무엇보다 공교육과 가정에서 지속적인 관심을 갖고, 각각의 아이들에게 적합한 읽기 능력을 가르치려고 노력해야 합니다. 물론 초등학교 저학년 교과서에는 책을 읽는 방법이 등장합니다. 하지만 고학년으로 올라갈수록 '더 발전된 읽기 전략'은 알려 주지 않고 아이들의 학습 능력을 평가하는 데만 관심을 쏟고 있습니다.

보통 초등학교 고학년 교실에서는 아이들이 어느 정도 읽기 능력을 갖췄다는 전제하에 수업을 진행합니다. 갑자기 높아진 교과 난이도에 당황하지 않고 선생님이 가르쳐 주는 내용을 잘 따라가는 학생도 있겠지만 읽기 능력이 충분히 갖춰지지 않은 아이도 의외로 많습니다. 현재 학교에서는 이런 아이들에게 도움이 될 만한 읽기 전략 수업이 없습니다. 모든 아이를 아우를 수 있는 더 나은 학습 환경을 제공하려면 읽기 전략 교육이 필수입니다.

읽기 전략이 낮은 아이들은 책을 읽을 때 글씨만 볼 뿐 맥락은 이해하지 못합니다. 즉, '책을 읽어도 독해가 안 되는 상태'입니다. 문해력이 낮은 아이들의 특징은 첫 번째, 텍스트에 대한 '배경지식'이 부족합니다. 두 번째, 책에서 무엇이 중요하고 중요하지 않은지 '체계화'를 하지 못합니다. 세 번째, 책을 읽을 때 목표나 목적 의식이 없고 수동적으로 글자만 읽습니다. 반대로 문해력이 높은 아이들은 첫 번째, 자신이 가지고 있는 배경지식을 책과 '연결'하고 '활용'할 줄 압니다. 두 번째, 읽기 전, 읽는 도중, 읽은 후에 스스로 내용에 대해 질문하면서 '자기화'할 수 있습니다. 세 번째, 텍스트를 근거로 '추론'할 수 있습니다. 네 번째, 책을 읽으면서 잘 이해가 되지 않는 부분은 다시 한번 '반복'해서 읽습니다. 다섯 번째, 책 내용 중에서 무엇이 중요하고 중요하지 않은지 '체계화'가 되어 있습니다. 여섯 번째, 자신이 읽은 책을 토대로 새로운 정보를 도출해서 자기만의 독창적인 생각을 만들어 낼 수 있습니다.

무엇이 이러한 특징의 차이를 만들까요? 읽기 전략을 아는 것과 모르는 것의 차이입니다. 전자인 아이들과 후자인 아이들은 같은 책을 읽어도 다른 결과를 보입니다. 좋은 결과를 내고 싶다면 아이들에게 책을 읽는 전략을 차근차근 알려 주고 읽기 전략을 연습해 볼 수 있는 환경을 만들어 줘야 합니다.

실생활에 쓰는
읽기 전략 방법

■ ① 비언어 활동하기

자신의 생각을 텍스트로 적절하게 표현하지 못하는 아이들이 책을 자연스럽게 접하고 동시에 재미를 느끼며 독서에 자신감을 갖게 하려면 '비언어 활동'이 우선이어야 합니다. 비언어 활동이란 언어가 아닌 인간의 신체나 감각을 이용하여 자신의 생각을 표현하는 활동입니다.

이것은 매우 간단합니다. 처음부터 아이들에게 "책은 꼭 읽어야 하는 거야."라며 강압적으로 권하지 않고 아이가 책을 어떻게 대하는지, 읽기 수준은 어느 정도인지 파악합니다. 다음으로 호기심을 자극합니다. 예를 들어 아이들과 함께『소가 된 게으름뱅이』를 읽었다면 곧바로 책의 내용을 물어보지 않고 먼저 소가 된 남편을 몸으로 표현하는 등 신체 활동을 함으로써 책에 대한 흥미를 유발시킬 수 있습니다.

어느 정도 책에 호기심이 생기면 짧은 글밥으로 이루어진 그림책이나 동화책을 보면서 '제목 맞추기 놀이' '책 쌓기 놀이' '숨은그림찾기 놀이' 등을 하며 책은 읽지 않아도 재미있는 것이라고 느끼게 합니다. 이 놀이는 아이들과 엄마가 책으로 정서적인 교감을 나눈다는 점에서도 중요합니다. 이 시간을 경험한 아이들은 책에 거부감을 느끼지 않고 책과 친해질 수 있습니다.

② 소리 내어 읽어 주기

아이들이 어느 정도 책에 거부감을 느끼지 않게 되면 책을 소리 내어 읽어 줍니다. 이때 엄마의 목소리가 아이들의 뇌를 자극하면서 눈으로 본 글자와 그림의 관계를 깨우치는 '글자 대응 원리'를 자연스럽게 익힐 수 있습니다. 부모의 목소리를 들으면서 단어를 인지하고 그림이 무엇을 뜻하는지 의미를 구분하게 됩니다. 글자를 많이 들어 본 아이일수록 글자 해독도 빠르게 할 수 있습니다.

■ ③ 어휘력 테스트

아이가 책과 어느 정도 친숙해지고 글자를 읽을 수 있게 되면 어휘력을 높여 줘야 합니다. 우선 아이가 책을 읽으면서 모르는 낱말에 동그라미 표시를 하게 하고, 책을 다 읽은 뒤 표시된 단어를 보며 이해할 수 있도록 설명을 해 줍니다. 그 뒤 표시한 낱말을 넣어 짧은 글을 만들며 단어의 쓰임을 직접 확인하는 시간을 갖습니다. 이 과정이 반복되면 어려운 어휘를 만나도 문맥을 유추하며 단어의 뜻을 짐작하고 문장의 뜻을 이해할 수 있게 됩니다.

■ ④ 글의 구조 파악

주인공을 중심으로 이야기와 사건이 어떻게 전개되고 끝을 맺는지 흐름을 파악해 보는 훈련이 필요합니다. 이때는 마인드맵을 이용하면 편리합니다. 종이에 등장인물을 모두 적어 보고, 시간 순서대로 이들에게 어떤 문제가 있었는지, 어떤 과정을 거쳐 해결했는지 정리하면서 이야기의 구조를 파악합니다. 그러면 어떤 책을 읽어도 내용을 파악하고 핵심을 찾는 생각의 근육이 만들어집니다.

문해력은 선천적으로 타고난 뇌의 능력에서 비롯되는 것이 아니라 적절한 학습과 훈련으로 단련되는 후천적 능력입니다. 따라서 아이들의 읽기 능력을 높이기 위해서는 반드시 '읽기 전략'을 가르쳐 주고 실천하게 해야 합니다. 실제적인 읽기 전략법을 익힌다면 누구나 부족한 읽기 역량을 만회할 수 있습니다.

몰입 독서 능력이 곧 학습 능력이다

몰입 독서의 중요성

만화책만 읽는 아이, 15분 이상 자리에 앉아 책을 읽지 못하는 아이, 수업에 집중하지 못하는 아이, 서술형·논술형 문제를 풀기 어려워하는 아이, 학년이 올라갈수록 점점 성적이 떨어지는 아이. 이런 상황을 만드는 결정적인 요소가 무엇일까요? 바로 '몰입 독서 능력'이 떨어지기 때문입니다. 몰입 독서 능력이란 책을 읽을 때 어휘와 문맥의 의미를 동시에 이해하고, 내용을 요약하면서 자신의 생각을 덧붙이는 복합적인 사고력으로 책에 온 정신을 몰입하여 읽는 독서 능력입니다. 몰입 독서 능력이 중요한 이유는 공부 역량에 결정적인 전략으로 작용하기 때문입니다.

몰입 독서 능력이 없으면 쉬운 책 한 권도 읽기 힘들고, 책을 읽은 후에도 남는 게 거의 없습니다. 무엇보다 교과서 내용도 파악하기 어려워 학습하는 데 문제가 생깁니다.

아이들은 책을 읽으며 글의 주제, 작가의 의도, 내용에 대한 비판, 자기 관점 등을 파악하며 능동적으로 사고해야 합니다. 능동적 사고는 '자기주도학습'으로 이어집니다. 아이들이 자기주도적 사고력을 갖추려면 몰입 독서 능력을 기르게 해 줘야 합니다. 몰입 독서법은 크게 '어휘 전략' '내용 이해하기 전략' '주제 파악하고 자기 의견 말하기 전략' 3가지로 나뉩니다.

■ ① 어휘 전략

어휘력이 낮은 아이들은 책을 읽는 도중 모르는 단어가 나오면 책 읽기를 멈춥니다. 모르는 단어가 많을수록 자주 멈추다 보니 흐름이 끊어지면서 책에 흥미를 잃습니다. 이때는 앞뒤 문장을 유추하여 단어 뜻을 찾는 방법을 알려 줘야 합니다. 다음은 『소가 된 게으름뱅이』의 한 구절입니다.

"소가 된 남편은 엄청 힘든 일을 해야 했어. 무거운 짐을 등에 지고 날라야 했고, 쟁기를 끌고 길고 긴 밭을 갈아야 했지."

쟁기의 뜻을 몰라 궁금해 하는 아이에게는 문장에서 용례를 보고 의미를 짐작할 수 있게 해 줍니다. 그다음 국어사전을 펼쳐 놓고 짐작한 의미와 실제 뜻이 일치하는지 비교합니다. 이 활동으로 아이는 문맥에서 어휘를 유추하는 습관을 자연스럽게 들일 수 있습니다.

의미를 유추한 단어를 사전과 비교하는 이유는 따로 있습니다. 단어 중에는 한 가지 뜻만 있는 단어도 있지만 여러 가지 의미가 담긴 단어도 많습니다. 여러 뜻을 내포한 단어가 특정 문장에서는 어떤 뜻으로 쓰였는지 파악하지 못하면 내용을 이해하지 못할 수 있습니다. 따라서 모르는 어휘는 사전에 등재된 낱말 뜻과 비교하고 쓰인 문장을 보며 확인해야 정확하게 이해할 수 있습니다.

■ ② 내용 이해하기 전략

아이가 책을 읽고 제대로 이해하고 있는지 어떻게 알 수 있을까요? 아이가 책의 줄거리를 빠짐없이 술술 이야기하고, 글의 구성 요소에 따라 내용을 정리할 수 있는지 확인하면 됩니다. 이런 단계는 '내용 이해하기 전략'을 잘 습득한다면 쉽게 따라올 수 있습니다. 내용 이해하기 전략에서는 '등장인물과의 관계 정리해 보기' '주인공의 행동 알아보기' '인물, 배경, 사건을 중심으로 정리해 보기' '이야기의 흐름에 따라 정리해 보기' 등 글의 구조에 따라 내용을 요약해 보는 다양한 도구가 필요합니다.

『미운 아기 오리』를 예로 들어 보겠습니다. "미운 아기 오리가 어떤 장소에서 어떤 일을 겪었는지 차례대로 정리해 볼까? 오리들이 노는 마당에서는 어떤 일이 있었지?"라며 아이에게 사실적인 질문을 던지면 아이는 "모든 오리와 누나, 형 들까지 미운 아기 오리를 놀렸어요."라고 답합니다. 다시 또 "들오리들이 사는 늪지대에서는 어떤 일이 있었지?"라고 어떤 장소에서 있었던 사건을 질문하면 "들오리들과 기러기들에게 못생겼다는 소리를 들었어요."라며 장소에 따른 내용을 스스로 정리할 수 있습니다. 이런 질의응답을 통해서 아이는 글의 내용을 쉽게 파악하게 됩니다.

■ ③ 주제 파악하고 자기 의견 말하기 전략

많은 부모님이 아이들이 책을 읽고 내용을 정확하게 요약하면 책을 제대로 읽었다고 생각합니다. 하지만 몰입 독서 능력은 내용 요약을 넘어 작가의 의도를 파악하고 자신의 생각을 정리할 수 있는 '주제 도출'과 '사고 단계'까지 가야 합니다. 다시 말해 책의 줄거리를 요약하면서 주제를 찾고, 그 주제에 대한 자기만의 의견이 있어야 합니다. 다음은 서울특별시교육청에서 발간한 초등 서술형 평가 장학자료집 4학년에 나온 문항입니다.

다음 글을 읽고 물음에 답하세요.

감때 영감

감때 영감은 감때사납기('억세고 몹시 사납다'라는 뜻의 순우리말) 때문에 감때 영감이라는 별명으로 불리었다.

감때 영감은 사팔뜨기에 절름발이이다. 한쪽 눈의 눈동자가 삐뚤어져서, 저쪽을 볼 때는 이쪽을 보는 것 같다. 또 오른쪽 다리를 절름거린다. 그래서 지팡이를 짚고 다닌다.

감때 영감의 호령 소리만 들리면 아무도 꿈쩍을 못하였다. 수염을 삼지창같이 바짝 치켜올리며 사팔뜨기 눈을 부라리며, 몽둥이 지팡이를 짚고 절름절름 걸어 나오면 닭, 강아지, 돼지, 소는 울며 비실비실 길을 비켜야 하였다. 빨리 비켜나지 않으면 감때 영감의 몽둥이가 번개같이 들이닥치기 때문이었다.

감때 영감은 닭에게 소리쳤다.

"무얼 어름어름하고 있는 거야! 처먹기만 하면 제일이냐? 알을 낳으란 말야! 너는 하루에 알 10개씩 충분히 낳을 수 있어. 물고기는 엄청나게 많은 알을 낳기 때문이야. 너도 똑같이 알을 낳으니까 하루에 10개씩은 낳아야 해."

감때 영감은 소에게도 소리쳤다.

"무얼 어름어름하고 있는 거야! 울기만 하면 제일이냐? 송아지를 낳으란 말야! 너는 송아지를 하루에 한 마리씩 충분히 낳을 수 있어. 닭도 하루에 한 개씩 알을 낳으니까 너도 하루에 새끼 한 마리씩 낳아야 해."

1. 감때 영감은 무엇에 대하여 자신의 의견을 말하고 있습니까?
(2점)
2. 감때 영감의 의견에 대한 까닭은 무엇인지 써 보세요.(2점)
3. 감때 영감의 의견이 적절한지 자신의 생각을 써 보세요.(4점)

이 문제는 서울특별시교육청에서 발간한 〈초등 서술형 평가 장학자료집 4학년(2010)〉에 있는 것입니다. 제시된 서술형 문제 중 1번과 2번은 제시문을 읽고 내용을 정리하는 문제입니다. 이때 몰입 독서 능력이 있는 아이들은 쉽게 이 문제를 해결할 수 있습니다. 하지만 3번 문제는 제시문의 내용을 파악했다고 풀 수 있는 문제가 아닙니다. 등장인물의 행동에 관한 자기 생각이 있어야 답을 쓸 수 있습니다. 만약 줄거리 요약이나 내용 파악 수준에서 멈춘다면 주제 파악과 사고 단계를 묻는 문제는 풀 수 없습니다.

몰입 독서 능력을 정리해 보면 책을 읽을 때 모르는 어휘는 문맥을 보고 그 뜻을 파악할 수 있어야 하고, 내용은 다양한 도구를 활용해 이해하고 정리할 수 있어야 합니다. 그리고 저자의 의도를 파악해 주제를 도출하면서 자기 의견을 글이나 말로 설명할 수 있어야 합니다.

아이들이 책을 읽을 때 쉽게 낙오하는 지점이 첫 번째 단계입니다. 머릿속에 책의 내용이 정확하게 그려지지 않기 때문에 읽어도 무슨 말인지 모릅니다. 서사가 제대로 잡히지 않아 지루함을 느끼면서 "누가 누구인지 모르겠다." "너무 어려워." 하면서 쉽게 포기합니다. 몰입의 힘이 부족하기 때문에 생기는 일입니다. 시간이 걸리더라도 차근차근 몰입 독서 능력을 알려 주면 아이들은 책을 자기 것으로 만드는 내공을 키울 것입니다.

단계별 수준에 맞는 읽기 전략

후천적으로 키워야 하는
읽기 능력

아이들의 읽기 능력은 개개인에게 맞는 적절한 시기와 발달 단계에 따라 훈련해야 차근차근 성장할 수 있는 후천적 능력입니다. 특히 글과 언어를 접하는 아동기부터 읽기 능력을 계발해 준다면 성인이 되어서도 쉽게 글을 읽고 이해하는 문해력을 갖출 수 있습니다. 물론 적절한 시기에 읽기 능력을 계발하지 못했다 하더라도 꾸준히 글 읽는 연습을 반복한다면 문해력 격차를 극복할 수 있습니다. 그렇다면 '단계별 수준에 맞는 읽기 전략'은 무엇인지 알아보겠습니다.

1단계 독서 맹아기

(0세~유치원 시기)

독서 맹아기는 보통 0세부터 유치원까지의 시기를 말합니다. 이 시기의 아이들은 글자를 읽을 수 없으므로 가정에서 문식력(글을 읽고 쓰는 능력)을 키울 수 있는 환경을 만들어 줘야 합니다. 우선 아이의 눈에 잘 띄는 집 안 곳곳에 책을 둡니다. 아이는 집 안에 머무르면서 자연스럽게 책에 노출되고, 호기심과 흥미를 느끼면 책을 가까이할 수 있습니다. 실제로 지난 2018년 국립오스트레일리아 대학교(ANU)와 미국 네바다 대학교의 경제학자들이 가정에 비치된 책 권수에 따른 청소년기의 인지 능력을 조사했는데 책에 많이 노출될수록 인지 능력이 높았다는 연구 결과도 있습니다. 다음으로는 엄마가 아이들에게 책을 읽어 줘야 합니다. 아이의 뇌는 엄마의 음성에 자극받고 자연스럽게 글자를 눈으로 인식할 수 있게 됩니다. 아이들은 엄마가 책을 읽어 주는 소리를 듣고 '표음 해석 단계'로 진입합니다. 표음 해석이란 소리를 글자로 옮기는 단계를 말합니다. 예를 들어 '가방'이라는 소리를 들었을 때는 이것이 무슨 뜻인지 모르지만 어떤 글자인지는 인식할 수 있는 단계가 표음 해석 단계입니다. 아이와 그림책을 보면서 이야기를 들려 주고 그에 따른 엄마의 경험과 생각을 공유한다면 자연스럽게 아이들은 글자를 인식하게 되고 책과 친해지는 중요한 첫걸음을 뗄 수 있습니다.

2단계 독서 입문기

(초등 1~2학년)

초등학교 저학년 아이들은 '표음 단계'를 지나 '의미 해석 단계'로 진입합니다. '가방'이라는 글자를 눈으로만 인식하는 단계에서 '가방'이 학교에 갈 때 어깨에 메고 가는 물건이라는 이미지를 떠올리면서 의미도 파악하는 단계입니다. 따라서 이 시기 아이들은 직접 소리 내서 책을 읽어 보는 '음독'을 경험해야 합니다.

음독은 언어를 관장하는 '전두 연합령(주로 뇌의 사고 기능과 인지, 학습기능의 역할 담당)'을 강하게 자극하므로 독해력을 높이고 사고 활동을 활발하게 합니다. 눈으로만 읽었을 때 이해가 되지 않던 것이 소리 내어 읽으면 이해되는 것과 같은 이치입니다. 구구단을 외울 때를 떠올려 봅시다. 눈으로 숫자를 좇으면 외울 때는 절대 안 외워지지만 "이이는 사, 이삼은 육, 이사 팔……."처럼 소리 내어 외우면 더 잘 외워졌던 경험이 있을 것입니다. 실제로 사람들이 곱셈 문제를 풀 때 '구구단을 외운 소리'를 떠올리며 문제를 푼다는 연구 결과도 있습니다. '시범 읽기' '짚어 가며 읽기' '쉬어 가며 읽기' '가리고 읽기' 등 재미있게 글자 읽기를 시도해 보세요. 아직 읽기 능력이 낮다면 글밥이 적고 낱말이나 구절이 반복해서 등장하는 그림책 같은 책으로 시작해 보세요.

3단계 독서 적응기

(초등 3~4학년)

초등 3~4학년 때부터는 '의미 해석 단계'를 지나 '의미 연결 단계'로 진입할 수 있습니다. 예컨대 "재영이가 가방을 메고 학교에 갔습니다."라는 문장을 읽으면 문자 그대로 아이가 가방을 메고 걸어가는 이미지를 떠올릴 수 있습니다. 단어와 단어를 연결해 문장의 의미를 파악하는 '인지적 사고 능력'이 발달한 것입니다. 즉, 글자 해독에서 독해로 수준이 높아져 의미 중심의 글 읽기가 가능해집니다.

따라서 이때는 호흡이 긴 문장을 끊어 읽는 법과 묵독(소리를 내지 않고 속으로 글을 읽음)하면서 뜻을 이해할 수 있도록 도와주면 읽기 능력이 향상됩니다. 복잡한 구조의 글도 자주 읽으면서 내용을 요약하고 핵심 정보를 파악해서 설명하는 연습도 필요합니다. 문장이 길고 복잡한 장편 동화, 교과 연계 도서, 다양한 배경지식을 쌓을 수 있는 사회과학 도서 등을 추천합니다.

4단계 독서 심화기

(초등 5~6학년)

초등 고학년부터는 고급 수준의 글밥이 제법 많은 책을 읽으면서 '2차 의미 연결 단계'로 진입합니다. 2차 의미 연결 단계란 글 안에 생략된 정보를 추론하거나 뒤에 이어질 내용을 예측하면서 숨겨진 의미를 파악할 수 있는 단계입니다. 예컨대 등장인물의 심리 묘사 장면을 읽으며 스스로 내용을 깊게 파고드는 힘이 생깁니다. 이것이 2차 의미 연결 단계입니다.

이때는 복잡하고 다양한 사건이 등장하고, 주인공의 심리적인 묘사와 갈등이 전개되는 긴 호흡의 명작 소설이나 고전, 역사책 등을 읽고 대화하는 것이 좋습니다. 아이들은 이야기 속의 다양한 사건과 갈등을 보면서 자연스럽게 인간을 이해하고 공감 능력과 추론 능력을 기르게 됩니다. 이때는 여러 가지 읽기 전략을 활용하여 내용을 요약해 보고, 추론해 보는 훈련이 필요합니다.

5단계 독서 응용기

(중학교 1~2학년)

중학교 때는 본격적으로 작가의 관점이나 태도, 글의 동기 등을 판단할 수 있는 '비판적 시각'이 생깁니다. 비판적으로 생각한다는 것은 글의 요점과 주제, 중심 생각을 정리하면서 자신의 가치와 신념을 기준으로 상대의 주장이 객관적으로 타당한지 따지고 평가할 수 있는 능력입니다. 이렇게 책을 읽다 보면 작가의 생각을 빌려 정리된 자신만의 관점과 생각이 형성됩니다. 이것이 독서의 완성 단계입니다. 추천하는 책으로는 근현대 단편소설이나 고전 문학, 인문 고전, 사회과학 도서 등입니다. 이런 종류의 책에서는 다양한 인문학적 배경지식을 쌓고 토론하여 자기만의 견해를 만드는 노력이 필요합니다.

교육학에는 '메타인지'라는 말이 있습니다. 인지 위의 인지를 의미하는 것으로 자신의 인지적 활동에 대한 지식과 조절, 내가 무엇을 알고 모르는지에 대한 파악, 자신이 모르는 부분을 보완하기 위한 계획과 실행 과정을 평가하는 전반적인 능력을 의미합니다. 한마디로 내가 알고 있는 것과 모르는 것을 정확하게 판단할 수 있는 능력이 메타인지입니다. 메타인지는 5세에 시작하여 14세 사이, 초등학교 시기에 발달됩니다. 이 능력을 길러 줄 수 있는 건 바로 아이들의 '읽기 능력'입니다. 적절한 시기에 아이들 수준에 맞는 읽기 전략 훈련을 통해 독서습관을 만들어 준다면 분명 문해력이 높은 아이로 성장할 것입니다.

6장

다시,
책으로

대한민국 입시 제도의 변화

대학수학능력시험의
문제

　대한민국 입시 제도와 교육 방향은 시대의 가치에 따라서 변화되어 왔습니다. 학력고사가 있던 사회는 효율성과 생산성을 중시한 산업화 시대였기 때문에 인재상도 누가 더 빨리 기술을 배우고 똑같이 따라 할 수 있는지를 목표로 두었습니다. 인재 평가 기준도 학교에서 배운 내용을 누가 얼마나 잘 기억하고 있는지를 묻는 것이었습니다. 예를 들어 고등학교 때 배운 교과서를 통째로 암기하여 문제를 풀고 맞추는 학생이 가상 인재에 가까운 아이였죠. 하지만 이러한 입시 제도는 학생들에게 모든 과목을 다 잘해야 한다는 부담을 주었고, 교과서 전체를 기계처럼 암기해야만 하는 '주입식

교육'이 문제가 되었습니다.

이제는 시대가 변했습니다. 사회는 복잡해지고 다양해졌으며 사람들의 욕구 또한 달라졌습니다. 당연히 사회에 필요한 인재상도 바뀌었습니다. 이제는 획일화된 문제와 정답이 존재하지 않습니다. 복잡한 이곳에서 맞닥뜨리는 문제들에 계속해서 적응하며 이를 해결해야 합니다. 지금은 스스로 생각해서 변용하고 발전시킬 줄 아는 인재, 즉 '생각할 줄 아는 사람'이 필요합니다.

이 시대에 맞는 인재를 가리기 위해 입시 제도도 달라졌습니다. 1994년부터 시행된 대학수학능력시험은 미국의 대학입학자격시험인 SAT를 참고하여 만들어졌습니다. 단순한 암기로 해결되는 방식이 아닌 문제 해결 능력과 응용력, 탐구력 등 종합적인 사고 능력을 평가하기 위해 만들어진 시험입니다. 대학수학능력시험의 핵심은 교과 지식을 활용하고 응용하는 것이며 이를 자유자재로 다룰 줄 아는 아이들이 높은 점수를 받게 됩니다. 하지만 이 시험에도 문제점이 드러났습니다. 학교생활도 잘하고 내신도 높은 아이들이 수능시험을 망쳐 원하는 대학에 진학하지 못하는가 하면 내신이 좋지 않은 아이들이 수능시험을 잘 봐서 좋은 학교에 입학하는 사례가 생겨나기 시작했습니다. 수능만 잘 보면 된다는 식의 '수능지상주의' 열풍이 일자 사교육 시장은 꺼지지 않는 불이 되었습니다.

이후 수능과 내신이 연동되지 않는 문제를 해결하기 위해 수시 비중을 높인 '학생부종합전형'이 등장했습니다. 수능 시험을 중심으로 학생을 선발하는 정시 대신, 수시는 학생부 교과와 3년 동안의 학교생활을 기록한 종합생활기록부를 반영하는 학생부종합전형입니다. 이 제도는 기존 수능시험이 가지고 있던 문제점인 등급이나 점수로만 학생을 평가하는 것이 아니라 통합적이고 다면적인 평가 방식을 활용해 시대가 요구하는 창의적이고 다양한 지식을 융합할 수 있는 '통섭형 인재'를 선별하는 것이 목적입니다. 실제로 한국대학교육협의회 입학전형시행계획에 따르면 전국 198개 4년제 대학에서 2022학년도 대학 모집 인원 34만 6553명 가운데 수시 전형은 75.7퍼센트, 정시 비중은 24.3퍼센트로 정시 대비 수시 비율이 압도적으로 높았습니다.

학생부종합전형의 평가 기준인 학생부 종합생활기록부를 살펴보겠습니다. 학생부 종합생활기록부는 고등학교 생활의 전반적인 기록이 담긴 자료를 말합니다. 내신 등급제를 토대로 작성된 교과 내신 성적과 봉사활동, 대회 수상 내역, 독서 이력, 진로 탐색 활동 등이 포함되며 그 밖에도 자기소개서, 면접, 논술고사, 수능 최저학력 기준, 입학사정관제 등이 평가항목에 들어갑니다. 대학에서는 학생들이 제출한 서류를 바탕으로 학습 능력, 학업에 대한 의지와 열정, 도전 정신, 발전 가능성 등을 종합적으로 평가합니다.

학생부 종합생활기록부에 기록된 내용은 양도 많고 복잡해 알아보기 어렵습니다. 그래서 대학에서는 공통 양식을 정해서 축약한 자료를 요구합니다. 이것이 바로 '자기소개서'입니다. 자기소개서는 학생부종합전형에서 가장 중요한 서류입니다. 이를 어떻게 작성하느냐에 따라 합격이 결정된다고 해도 과언이 아닙니다. 자기소개서 작성에도 규칙이 있는데 1번 문항에서는 진로와 연관된 학업 역량을, 2번 문항에서는 학교생활과 공동체 안에서의 인성 역량을 충분히 보여 줘야 합니다. 이러한 문항은 다양한 활동에서 자신의 경험과 역할은 무엇인지, 강점은 무엇인지, 활동 속에서 배우고 느낀 점은 무엇인지를 보기 위한 것으로 학생은 구체적인 사례를 자신의 개성과 전공 적합성, 발전 가능성이 잘 드러날 수 있도록 써야 합니다. 물론 학생부 종합생활기록부에 대한 부정적인 시각도 있습니다. 하지만 이 제도의 핵심은 학생 스스로 생각하고, 행동하는 능력을 보기 위함임을 기억해야 합니다.

새로운 입시 환경을 대하는 자세

그렇다면 이렇게 달라진 입시 환경에서 아이들은 무엇을 어떻게 준비해야 할까요? 저는 '꾸준한 독서습관'에 답이 있다고 생각합니다. 초등학교 때부터 꾸준히 폭넓은 독서습관을 쌓는다면 자연스럽게 자신의 적성과 진로도 찾을 수 있고, 그와 연관된 학업 역량도 쌓을 수 있으며 공감 능력을 높여 인성과 공동체 역량도 계발할 수 있습니다.

독서 활동은 전공 적합성과 자기주도 학습 능력, 관심과 진로 분야 등을 파악하여 발전 가능성을 추정할 수 있는 지표입니다. 예컨대 교과 학습에서 충족시키지 못한 지적인 호기심을 독서로 채울 수 있고 심화 학습을 위해서 스스로 관련 분야의 책을 찾아 읽을 수도 있습니다. 또한 자신의 진로를 간접적으로 경험할 수 있는 활동이므로 능동적 사고, 주체적 사고 역량도 기를 수 있습니다.

한국직업능력개발원 조사에 따르면 평소 독서를 꾸준히 하는 학생들의 학업성취도가 그렇지 않은 학생들보다 높은 것으로 나타났습니다. 2015년에 개정된 교육과정에서도 독서를 중요한 학습 목표로 설정했습니다. 실제로도 많은 대학에서는 학생부종합전형에 대비하기 위해서는 교과서에 대한 전반적인 이해와 이와 연계된 독서, 토론과 같은 활동을 권장하고 있습니다.

"독서는 모든 공부의 기초가 되며, 대학생활의 기본 소양이다. 교과와 관련된 인문학, 사회과학, 자연과학, 철학, 공학 분야 도서를 찾아보고 이전에 다뤘던 교과 내용도 참고해 보며 스스로 사고의 폭을 넓혀 보는 연습으로 충실하게 지식을 쌓는 것이 좋다. 어떤 분야의 책이든지 읽고 또 읽어 가는 사이에 생각하는 힘, 글쓰기 능력, 전문지식, 의사소통 능력, 교양이 쌓여 갈 것이다. 타의에 의한 수박 겉핥기식 독서는 도움이 되지 않는다. 수많은 책 가운데 그 책이 나에게 왜 의미가 있었는지, 읽고 나서 나에게 어떤 변화를 주었는지 생각하기 바란다. 서울대학교는 독서를 통해 생각을 키워 온 큰 사람을 기다린다."

- 〈서울대 수시 안내서〉 중

서울대학교 수시 안내서에는 독서 역량의 중요성이 강조되어 있습니다. 따라서 우리 아이들이 대학 입시에서 가장 먼저 준비해야 할 것은 꾸준한 독서습관입니다.

독서는 모든 공부의 기본입니다. 기본적으로 학생은 책을 읽으며 배우기 때문에 독서는 누구나 쉽게 시작할 수 있는 입시 준비 방법입니다. 단순히 입시에 성공하기 위한 전략이라는 뜻이 아니라 독서의 본질을 알면 입시도 자연스럽게 통과할 수 있다는 의미입니다. 지금부터 읽는 한 권 한 권의 책이 추후 내 자기소개서 및 면접 과정에서 핵심적인 역할을 할 수 있다는 것을 염두에 두고 폭넓게 책을 읽으면 입시에도 어렵지 않게 성공할 수 있을 것입니다.

꾸준한 독서습관이 입시의 지름길

한 번의 시도로
얻기 힘든 독서 능력

구는 무한히 작은 부피 요소들로 이루어져 있다. 그 부피 요소들이 빈틈없이 한 겹으로 배열되어 구껍질을 이루고, 그런 구 껍질들이 구의 중심 주위에 반지름을 달리하며 양파처럼 겹겹이 싸여 구를 이룬다. 이때 부피 요소는 그것의 부피와 밀도를 곱한 값을 질량으로 갖는 질점으로 볼 수 있다.

이른바 '불수능'으로 충격을 주었던 2018년도 수학능력시험 언어영역 31번 문항 지문의 일부입니다. 뉴턴의 만유인력 법칙 개념을 지문으로 제시하면서 잘못 이해한 선택지를 고르라는 문제였습니다. 이 문제 때문에 국어영역 만점자는 전체 응시생 중 148명밖에 나오지 않았습니다.

대치동 학부모 사이에서 유행하는 말이 있습니다. "국어 점수는 집을 팔아도 안 나온다. 의대는 수학이 정하고, 어느 의대인지는 국어가 정한다. 합격은 수학이, 대학은 국어가 정한다." 그만큼 합격과 불합격은 국어 때문에 갈리는 경우가 많습니다. 평소에 철저하게 준비해 놓지 않으면 단기간에 성적을 올리기 쉽지 않은 과목이 바로 국어이기 때문입니다.

수능 국어에서는 자신이 읽은 내용의 핵심을 파악할 수 있는 개념적 사고, 어떤 문제를 풀 때도 배경지식을 적용할 수 있는 수준 높은 응용 능력이 요구됩니다. 특히 대학의 전공 서적이나 교양서를 읽어 낼 수 있는 어휘력, 문장의 의미를 정확하게 이해할 수 있는 독해력, 지문을 머릿속에서 재구성하고 개념화할 수 있는 추론 능력, 제시된 상황을 논리적으로 생각하는 사고력이 필요합니다. 이런 능력은 한순간에 생기지 않습니다. 오랜 시간 언어 능력을 준비해야 우리가 목표로 하는 독해력에 도착할 수 있습니다.

독서가
입시의 지름길인 이유

어떻게 해야 오랜 시간 동안 지치지 않고 국어시험을 준비할 수 있을까요? 진부한 답변이지만 방법은 '독서습관'에 있습니다. 수능 만점자의 공부법을 다룬 『1등은 당신처럼 공부하지 않았다』(김도윤 저, 쌤앤파커스, 2018)를 보면 수능 만점자 30명 중 27명이 어려서부터 독서습관을 쌓았다고 합니다. 이들은 공부의 기본기를 독서에서 찾았습니다. "책을 읽듯이 교과서를 읽었다." "독서가 큰 도움이 되었다." "수능 만점을 받을 수 있었던 이유의 8할은 독서 덕분에 빠르게 글을 읽으며 내용을 파악할 수 있는 힘이었다."라는 게 수능 만점자들의 공통된 의견입니다.

2016년도 수능 만점자 강도희 학생은 "어머니가 늘 책을 읽어 주셨고, 도서관에도 데리고 다니셔서 도서관은 내 놀이터였다. 눈을 뜨면 항상 읽을 책이 있었고, 그 덕분에 공부도 책 읽기처럼 자발적으로 했던 것 같다."며 독서가 자기주도학습의 토대였다고 말했습니다. 의대에 합격한 한 학생은 1년 동안 무려 500권의 책을 읽으면서 입시를 준비했다고 합니다. 독서에서 배운 공부 습관이 이들에게는 자기주도학습이자 수능 만점의 비결이었습니다. 그렇다면 실제 독서습관이 아이들의 독해력, 어휘력, 추론 능력, 사고력, 논리력 향상에 도움이 될 수 있을까요? 도대체 어떻게 독서

습관이 학습 능력으로 이어지는 걸까요? 저도 독서교육 현장에 있으면서 독서교육과 학습 효과의 상관관계를 알아보기 위해 학생들을 유심히 관찰해 봤습니다. 그리고 7년 동안 일주일에 한 권씩 책을 매주 읽었던 아이들 10명에게서 공통적인 읽기 역량을 발견했습니다.

형준이는 중학교 2학년 남자아이입니다. 매주 한 권씩 7년 동안 책을 읽었습니다. 처음에는 20쪽짜리 책을 읽었지만 지금은 300페이지가 넘는 책을 읽고 있습니다. 형준이는 꾸준히 책을 읽으면서 과연 어떻게 달라졌을까요? 얼마 전 헤밍웨이의 『노인과 바다』를 읽고 진행한 수업에서 형준이가 쓴 서평을 보고 독서교육의 효과를 구체적으로 알 수 있었습니다.

"주인공인 산티아고라는 어부는 늙었지만 노련한 어부다. 산티아고는 그를 존경하고 따르는 소년 마놀린과 함께 바다로 나갔지만 40일째 수확이 없자 마놀린은 부모의 강요로 어업에서 빠지게 되어 노인은 홀로 일을 하게 되었다. 노인은 홀로 44일째 수확을 거두지 못해 총 84일간 아무런 물고기를 잡지 못했다. 다음 날, 만반의 준비를 마친 노인은 마치 중병을 하려는 듯이 깊은 바다로 나갔다. 그곳에서 난생처음 겪어 본 엄청난 녀석이 미끼를 물었고 3일간의 사투 끝에 물고기를 포획했지만 지친 몸을 이끌고 항구로 돌아가는 길에 상어를 만나 결국 물고기는 뼈만

남은 상태가 되었다. 노인은 그대로 집에 돌아와 쓰러져 사자 꿈을 꾸면서 잠들었다.

노인은 물고기를 잡아 올렸지만 아무런 소득도 얻지 못하였다. 즉, 남들의 시선에서는 85일간 아무런 수확과 가치가 없는 형편없는 퇴물로밖에 보이지 않았을 것이다. 하지만 과연 노인의 이 결과가 진짜 볼품없는 삶일까? 나는 아니라고 생각한다. 노인은 비록 물고기를 얻지 못했지만 그는 소년이라는 존재에게 존경받고 있었다. 누구에게 존경을 받는다는 것은 자신의 삶의 과정을 본 사람들이 그들의 마음을 움직일 만한 강한 충격을 받았다는 것이다. 그가 거대한 물고기를 잡으러 나가기 전까지 과정을 함께해 온 소년이 존중했다는 것은 그가 분명 가치 있고 멋진 삶을 살았다는 것을 증명한다. (중략) 노인과 새치 모두 여러 삶의 시련들을 겪어온 존재들이다. 각자 삶의 일대기가 서로를 대변해 주는 느낌이었다. 또한 새치의 삶은 우리 모두의 삶도 대변하는 느낌이었다. 새치는 설정상 5.5미터나 되는 거대 물고기로 등장한다. 물고기가 그 정도의 크기가 되려면 셀 수 없이 많은 물고기와 갈등하고 먹이 경쟁을 하며 자라왔을 것이다. 하지만 인생이 순탄치 않듯이 새치에게도 시련이 존재한다. 낚싯줄에 걸리고 상어에게 물어뜯기면서 인생의 마지막을 직감한다. 그렇게 결국 볼품없는 뼈만 남았다. 노인의 인생도 그러하였다. 수많은 어업 경쟁을 하고 삶을 살아왔지만 그도 84일간의 시련을 겪게 되고 인생의 마지막 기회라고 할 만큼의 순간도 놓치게 되었다.”

　형준이는 핵심 정보만으로 책을 요약했습니다. 300쪽이 넘는 내용에서 무엇이 중요하고 무엇이 불필요한지를 알아야 이런 글을 쓸 수 있습니다. 만약 이러한 요약 능력이 없으면 책을 읽고 난 후 정보들을 단편적으로만 파악하고, 몇 개의 정보만을 기억하게 됩니다.

　책을 오랫동안 읽었던 아이들은 중요도를 꿰뚫어 핵심을 파악하고 요약할 수 있는 정보 처리 능력이 갖춰져 있습니다. 이러한 능력은 공부할 때도 책 전체를 보면서 내용을 이해하고 구조를 파악하는 학습 능력으로 이어집니다.

　형준이의 글을 자세하게 읽어 보면 알겠지만 형준이는 자신이 읽은 책의 내용을 근거로 느낀 점과 의견을 비판적으로 전개해 나가고 있습니다. 아이들은 책을 읽으면서 독창적으로 사고하며 자기만의 관점을 만듭니다. 이러한 역량 또한 10명의 아이들에게 나타난 공통된 특징이었습니다. 대학에서는 답 자체보다는 답을 끌어내는 사고 과정을 중요하게 생각합니다. 따라서 문제에 어떻게 접근할 것인지 체계적으로 사고할 줄 알아야 합니다. 이러한 역량은 오랜 시간 책을 읽고 생각해야 만들어질 수 있습니다.

　책을 오랫동안 읽어 왔던 아이들은 공통적으로 어휘력, 독해력,

사고력, 표현력이 모두 높았습니다. 서울대 합격생들은 독서를 좋아하고 자기주도학습이 되어 있으며 내신이나 수능 준비로 바쁜 고3 때도 독서의 중요성을 알았기 때문에 스스로 책을 읽었습니다. 결국 꾸준한 독서습관이 입시를 준비하는 가장 빠른 지름길입니다.

고전을 읽어야하는 이유

고전의
뜻과 의미

"해석으로 생산된 인식이 심오할 때 그 해석은 거꾸로 대상 작품을 심오한 것이 되게 한다." 문학평론가 신형철 선생님의 말씀입니다. 고전이기 때문에 무조건 심오한 것이 아니라 독자가 깊게 사유하는 과정으로 작품이 재해석되면서 위대한 고전의 반열에 오르게 된다는 것입니다.

저에게는 빅토르 위고의 『레 미제라블』이 그랬습니다. 지금까지 다섯 번 정도 읽었는데 읽을 때마다 새롭게 느껴지면서 다양한 통찰을 얻고 있습니다. 처음 읽었을 때는 인간이 살아온 방식이 어떻게 달라질 수 있는지, 달라지는 과정이 어떠했는지를 주목했지만 다시 읽을 때는 시대 배경과 작가의 삶, 국가적인 상황이 눈에 들어왔습니다. 또다시 읽었을 때는 다양한 인간 군상에 눈길이 가면서 등장인물들의 서사를 찾게 되었습니다. 이러한 과정에서 작가는 생각하지 못했을 저만의 의미와 깊이가 만들어졌습니다. 이것이 고전이 주는 위대함입니다.

고전古典이란 짧게는 30년에서 길게는 수천 년이라는 시간을 통과해 살아남은 작품을 말합니다. 아이들은 "새로 나온 책도 읽기 어려운데 하필 어려운 고전을 읽어야 하나요?"라고 질문할 수도 있습니다. 그러나 저는 가벼운 만화책이나 쉬운 책만 읽어서는 인간의 지력이 성장할 수 없다고 생각합니다. 무조건 독서량이 많다고 이해력과 사고력이 성장하는 건 아닙니다. 고전은 깊이 생각할 수 있는 여지를 주는 책이므로 사고력을 확장하는 데 도움이 됩니다.

모든 이야기의 원형은 고전에서부터 시작됐습니다. 고전을 알아야 시대와 인간을 이해할 수 있는 깊이가 생깁니다. 고전은 인간 내면의 가장 깊은 곳까지 안내합니다. 기술이 발전하고 시대가 빠르게 변하는 가운데 변하지 않는 것이 있다면 바로 '인간의 본질적인 측면'입니다. 죽음과 삶, 인간의 본성, 선과 악, 고통, 종교, 사랑 등 인간이기 때문에 필연적으로 경험할 수밖에 없는 요소가 있습니다. 고전이란 바로 이러한 인간의 본질에 대해 질문을 던짐으로써 결국 인간을 이해할 수 있는 통찰의 힘을 선사합니다. 이것이 우리가 고전을 읽어야 하는 이유입니다.

인간의 보편적 가치를
담은 작품

고전이 주는 유익함은 무엇일까요? 『레 미제라블』에는 책 전체를 관통하는 핵심 가치가 있습니다. 바로 '인간을 보는 시선'입니다. 빵을 훔쳐 19년 동안 감옥에 갇혔던 장발장이 어두웠던 삶에서 새로운 삶을 살게 된 건 '믿음과 용서, 자비, 은혜와 같은 관용적인 가치'때문입니다. 이러한 가치는 100년이 지난 지금에도 나라와 인종, 국가를 초월하면서 모두가 공유하고 있는 인간의 보편성입니다. 인간의 본성은 변하지 않으며 인간이 고민하고 있는 문제 또한 시대가 바뀌어도 달라지지 않습니다. 따라서 고전이란 변하지 않는 인간의 보편성에 대한 보고입니다. 긴 시간 동안 거름망을 통과한 가장 값어치 있는 결정체들이 담겨 있는 글. 이것이 우리가 고전을 읽어야 하는 이유입니다.

과거의 지혜를 통해
미래를 살아가는 우리

과거를 잘 들여다보아야 미래가 보이고 미래에 대한 비전을 세울 수 있습니다. 그래서 과거를 들여다보는 일은 현재를 살기 위한

'자아 성찰'이자 '자기 반성'입니다. 과거를 본다는 건 결코 시간 낭비가 아닙니다. 예컨대 과거 정치인들의 반복되는 실수를 보지 못한다면 무엇이 왜 잘못되었는가를 모른 채 현재에도 미래에도 국민들에게 해가 되는 결정을 내릴 것입니다. 그러나 과거를 보면서 잘못된 걸 깨닫는다면 미래 사회에 새로운 비전을 제시할 수 있습니다. 이처럼 과거를 알아야 삶의 지혜가 생기고, 현재 당면한 문제의 실마리를 발견해 해결할 수 있습니다. 과거의 실수는 고전에서 배울 수 있습니다. 오래된 과거를 담고 있는 고전이야말로 새로운 미래를 열어 주는 통로입니다.

인문적 상상력을 높이는 일

아무리 과학기술이 발전한다 한들 인간의 근원적인 문제는 이것만으로는 해결할 수 없습니다. 오히려 기술의 발전이 야기하는 더 큰 문제에 봉착할 수 있습니다. 따라서 우리에게는 '인문적 상상력'과 '기술 융합'이 동시에 필요합니다. 고전을 읽으면 인간을 이해할 수 있는 인문적 상상력을 기를 수 있습니다.

1980년대 인도 마하라슈트라주 산악 지역의 오지 마을에 파견된 한 구호단체 사람들이 왕복 두 시간 동안 힘들게 머리에 물동이를 이고 강가에서 물을 길어 가는 여인들을 발견하고 그들의 불편함을 해결하기 위해 펌프 우물을 만들어 주었습니다. 하지만 우물을 이용하는 사람은 아무도 없었습니다. 왜 그랬을까요? 이유를 몰라서 고민하던 구호단체 대원들은 물을 길어 가는 여인들을 따라가 보았습니다. 그러다 이상한 점을 발견했습니다. 여인들이 전혀 힘들어 보이지 않던 것이죠. 오히려 얼굴에 웃음을 띤 채 끊임없이 수다를 떨고 있었습니다. 구호단체 대원들은 그제야 우물을 쓰지 않는 이유를 알게 되었습니다. 어린 나이에 먼 곳으로 시집온 여자들은 낯선 환경과 가족에게 적응하기 힘들었습니다. 그런 그들에게 다른 여자들과 함께 물을 긷는 시간은 자유를 만끽하는 시간이었습니다. 그래서 마을 안에 있는 펌프 우물은 거들떠보지도 않은 것이죠.

먼 곳으로 물을 긷는 불편함을 해결하려고 기술적인 부분에만 집중한다면 삶은 오히려 불편해질 수 있습니다. 그러나 인간의 근본적인 가치를 들여다본다면 전혀 다른 형태의 해결책을 찾아 낼 수 있습니다. 인간이란 무엇이고 어떤 잠재적 욕구가 있는지, 그 심연을 알아야 진정한 인간과 기술의 융합이 이루어집니다. 고전은 인간의 본질을 파고듭니다. 고전을 읽을 때 비로소 인간에 대한 인문적 상상력이 가능해지고 인간을 이해하는 기술도 발전할 수 있습니다.

가치관 형성에
도움을 주는 고전

고전문학에는 항상 복잡한 갈등 구조와 대립하는 인물이 등장하며 사건이 펼쳐집니다. 예컨대 표도르 도스토옙스키의 『죄와 벌』을 읽으면 주인공 라스콜리니코프와 소냐의 행동에서 정의가 무엇인지 생각하게 됩니다. 이때 중요한 건 등장인물들이 서로 정반대의 가치관을 가지고 살아간다는 것입니다. 그래서 독자는 능동적으로 누구의 가치에 동의하는지, 또는 동의하지 않는지, 왜 그렇게 생각하는지 고민하면서 자신의 가치관을 정립하게 됩니다.

고전은 가치에 대한 질문을 던지는 책입니다. 고전을 읽으며 형성된 자기만의 관점이 사회의 압력에 휘둘리지 않고 중심을 잡으며 살아가는 자기만의 철학을 만들어 줄 수 있습니다.

고전이 담고 있는
논리적 구조

고전은 대부분 '인간의 보편성'에 대한 주제를 담고 있기 때문에 스토리 전개 방식이 매우 복잡하지만 탄탄하고 논리적입니다. 예컨대 플라톤의 『플라톤의 대화』나 『논어』에 등장하는 질의응답은 대단히 치밀하고 논리적입니다.

논리는 자신의 생각으로 상대방을 설득하거나 일상적인 대화를 나눌 때 등 소통에서 매우 유용하게 쓰이는 기술입니다. 스스로 나의 생각이 옳다고 주장할 수 있겠지만 그것을 표현하고 말하는 데 논리적인 개연성이 떨어진다면 타인에게 공감받기 어려울 것입니다. 고전이 위대한 이유는 많은 사람을 논리적으로 설득할 만한 내용을 담고 있기 때문입니다.

누구나 알지만 읽은 사람은 별로 없는 책, 또는 제목은 알지만 내용은 잘 모르는 책이 바로 고전입니다. 이처럼 고전은 알지만 모르는 아이러니한 책입니다. 하지만 고전에는 지금 세상에서도 벌어지는 수많은 사건과 인간 군상에 대한 원형이 나타나 있습니다. 이것이 우리가 고전을 읽어야 하는 이유입니다. 우리는 고전을 미래를 예측하는 데 쓰고, 나의 가치관을 형성하는 토대로 삼아야 합니다.

학벌이 밥 먹여 주는 시대는 끝났다

뉴미디어의 등장

"영구 없다~아. 띠리리리." 머리엔 땜통 하나, 질질 흘리는 콧물과 여민 건지 똘똘 묶어 놓은 건지 도무지 알 수 없는 바지춤. 우스꽝스러운 차림으로 한 시대를 풍미했던 '영구'를 기억하시나요? 제 어린 시절에는 대한민국 사람이면 누구나 영구를 좋아했습니다. 그는 특히 초등학생 사이에서 인기가 높았습니다. 이 열풍은 미디어의 영향 때문입니다. 당시 TV는 모든 가정에 한 대씩 있는 보급률 100퍼센트인 전자제품이었습니다. 지상파방송 채널도 단 3개뿐이어서 재미있는 프로그램은 전 국민 모두가 보게 되었습니다. 그러니 영구를 모른다면 간첩 취급을 받을 수밖에요.

이제는 시대가 달라졌습니다. 몇 년 전 우리나라 국민들의 미디어 이용도를 알아보기 위한 〈2019 언론수용자 조사〉가 실시되었습니다. 이 조사에서 나타난 두드러진 특징은 온라인 동영상 플랫폼의 압도적인 성장이었습니다. 1996년에는 종이신문 구독자가 85.2퍼센트로 10명 중 거의 9명에 가까웠는데 이제는 12.3퍼센트로 10명 중 한 명 꼴로 줄어들었습니다. 지상파방송도 마찬가지입니다. KBS가 24.9퍼센트, MBC가 10.982퍼센트, SBS가 8.026퍼센트로 주류 언론의 소비 역시 낮아졌습니다.

사라진 종이신문 구독자와 지상파방송 시청자들은 어디로 갔을까요? 한국언론진흥재단이 조사한 바에 따르면 성인 남녀 75.6퍼센트가 유튜브 동영상 플랫폼으로 이동한 걸 확인할 수 있습니다. 10명 중 8명이 유튜브를 보면서 정보를 접하고 소비하고 있는 것이죠.

유튜브, 그게 무슨 문제야?

과거에는 사람들 뇌에 새겨지는 정보가 대체로 비슷했습니다. 예를 들면 SBS 드라마 〈모래시계〉, "잘 자! 내 꿈꿔~."라는 카피로 유명한 휴대폰 광고를 전 국민이 같이 보았다는 것이죠. 같은 것을 보고 같은 생각이 복제되는 사회였습니다. 좀 더 극단적으로 이야기하면 미디어를 활용해서 인간의 생각과 행동을 통제하기 쉬웠습니다. 생물학적인 관점에서 인간은 무엇을 얼마나 많이 보느냐에 따라 인식하고, 그것을 바탕으로 사유하고, 이것이 행동으로 이어집니다. 따라서 행동에 가장 큰 영향을 주는 것이 무엇을 보고 듣느냐입니다.

그 시절 한국 사회는 모든 것이 정형화된 국가, 기관, 기업, 단체, 조직이라는 시스템에 의해 움직였습니다. 이것들은 하나의 시스템이자 권력이며 선망의 대상이었습니다. 예를 들어 어떤 물건을 판다고 가정해 봅시다. 디자인이나 내구성이 뛰어나고 가격까지 저렴한 물건을 만든 실력 좋은 판매자일지라도 백화점, 마트 등에 입점하지 못하거나 큰돈을 들여 가게를 열지 않으면 고객에게 선보일 수 없었습니다. 또한 개인 브랜드보다 대기업에서 만든 브랜드를 선호하는 소비 심리 때문에 개인의 역량은 크게 중요하지 않았습니다.

그래서 사람들은 대입시험, 국가고시 등의 시험을 잘 봐서 시스템에 편입되기를 원했습니다. 소위 명문대를 졸업해 의사, 변호사, 교사와 같은 전문직에 종사하는 것이 인간의 로망이자 출세의 길이었고 돈을 벌 수 있는 성공 공식이었습니다. 이러한 환경에서는 혈연, 학연, 지연이 중요한 성공의 기준이었습니다. 그래서 무조건 수능을 잘 보고, 좋은 대학에 들어가서 인맥을 쌓고, 줄타기를 잘해야 했습니다. 조직이라는 시스템에서 원하는 인재상은 공부를 잘하는 명문대 출신에 같은 지역 사람이기 때문입니다.

개인 미디어의
전성시대

2009년 아이폰, 2010년 갤럭시 스마트폰이 출시되면서 미디어 환경은 빠른 속도로 달라졌습니다. 이제는 더 이상 지상파방송, 신문과 같은 전통적인 미디어로는 개인의 생각을 통제할 수 없게 되었습니다. 비슷한 생각을 가진 사람들을 대량으로 복제할 수 있는 사회가 아닌 것입니다. 정보에 대한 선택권이 거대한 권력이라는 시스템에서 개인으로 넘어갔습니다. 1인 미디어 방송이 대표적인 증거입니다.

지난 2020년 2월 닐슨코리안클릭에서 국내 모바일 동영상서비스(OTT) 애플리케이션의 순 이용자를 조사했더니 유튜브가 이용자 수 3464만 3577명, 총 이용 시간 점유율 85.2퍼센트로 압도적인 1위를 차지했습니다. 누구나 스마트폰을 사용하기 때문에 정보를 유통하고 제작하는 주체가 개인으로 이동했음을 시사합니다. 이 시대에는 개인의 취향이 중요합니다. 누가 얼마나 개인의 취향과 관심사를 만족시켜 주느냐가 권력이 될 수 있습니다. 더 이상 사회가 '이것은 좋은 것이다. 나쁜 것이다.'라고 정해 주는 일방통행의 시대가 아닙니다. 개인의 가치와 기준에 따라서 사회 구조도 재편성되었습니다.

뉴 엘리트의 시대

개인의 관심사에 따라 헤쳐 모이는 시대가 되자 성공의 기준도 달라졌습니다. 과거에 정한 성공 공식대로 살아가지 않고 개인의 창의성을 중심으로 관심사가 비슷한 사람들이 모이면서 새로운 가치를 창조하고 있습니다. 이제는 좋은 학벌이 성공의 보증수표가 아닙니다. 명문대 출신이 한 직장에서 헌신하면서 평생을 보장받는 종신고용의 시대는 끝났습니다. 개인의 창조성과 끊임없이 변화하는 혁신이 있어야만 적응할 수 있는 사회로 달라졌습니다.

그러므로 인재의 기준도 바뀌어야 합니다. 『뉴 엘리트』(사과나무, 2020)의 저자 표트르 펠릭스 그지바치는 "이제 올드Old 엘리트 시대는 저물고 뉴New 엘리트 시대가 도래했다."고 말하며 올드 엘리트의 가치에 머물러 있지 말아야 한다고 주장했습니다. 올드 엘리트의 사고방식은 '좋은 대학을 나와야 성공한다.' '대기업 직원이나 공무원이 되면 인생이 탄탄대로가 된다.' '팀에서 가장 일을 잘하는 사람이 리더가 되어야 한다.' '고급 승용차와 명품 시계가 나의 성공을 증명해 준다.'라는 가치를 강조하지만, 뉴 엘리트 사고를 지향하는 사람들은 전혀 다른 가치를 아이들에게 가르쳐야 한다고 역설합니다. '자녀가 14세에 창업한다면 지지해 준다.' '사회를 변화시키는 것에 보람을 느낀다.' '자신이 손해를 보더라도 남을 위해 헌신한다.' '미니멀리즘을 지향한다.' '항상 새로운 배움으로 자신을 성장시킨다.' '기존의 규칙을 따르기보다 새로운 흐름을 창조하고 새로운 원칙을 만든다.' '다양한 커뮤니티에 참여한다.' 이제는 학벌이 아닌 학습력, 창조성, 변화 적응력, 이타성에 주목할 때입니다.

새로운 인재의 기준은 창의융합형인재

지난 2015년 4차산업혁명 시대의 흐름에 따라 교과과정도 전면 개편되었습니다. 이제는 더 이상 지식 위주의 교육은 필요하지 않습니다. 만약 모르는 게 있다면 인터넷이나 AI에게 물어보면 됩니다. 이제는 지식을 머리에 넣는 교육이 아닌 자기주도적으로 학습하며 무엇을 할 수 있는지 가늠하는 역량 중심의 교육으로 달라졌습니다.

2015년 개정된 교육과정에서 제시하는 6대 핵심역량은 자기관리 역량, 지식정보처리 역량, 창의적 사고 역량, 심미적 감성 역량,

의사소통 역량, 공동체 역량입니다. 개정된 교육과정의 목표는 '창의융합형인재'의 양성입니다. 창의융합형인재란 인문학적 상상력, 과학기술 창조력을 갖추고 바른 인성을 겸비하여 새로운 가치를 창출할 수 있는 사람을 의미합니다.

이제는 '너는 어떤 재능과 탁월성으로 사람들의 마음을 설득하고 움직일 수 있는지?'를 묻는 개인의 역량이 강조되고 있습니다. 학벌이 없어도 개인의 역량과 창의성만 있다면 누구나 플랫폼을 활용해서 성공할 수 있습니다. 대표적으로 유튜버 크리에이터들이 그렇습니다. 그들은 자신이 잘하고 좋아하는 것을 콘텐츠로 만들어서 사람들과 공유하고 소통합니다. 엉클대도 대표이자 대도서관이라는 게임 채널을 운영하고 있는 나동현 씨는 1인 미디어 시장에서 큰 영향력을 행사합니다. 그는 고졸이지만 자신이 좋아하고 잘하는 일로 사람들과 소통하면서 유튜버로 성공했습니다. 그는 크리에이터를 꿈꾸는 지망생들에게 성공의 비결에 대해 이렇게 이야기합니다. "내가 관심 있고, 잘할 수 있는 분야를 지속가능한 콘셉트로 기획해서 꾸준히 업로드해 봐야 한다." 이 말의 핵심은 '자신의 역량을 발견해 사람들과 소통할 수 있어야 한다.'라는 뜻입니다. 바로 이러한 개인의 상상력과 창조력, 융합 능력, 인간을 이해하고 소통할 수 있는 인성을 갖춰야 미래 사회에서 인정받는 창의융합형인재가 될 수 있습니다.

창의융합형인재로
가는 길

지금은 개인 정보화 시대입니다. 이곳에서 살아남는 방법은 첫 번째, 인간의 마음을 이해할 수 있는 공감 능력과 이를 바탕으로 콘텐츠를 기획하는 능력에 있습니다. 이러한 역량을 기르기 위해서는 다양한 경험을 쌓아 최대한 뇌에 자극을 많이 주는 낯선 경험이 필요합니다. 그래야 뇌가 활성화되면서 생각이 다양해지고 수많은 시행착오를 겪으면서 자신의 강점을 발견할 수 있습니다. 두 번째, 인문학적인 소양을 갖추기 위해 문학, 역사, 철학, 과학, 고전 등 다양한 분야의 독서를 해야 합니다. 인간의 창의성은 자신이 축적된 경험과 지식을 바탕으로 새롭게 연결하고 조합할 때 커질 수 있습니다. 이러한 연결 능력이 상상력으로 이어집니다. 다양한 분야의 독서와 경험이 결합되면 상상력이 그물 짜듯이 촘촘하게 연결됩니다. 어려서부터 폭넓게 독서하며 사색하고 필사함으로써 자기 것으로 지식을 만들 수 있는 역량을 키워야 합니다. 그래야 사람의 마음을 움직일 수 있는 킬러 콘텐츠를 만들어 낼 수 있습니다. 이러한 인재가 곧 창의융합형인재입니다.

생각하지 않는 죄

무사유의 죄

1960년 5월 11일 아르헨티나 부에노스아이레스에서 한 중년 남성이 이스라엘 비밀경찰에게 체포됩니다. 이 남성의 죄는 2차 세계대전 당시 유대인 학살을 계획하고 실행한 것이었습니다. 이 남자의 재판 과정은 체포된 지 1년 만에 전 세계 37개국으로 생중계되었습니다. 그는 재판정에서 자신은 관료로서 정부의 명령을 따랐을 뿐 죄가 없다고 했습니다. "나는 오로지 시스템 속의 바퀴에 불과했다."라며 자신이 한 행동을 합리화했습니다. 뿐만 아니라 "나는 내가 한 일을 전혀 후회하지 않는다. 나는 무죄다. 국가가 목표했던 1100만 명이나 1200만 명이 아니라 600만 명의 유대인밖에 강제수용소에 보내지 못했기 때문에 나는 실패자다."라는 충격적인 발언을 했습니다. 끝까지 자신의 죄를 인정하지 않은 상태에서 이 남성은 1961년 12월 15일에 사형을 선고받습니다. 그는 이후에도 무죄를 주장하며 이스라엘 대통령에게 사면을 요청했습니다. 당연히 이 요청은 거부되었고 결국 남성은 1962년 6월 1일 교수형에 처해졌습니다. 이야기에 등장하는 남성은 600만 명의 유대인을 학살한 전범 '아돌프 아이히만'입니다.

　정치철학자 한나 아렌트는 당시 〈뉴요커〉의 특별 취재원 자격으로 아이히만의 재판을 취재했습니다. 그녀는 재판 과정을 지켜보며『예루살렘의 아이히만』(한길사, 2006)이라는 보고서 형식의 책을 출간했는데 이 책은 전 세계에 큰 반향을 불러일으켰습니다. 그녀는 아이히만에 대해 이렇게 말합니다. "그는 우리 주변 어디서나 볼 수 있는 중년 남성이었다. 아이히만은 악한 사람이 아니라 성실한 인물이었다. 그는 법률을 준수하는 시민으로 해야 할 일, 즉 의무를 성실하게 수행했다. 그는 수백만 명의 유대인들을 죽이라는 명령을 이행했고 법을 준수했던 인물이었다." 아렌트는 아이히만에게 '악의 평범성The banality of evil'이라는 개념을 끌어냈습니다. 그러면서 그가 유죄라는 것을 밝힙니다. "악이란 단지 뿔 달린 악마처럼 별스럽고 괴이한 존재가 아니라 언제나 우리 가운데 있다. 아이히만이 저지른 극도의 악행은 스스로 생각하지 못한 데서 비롯되었다." 그녀의 말에 따르면 아이히만의 죄는 자신이 무엇을 하고 있는지 깨닫지 못하는 '무사유의 죄'였던 것입니다.

아렌트가 이야기한 무사유의 죄는 무엇일까요? 말 그대로 생각하지 않는 죄입니다. 아이히만은 매우 평범한 사람이었습니다. 가정에서는 자상한 남편이자 아버지였으며 직장에서는 상부의 명령에 따라 충실하게 법을 집행한 군인이었습니다. 하지만 바로 그 일 때문에 수많은 사람이 목숨을 잃었습니다. 아이히만은 수용소에서 죽어 가는 유대인의 상황을 단 한 번도 생각하지 않았습니다. 이러한 행동에 대해 아렌트는 이렇게 말했습니다. "당신의 죄는 생각하지 않는 죄, 즉 무사유의 죄다. 특히 타인의 입장에서 생각하지 못하는 무능함이다."

사유의 힘이
만드는 것

악의 평범성은 우리 곁에도 있습니다. 생각 없이 충실하게 무언가 하도록 만드는 타성, 자기 자신의 의견을 자유롭게 표출할 수 없도록 막는 권위주의적 요소들, 인터넷 악성 댓글로 사람들에게 상처를 주는 행위, 사회에서 일어나는 갑질 사건, 학교에서 왕따를 당하는 친구를 보면서도 못 본 척하는 학생들, 정치인들의 부정부패, 묻지 마 폭행 사건, 사유와 판단을 귀찮아 하면서 생각 없이 살아가는 태도, 타인에게 공감하지 못하는 마음 등 무사유의 현상들은 평범한 일상에서도 무수히 등장합니다.

생각하지 않으면 아이히만처럼 자신의 행동에 대해 옳고 그름을 판단할 수 없게 됩니다. 자기 성찰 과정이 부족해지면 우리도 양심을 잃고 '악'을 만드는 무서운 결과를 초래할 수 있습니다. 사유는 선택의 문제가 아니라 인간이라면 마땅히 해야 하는 의무입니다. 사유는 자기 자신과 모순되지 않는 양심을 갖게 하고 자신의 말과 행동을 일치하게 합니다. 사유는 인간의 품격을 만듭니다. 바로 이것이 아렌트가 대안으로 제시했던 스스로 생각하는 행동입니다. 따라서 우리는 생각해야 하고 자기 의견을 자유롭게 표출할 수 있는 능력을 갖춰야 합니다. 그래야 악의 평범성에서 나올 수 있습니다.

프랑스의 소설가 폴 부르제는 "생각하는 대로 살지 않으면 사는 대로 생각하게 된다."라고 말했습니다. 배우기만 하고 사유하지 않으면 주체성 없이 남들을 따라 살게 되고, 결국 자신의 가치와 신념이 훼손됩니다. 노예처럼 지배적인 이데올로기에 종속됩니다. 자기 이익을 지키기 위해 살다 보니 행동에 일관성이 없어집니다. 주체적인 선택과 의지가 약해집니다. 따라서 우리는 생각할 수 있는 근육을 키워야 합니다. 생각하는 사람은 자가발전 시스템을 갖춘 것과 같습니다. 독립적으로 사고하면서 성찰할 수 있기 때문에 날마다 성장할 수 있습니다. 타인의 생각에도 관심을 갖고 이를 계기로 사고의 영역 또한 넓어집니다.

생각의 근육을
키우는 방법

생각의 근육을 키우기 위한 가장 좋은 방법은 독서와 사색, 그리고 글쓰기입니다. 먼저 독서는 인간의 사고력을 키울 수 있는 최고의 도구입니다. 독서는 분석과 종합의 연속입니다. 즉, 독서를 하면 다양한 생각으로 뇌에 자극을 주면서 자기 스스로 탐구할 수 있는 능력이 배양됩니다. 책은 문자라는 다양한 기호記號로 쓰였기 때문에 해독과 해석이 요구됩니다. 머릿속에 들어온 다양한 기호들은 이미지화되고, 재구성되는 과정을 거치면서 사유를 만들어 냅니다. 영상 매체는 의식을 수동적으로 반응하게 하지만 독서는 의식을 능동적으로 움직이게 합니다. 바로 이러한 차이가 사유 능력으로 이어집니다.

사색하는 습관도 생각의 근육을 키워 줄 수 있습니다. 사색이란 어떤 것에 대하여 깊이 생각하고 이치를 따지는 행위입니다. 17세기 영국의 철학자이자 정치가였던 존 로크는 사색에 대해 이렇게 말했습니다. "독서는 지식의 재료를 공급할 뿐이다. 그것을 자기 것이 되게 하는 것은 사색의 힘이다." 그렇습니다. 독서가 나에게 생각할 수 있는 재료를 공급해 주는 행위라면 사색은 정보가 과연 나에게 얼마나 의미 있고 가치 있는 것인지 따져 보는 활동입니다. 한마디로 자기만의 결괏값을 얻는 일이 사색입니다.

생각의 근육을 만들기 위해서는 글쓰기 연습도 꾸준히 해야 합니다. 문학평론가인 김우창 교수는 『세 개의 동그라미』(한길사, 2008)라는 책에서 글쓰기란 문제를 풀어 가는 과정이라고 합니다. 내가 어렴풋이 가진 것을 다시 정리하고 생각해 보면서 문제에 대한 해답을 찾아가는 과정이 바로 글쓰기의 효과입니다. 글을 쓰는 건 자신의 생각이 무엇인지 눈으로 확인하고, 생각을 정교하게 다듬고 만들어 내는 작업입니다. 따라서 글을 쓰는 행위 자체로 인간의 사유 능력을 발전시킬 수 있습니다.

아렌트가 보고한 것처럼 생각하지 않는 사람은 위험합니다. 바쁘게 돌아가는 일상생활에 갇혀서 시야가 좁아지고 자신이 속해 있는 집단의 논리를 따라가다 보면 이데올로기에 굴복하게 됩니다. 결국 우리의 삶을 결정하는 근본은 생각하는 능력입니다. 그러므로 생각의 기둥을 세우고, 품격을 높여야 합니다. 그래야 주체적인 자기만의 삶을 살 수 있습니다. 책을 읽고, 사색하고, 글 쓰는 훈련을 시작해 보세요. 삶의 품격이 달라집니다.

독서로 성공하는 비결

한 권의 책이
바꿔 놓은 인생

　나는 그의 책을 인근 도시의 한 골동품상에서 구입했습니다. 값으로 1코펙을 지불했는데, 벌기 힘든 돈을 그렇게 책 사는 데 낭비해 버렸다고 금방 후회했습니다. 얼마 후 몇 쪽을 읽게 되었고, 그다음에는 마치 돌풍이 등을 밀고 있기라도 하듯 멈출 수가 없었습니다. 당신에게 말씀드리지만 제가 모든 것을 이해하고 있는 것은 아닙니다. 그러나 그와 같은 생각을 접하게 되자마자 우리는 마치 요술쟁이의 빗자루를 타는 것과 같은 경험을 하게 됩니다. 나는 이제 더 이상 이전과 동일한 인간이 아니었습니다.

－『수리공』(버나드 맬러무드)

저는 어려운 가정형편과 부모님의 잦은 불화 때문에 충분히 사랑받지 못했습니다. 그래서인지 자존감이 낮았고, 몸과 마음이 약했으며 늘 남의 눈치만 살피던 소심한 아이였습니다. 무엇 하나 잘하는 게 없었고 친구도 없었습니다. 혼자 있는 시간이 많아서 외로움도 많이 탔습니다. 그러던 20대의 어느 날 집에서 뒹굴거리며 시간을 보내다가 우연히 책꽂이에 꽂혀 있던 벤저민 프랭클린의 『덕의 기술』(21세기북스, 2004)을 발견해 읽게 되었습니다. 한 장 한 장 넘어가던 책장은 마치 돌풍이 등을 밀고 있기라도 하듯 멈출 수가 없었습니다. 책을 다 읽고 덮었을 때 버나드 맬러무드처럼 저는 이제 더 이상 이전과 동일한 인간이 아니었습니다. 지금 생각해도 그때의 기억이 너무나 생생하고 강렬합니다. 제가 책을 읽고 느낀 최초의 경험이었습니다.

그 후 20년 동안 닥치는 대로 책을 읽어 나갔습니다. 자기계발, 사회과학, 신학, 인문, 역사, 철학, 문학 등 점점 분야가 넓어졌고 읽으면 읽을수록 남이 아닌 나에게 집중하는 시간이 많아졌습니다. 내가 누구인지, 잘하는 것이 무엇인지, 어떻게 살아야 하는지 끊임없이 스스로에게 질문하는 습관이 생겼습니다.

이와 더불어 '자존감(자기를 존중하는 마음)'이 높아졌습니다. 더 이상 남과 비교하지 않게 되었고, 제가 좋아하고 잘할 수 있는 일을 찾는 데 시간을 투자했습니다. 그리고 그런 일에 집중하면서 성장하기 위해 노력하고 있습니다. 제가 이렇게 달라질 수 있었던 힘의 원천은 바로 한 권의 책이었습니다. 끊임없이 책을 읽으며 머릿속에 들어온 새로운 정보가 저의 생각을 자극하고, 다시 새로운 가치들을 창출하면서 저의 정체성이 만들어졌습니다. 책 읽기 덕분에 저의 존재가 다시 태어났습니다.

대기업에서 억대 연봉을 받으면서 10년 동안 6시그마 전문가, IT 개발연구원으로 일했던 한 직장인이 있었습니다. 스타 연구원으로 승진도 순조로웠고 장래 역시 희망적이었습니다. 그러나 어느 날 문득 그는 나무에서 힘없이 떨어져 뒹구는 나뭇잎에서 무기력하게 살아가는 자신을 발견하게 됩니다. 그는 곧바로 잘나가던 직장을 그만두었습니다. 그리고 매일 도서관에 출근하면서 하루에 10권씩 1년에 3000권을 독파해 나갔습니다. 3년 동안 읽은 책이 모두 9000권을 넘기자 의식의 폭발적인 팽창을 경험합니다. 그는 이제 매년 10권 이상의 책을 쓰는 작가로 변신했습니다. 3년 동안 60권의 책을 쓰고, 5000명 이상의 사람들에게 독서법을 강의했습니다. 10년 연속 베스트셀러 작가, 500명 이상에게 작가의 꿈을 이뤄 준 1인 기업가, 미국, 뉴욕, LA, 라스베이거스, 플로리다에 글로벌 책 쓰기 독서법 학교를 운영하고 있는 신들린 작가. 독서혁명가 김병완 작가의 실제 이야기입니다. 그의 인생을 완전하게 바꾸어 놓은 기적도 독서였습니다.

평범한 워킹맘이었던 전안나 씨는 직장생활의 스트레스와 회의감, 더 좋은 엄마가 되지 못하는 자신에 대한 불만 등이 겹치면서 우울증과 식욕 부진, 불면증을 겪었습니다. 정말 죽을지도 모른다는 두려움에 시달리던 중 우연히 하루 한 권의 책을 읽기 시작했습니다. 그렇게 매일 책을 읽자 불면증이 사라졌고 300권을 읽었더니 미웠던 남편과 시어머니를 이해하게 되면서 관계도 좋아졌습니다. 500권을 읽자 삶에 대한 의욕이 다시 올랐습니다. 800권을 읽자 책을 내고 싶어 글을 쓰게 되었습니다. 그렇게 1000권을 읽고 『1천 권 독서법』(다산4.0, 2017)을 출간하면서 베스트셀러 작가가 되었습니다. 지금은 '하루 한 권 책밥'이라는 비영리단체의 대표로서 성인, 초·중·등 독서법 강의를 하며 많은 사람의 삶을 변화시키는 독서교육전도사로 활발하게 활동하고 있습니다. 그녀를 변화시킨 원동력도 바로 매일 한 권의 독서였습니다.

아시아 여성 최초로 하버드 법대의 종신교수가 된 석지영 교수는 13세부터 3년 동안 세계적인 명문 학교인 아메리칸 발레학교에서 발레를 배웠으며 졸업 후에는 줄리어드 예비학교에서 피아노를 전공했습니다. 생각해 보면 예술 쪽에 가까운 인물입니다. 그런데 어떻게 법을 전공한 교수가 되었을까요? 그녀의 인생이 달라진 핵심에는 책 읽기가 있었습니다. 끊임없이 읽고 또 읽으면서 사고가 확장되고 책의 내용이 자신의 삶과 연결되면서 새로운 인생으로 바뀔 수 있었습니다.

제가 이런 이야기를 하는 이유는 '독서를 많이 한 사람이 성공한다.' '독서를 하면 인생이 달라진다.'라는 뻔하고 진부한 이야기를 하려는 게 아닙니다. 핵심은 '꾸준함'입니다. 이들이 성공할 수 있었던 비결은 독서량이 아니라 꾸준히 책을 읽은 성실성입니다. 얼마나 오랫동안 진득하게 자기 내면을 들여다보면서 의식을 성장시켰는지가 핵심입니다.

책이란 정복의 대상이 아닙니다. 음악을 느끼고 즐기면서 흥얼흥얼 따라 부르듯 책도 천천히 읽으면서 의욕이 생기고 실천할 수 있을 때까지 기다려야 합니다.

김종원 작가가 쓴 『아이를 위한 하루 한 줄 인문학』(청림Life, 2018)을 보면 이런 이야기가 나옵니다. "아마추어는 마감을 정해두고 일을 시작하지만, 프로는 스스로 끝났다고 생각할 때까지 멈추지 않는다. 창의성은 결국, 그 사람이 사색하는 시간의 질로 결정된다." 책 읽기도 마찬가지입니다. 아마추어는 목표와 양에 집착하지만 프로는 질과 태도로 승부합니다. 지금 당장 어떤 결과를 생각하면서 책을 읽는 것이 아니라 꾸준함과 성실성을 무기로 자신을 성찰하면서 책을 대해 보세요. 언젠가는 의식이 차오르면서 달라진 인생을 경험하게 될 것입니다.

7가지 독서 질문

Q: 아이들이 책 읽기를 싫어하는 원인은 무엇인가요?

A: 미디어 환경의 변화와 책 읽기 전략이 부족한 탓입니다.

아이들이 책 읽기를 싫어하는 현상은 지극히 정상입니다. 물론 가끔 책을 좋아하는 외계인 같은 친구들이 있습니다. 하지만 이런 몇몇을 제외하곤 대부분은 책 읽기를 학습으로 느끼고 지루해 하기 때문에 책 읽기를 끔찍하게 싫어합니다. 이러한 원인을 크게 두 가지 관점에서 생각해 보겠습니다. 먼저 달라진 미디어 환경을 이해해야 합니다. MZ세대는 태어나면서부터 아주 자연스럽게 인터넷 미디어와 스마트폰에 노출되면서 엄지족이 되었습니다. 이들은 스크롤을 하면서 정보를 재미있음과 재미없음으로 빠르게 구분합니다. 하지만 문자로 된 긴 글을 읽고 이해하려면 인지적인 참을성이 요구됩니다. 아이들은 보고 듣는 방식을 더 잘 이해하므로 뇌도 자연스럽게 영상을 보는 뇌로 길들여져 있습니다. 읽기 능력은 후천적 영역입니다. 꾸준히 읽고 이해해야 읽기 회로가 만들어집니다. 결국 지금은 아이들이 읽기에 어려움을 느낄 수밖에 없는 환경이 된 것입니다. 제대로 된 읽기 훈련에 대한 경험 부족도 원인으로 꼽을 수 있습니다. 책은 글자만 읽는다고 끝나는 게 아닙니다. 어떻게 읽어야 하는지 실제적인 읽기 전략을 세워야 책을 제대로 이해할 수 있습니다.

Q: 아이들이 책을 좋아하게 만들 수 있는 방법은 무엇일까요?

A: 책은 첫째도 재미, 둘째도 재미있어야 합니다.

아이들이 책을 싫어하는 가장 큰 이유는 한마디로 재미없기 때문입니다. 아이들이 책에 흥미를 느끼려면 무조건 재미있어야 합니다. 책을 골라 줄 때 많은 사람이 이야기하는 좋은 책보다 아이가 재미있어 하는 책부터 스스로 고르도록 하는 연습이 중요합니다.

처음에는 만화책만 고르거나 글밥이 없는 그림책을 고를 겁니다. 이럴 땐 만화책이 없는 서점에 가면 자신의 눈에 들어오는 책을 발견하게 되고, 이 책을 몰입해서 읽을 때 책을 대하는 태도가 달라질 수 있습니다. 그제야 책을 보는 안목이 생기고 자기만의 진지가 구축됩니다. 인내심을 가지고 아이들의 선택을 믿고 존중해 주세요.

Q: 초등학교 2학년 아이가 글은 잘 읽는데 이해력이 떨어집니다. 왜 그런 거죠?

A: 익숙하지 않은 단어가 있기 때문입니다.

초등학교 2학년이라면 문어(글자)의 세계에 익숙하지 못할 시기이므로 글을 이해하는 데 시간이 필요합니다. 아이들은 일상적인 주제로 대화하기 때문에 주로 음성언어(생활 용어)를 많이 사용합니다. 하지만 반대로 문어의 세계에서는 정제된 언어를 사용하고, 문장에서 기본적으로 주어와 목적어, 서술어를 사용하기 때문에 구조도 복잡합니다. 생활 용어가 아닌 단어가 등장하면 글 자체를 낯설게 느낄 수 있습니다. 글자를 읽어 보지만 어려운 어휘 때문에 자꾸만 머리에서 걸리기 때문에 지루하게 느껴져 읽는 행위를 금방 포기합니다. 혼자 글 읽기를 싫어하는 아이라면 부모님이 옆에서 시간을 정해 놓고 하루에 15분씩 꾸준히 읽어 주셔야 합니다. 그래야 글자의 세계에 익숙해질 수 있습니다. 책 내용을 들으면서 단어와 친숙해지고 문자의 맥락을 이해해야 자연스럽게 글을 파악하는 독해 능력도 올라갑니다. 문자와 친해지고 다양한 어휘의 세계를 경험할 수 있도록 책을 많이 읽어 주세요.

Q: 우리 아이들이 만화책을 좋아하는데 계속 읽게 해야 할까요? 아니면 읽지 말라고 해야 할까요?

A: 만화책은 독서교육이 아닙니다.

하지만 저는 아이들의 행복을 위해 무조건 읽게 하라고 권유합니다.

단, 만화책은 아이들에게 재미와 흥미를 주기 위해 기획된 책이기 때문에 깊은 사고력과 어휘력, 논리력, 구성력을 키우기 어렵습니다. 아이들이 심심할 때 즐겨 보는 유튜브 시청과 같은 흥미 위주의 매체일 뿐입니다.

물론 학습 만화책은 다양한 지식과 정보 덕분에 배경지식을 쌓고, 어려운 책으로 넘어가기 위한 다리 역할이 될 수도 있습니다. 하지만 기본적으로는 얄팍한 정보와 파편적인 정보만으로 구성되어 일반 단행본과 출판의 목적이 다르다는 것을 이해하셔야 합니다. 만화책만 읽으면 뇌에서 만화책 읽기 회로가 만들어져 깊은 생각이 요구되는 텍스트 위주의 책을 더 싫어하게 될 수도 있습니다.

Q: 독서논술학원을 보내야 할까요? 아니면 집에서 책 읽기를 시켜도 될까요?

A: 아이의 성향과 기질에 주목해서 결정해야 합니다.

답은 부모님이 아니라 아이들에게 있습니다. 아이의 성향과 기질에 따라 집에서 하는 독서교육만으로 읽기 능력이 높아질 수도 있고 논술학원의 커리큘럼과 수업 방식을 잘 따라가며 지적으로 성장할 수 있는 아이들도 있습니다. 아이가 어려서부터 책 읽기를 좋아하고 스스로 책을 고를 수 있다면 굳이 논술학원에 보내지 않아도 충분히 독서 내공을 쌓을 수 있습니다. 그렇지 않다면 좋은 논술학원 선생님을 만나서 책 읽기에 흥미를 갖고, 책을 좋아할 수 있는 계기를 만들어 주는 게 좋습니다. 우리 아이가 학원에서 읽기 능력이 성장할 수 있는 아이인지 아니면 학원을 싫어하는 아이인지 관심을 갖고 서로 교감하면서 충분한 대화를 나눠 보세요. 분명한 사실은 억지로 시키면 책 읽기를 더 싫어하게 된다는 것입니다. 역효과가 나타나지 않도록 주의해야 합니다.

Q: 아이들에게 책을 언제까지 읽어 줘야 하나요?

A: 아이의 읽기 능력이 완성될 때까지 꾸준히 읽어 줘야 합니다.

아이들이 스스로 글자를 읽게 되는 연령대는 보통 7~8세 전후입니다. 물론 아이마다 편차가 있겠지만 보통 초등학교 1학년 즈음이면 한글을 떼고 글자를 소리 내어 읽게 됩니다. 하지만 글자를 읽을 수 있다고 글의 의미까지 이해하는 것은 아닙니다. 아이들의 뇌는 글자를 읽는 에너지와 의미를 구성하는 활동이 동시에 이루어지지 않고 각각 따로따로 독립적으로 작동되기 때문입니다. 따라서 혼자서 글자를 읽을 줄 알게 된 아이를 내버려 둔다면 오히려 독해력에 문제가 생길 수 있습니다. 글자 읽기를 이제 막 시작한 아이들의 뇌는 글자 해독에 더 많이 신경을 쓰기 때문에 맥락까지 파악할 수는 없습니다. 아이들이 책을 들고 와서 읽어 달라고 하는 이유가 글자 해독보다는 의미 파악에 집중하고 싶기 때문입니다. 누군가 아이에게 책을 읽어 주면 아이의 뇌는 책을 이해하는 데만 집중할 수 있으므로 책 내용에 빠져들게 되고 독해력도 높일 수 있습니다.

Q: 아이들의 글쓰기 능력은 어떻게 해야 좋아질까요?

A: 글쓰기 능력은 습관에서 만들어집니다.

책 읽기와 글쓰기는 서로 다른 영역입니다. 책을 좋아하는 아이라 하더라도 글을 잘 못 쓸 수도 있고, 글쓰기는 좋아하는데 책 읽기를 싫어할 수도 있습니다. 글은 많이 써 본 아이들이 잘 쓸 수밖에 없습니다. 초등 글쓰기에 대한 책과 정보가 많이 나와 있지만 아무리 좋은 책을 열심히 읽고, 훌륭한 선생님에게 배운다 한들 직접 써 보지 않으면 실력은 늘지 않습니다. 수영과 관련된 책을 많이 읽는다고 수영을 잘하게 되는 것이 아닌 것과 마찬가지입니다. 매일 꾸준히 글을 써 봐야 글쓰기 근육이 몸에 배고 글을 잘 쓸 수가 있습니다.

그럼 어떻게 해야 매일 꾸준히 글을 쓸 수 있을까요? 일기 쓰기, 독후감 쓰기처럼 한 편의 결과물이 있어야 하는 글은 아이들에게 부담이 될 수 있습니다. 그러니 편안하게 한 문장 또는 두 문장 내로 어떤 주제에 대해 자신의 생각을 써 보게 하는 게 좋습니다. 여기서 핵심은 한 편의 잘 쓴 글이 아니라 습관입니다. 하루에 단 한 줄, 단 한 문장을 매일 일정한 시간에 쓰는 습관을 붙이면 글쓰기 근육이 만들어지고 아이의 부담을 덜 수 있습니다. 이때 반드시 부모의 도움이 필요합니다. 매일 아침 아이들에게 한 가지 주제를 던져 주고 그 주제와 관련된 자신의 경험을 근거로 글을 쓸 수 있는 환경을 만들어 주세요.

Q: 아이들이 일기 쓰기를 어려워 하는데 어떻게 지도해야 하나요?

A: 아이들이 일기 쓰기를 어려워하는 이유 중 하나는 특별한 일, 또는 인상 깊었던 일을 주제로 써야 한다는 강박 때문입니다. 아이들은 평범한 일상을 반복하므로 특별한 일을 써야 한다는 생각을 버리고, 아주 평범하고 소소한 주제를 찾는 연습부터 해야 합니다. 예컨대 매일 밥을 먹는 일은 누구나 하는 일입니다. 그러면 그것부터 쓰면 됩니다.

"엄마가 저녁밥을 차려 주셨다. 김치찌개와 미역국, 계란찜을 해 주셨는데 김치찌개는 너무 매워서 먹지 못했다. 미역국은 내가 제일 좋아하는 국이다. 미역국 안에 소고기가 들어갔는데 너무 맛있었다. 오랜만에 계란찜도 먹었는데 오늘은 너무 짜서 많이 먹지 못했다."

여기까지만 써도 벌써 5문장입니다. 밥을 먹는 주제로 5문장에서 8문장 정도는 누구나 쉽게 쓸 수 있습니다. 다음으로 여기에서 문단을 바꾸면서 밥과 관련된 다른 화제로 넘어갑니다. 누구와 먹었는지, 밥을 먹으면서 어떤 일이 있었는지 아무거나 괜찮습니다.

"밥을 먹다 하린이가 자꾸 반찬을 떨어뜨려서 할머니한테 혼났다. 동생은 밥 먹으면서 매일 밥풀과 반찬을 흘린다. 제발 흘리지 않고 먹었으면 좋겠다. 하윤이는 밥도 다 먹기 전에 내가 떠다 놓은 물을 다 마셔 버렸다. 밥 먹으면서 하윤이가 너무 얄미웠다."

지금까지 쓴 글만 합쳐도 총 8문장입니다. 사실 처음에는 이 정도만 써도 됩니다. 여기서 느낀 점은 굳이 쓰지 않아도 됩니다. 매일 어떤 사건을 관찰하면서 깨달을 수는 없습니다. 꼭 쓰고 싶다면 한 문장 정도만 써도 충분합니다.

"오늘 저녁밥을 먹을 때 할머니하고 엄마하고 동생들하고만 먹었다. 아빠는 매일 늦게 와서 같이 먹지 못한다. 아빠가 집에 일찍 들어와서 같이 먹었으면 좋겠다."

처음 초등학생 일기 쓰기를 연습할 때 이 정도의 구조만 잡아 두면 점점 실력이 좋아집니다. 여기서 아주 중요한 포인트는 묘사하기입니다. 묘사란 내가 선택한 주제를 아주 구체적으로 표현하는 기술입니다. 예컨대 '나는 오늘 밥을 먹었다.'라는 표현보다 '나는 저녁 때 미역국에 계란찜을 먹었다.'라는 구체적인 표현으로 상황에 대한 세부적인 묘사를 늘 염두에 두고 쓴다면 글쓰기 실력이 점점 발전할 것입니다.

아이들에게 독서라는
위대한 영감을 주기 위해서

"제가 생각하는 위대함이란 곁에 있는 사람에게

영감을 주는 일이라 생각해요.

이게 위대함이고 그래야만 한다고 생각해요.

한 사람만이 갖고 있다가 떠나면 없어지는 그런 게 아닙니다.

내가 다른 사람에게 영감을 주고

그 사람은 또 다른 어떤 사람에게 영감을 주겠죠.

이렇게 영원히 지속될 수 있는 무언가를 만드는 겁니다.

이게 바로 우리가 인간으로서 해야 할 일이라고 생각해요.

어떻게 내 삶의 이야기가 다른 사람에게

영향을 미칠 수 있을지 고민하는 겁니다."

- 코비 브라이언트

지금은 고인이 된 전설적인 미 프로농구(NBA) 스타 코비 브라이언트가 한 인터뷰에서 했던 말입니다. 위대함이란 지금 내가 서 있는 곳에서 가장 가까운 사람에게 영감을 주는 삶입니다. 제 곁에는 세상에서 가장 소중한 아내와 세 아이가 있습니다. 그리고 저를 믿고 따라와 주는 독서 교실 친구들이 있습니다. 저는 이들에게 독서라는 위대한 영감을 주고 싶습니다.

독서는 많은 사람에게 영감을 주는 원천입니다. 특히 호기심 가득한 아이들에게는 더할 나위 없는 친구이자 스승이자 인생의 든든한 아군입니다. 독서에서 얻은 영감으로 아이들은 의식이 성장하고 습관이 바뀌고 인생까지 달라질 수 있습니다. 저와 함께 수업했던 아이들의 고백만 들어 봐도 독서가 얼마나 많은 도움을 주는지 알 수 있었습니다.

얼마 전 저와 함께 수업했던 한 아이가 자신의 독서 경험을 이렇게 이야기한 적이 있었습니다. "제가 독서에 맛을 들인 건 '작은 성공'이 조금씩 쌓이기 시작하면서부터였습니다. 국어 수행평가나 시험 점수가 공부량에 비해 항상 높게 나오고 수행평가도 수월해졌습니다. 작은 성공이 쌓이고 쌓이자 독서에 심취하게 되었습니다. 가끔 읽었던 책의 인상적인 문구를 노트에 필사했는데 이 습관 덕분인지 자기소개서를 잘 쓸 수 있었고, 장학생으로 선정될 수 있었습니다. 이러한 성공 경험이 지금까지 이어져 원하던 대학에도 합격하고 제 삶에도 많은 변화가 일어났습니다." 명훈이는 현재

모 대학의 국어국문과에 합격해 입학을 기다리고 있습니다. 장래 희망은 소설가입니다. 명훈이가 작가의 꿈을 꾸게 된 결정적인 계기는 꾸준한 독서습관 덕분이었습니다. 독서로 학업에서 작은 성공이 쌓이고, 점점 재미를 붙이면서 자신의 강점을 찾았고 진로까지 발견한 것입니다. 아마도 명훈이의 인생에 독서가 없었다면 지금의 명훈이도 없었을 것입니다.

"저는 어릴 때부터 책 읽기를 좋아했습니다. 부모님이 책을 많이 읽어 주셨거든요. 특히 엄마가 어린 저에게 책을 읽어 주는 시간이 너무 행복했어요. 어린 시절 가장 감명 깊게 읽은 책은 『분홍 공주와 파랑 왕자』(재능교육, 2010)라는 동화책이었어요. 정확한 내용은 잘 기억나지 않는데 사회적 편견과 차별을 깨는 내용이었던 것 같아요. 그때 받은 인상은 지금도 제 가슴에 새겨져 있습니다. 그래서 저는 동화작가가 되는 것이 꿈입니다."

은영이의 이야기를 들으면서는 어릴 때 부모님이 책을 읽어 주는 게 아이들 인생에 얼마나 중요한지 다시 한번 생각했습니다. 아이들이 어릴수록 부모님이 먼저 책 읽는 모습을 많이 보여 주고, 아이를 무릎에 앉히고 사랑하는 마음으로 책을 읽어 주세요. 아이들은 부모의 목소리를 들으면서 교감하고 정서적으로도 안정감을 느끼며 독서를 행복한 기억으로 남깁니다.

"저는 외동이라서 엄마가 특별히 신경을 많이 써 주셨어요. 교육과 관련된 건 뭐든지 많이 시켜 주셨는데 책도 마찬가지였습니다.

엄마가 여러 가지 책을 사 주시면서 저보고 읽어 보라고 권유하셨거든요. 어렸을 때는 책 읽는 게 마냥 행복하지는 않았습니다. 하지만 점점 읽다 보니 독서가 습관이 되었고, 재미를 알면서 책을 좋아하게 된 것 같아요." 영호는 책 읽기를 끔찍이도 싫어했던 아이였습니다. 하지만 영호의 부모님은 아이의 성향을 파악하고 아이 눈높이에서 책을 골라 주고 부담스러워 하지 않도록 자신의 삶과 연결해 책 이야기를 이어갔습니다. 시간이 지나면서 아이는 조금씩 마음의 문을 열면서 스며들었습니다. 그리고 이제는 자신이 좋아하는 책을 스스로 골라 읽는 아이로 성장했습니다. 영호를 보면서 저는 '책을 싫어하는 아이는 없다!'라는 생각이 들었습니다. 단지 아직 자신이 좋아하는 책을 만나지 못한 아이만이 있을 뿐입니다.

아이들은 똑같지 않습니다. 집안 배경, 환경, 지적인 수준, 성격, 기질 등 다방 면에서 모두 다릅니다. 문자를 좋아하는 아이도 있고, 그림이나 이미지를 더 좋아하는 아이도 있습니다. 축구나 농구 등 운동에 관심이 많고 활동적인 아이가 있는가 하면 사물이나 기계, 도구 같은 물건에 관심을 보이며 손재주가 뛰어난 아이도 있습니다. 아이마다 전부 성향이 다르기 때문에 독서에 접근하는 방식 역시 달라져야 합니다.

명훈이처럼 누가 시키지 않아도 스스로 알아서 책과 친해진 경우도 있고, 은영이처럼 부모님이 책을 읽어 주면서 습관이 생긴 경우도 있고, 영호처럼 독서는 학습이라는 생각 때문에 처음에는 책을 싫어하는 아이도 있습니다. 아이들에게 독서라는 영감을 선물하기 위해서는 먼저 개개인의 성향을 파악하고, 아이들의 눈높이에 맞춰 공감해 주는 자세가 필요합니다.

독서는 공감이다

공감 없는 독서는 그저 하기 싫은 학습이자 교과서이고 숙제입니다. 아이들에게 무조건 책을 읽으라는 잔소리보다 아이들이 왜 책을 싫어하는지 마음부터 살펴야 합니다. 가르침보다 아이를 이해하는 마음으로 다가가야 합니다. 그래야 아이들이 책에 흥미를 느끼고 책과 친해질 수 있습니다.

저는 아이들과 함께 읽고, 쓰고, 토론하면서 살고 있습니다. 저의 정체성은 '마중물'입니다. 펌프질할 때 물을 길어 올리기 위해 처음 붓는 물처럼 아이들에게 사고의 자극을 주어 미처 생각하지 못했던 것을 끌어내는 것이 저의 역할입니다. 제가 알고 있는 지식이나 교육 정보를 일방적으로 주입하고 설득하지 않습니다. 오히려 가르치려고 할 때 아이들은 점점 달아나고 마음에서 책과 더 멀어지기 때문입니다. 그래서 저에게 독서 수업은 '아이들과 함께하는 공감共感 시간'입니다.

얼마 전 한 아이와 마지막 수업을 했습니다. 수업이 끝나고 아이에게 물었습니다.

"그동안 선생님하고 독서 수업을 했는데 무엇이 달라진 것 같아?"

"책을 꾸준히 읽으니까 상상력이 커진 거 같아요. 책을 읽으면 머릿속에서 애니메이션처럼 그림이 떠오르고 기억에 아주 오래 남아요. 그리고 공감 능력도 높아졌어요. 공감능력이 높아지니까 책에서 하는 이야기를 금방 파악할 수 있게 되었어요."

한 아이가 책을 만나고 읽고, 생각을 나누는 활동을 통해 공감 능력이 높아졌다고 말합니다. 이런 결과를 낳을 수 있던 건 '독서' 덕분입니다. 아이들 눈높이에 맞춰 그들의 삶을 바라 보면 책을 싫어하는 이유, 책을 읽지 않는 이유를 알 수 있습니다. 아이들에게 영감을 주는 위대한 독서를 선물하고 싶으신가요? 그렇다면 먼저 아이를 보는 눈을 달리해 주세요.

참고 문헌

- 『당신이 옳다』(정혜신 저, 해냄, 2018)
- 『공부머리 독서법』(최승필 저, 책구루, 2018)
- 『하루 15분 책읽어주기의 힘』(짐 트렐리즈·신디 조지스 저, 이문영 역, 북라인, 2020)
- 『돌부처가 준 삼백 냥』(김장성 저, 한솔교육, 2001)
- 『초등 1학년 공부, 책읽기가 전부다』(송재환 저, 위즈덤하우스, 2019)
- 『아이의 정서지능』(EBS 〈엄마도 모르는 우리 아이의 정서지능〉 제작팀 저, 지식채널, 2012)
- 『독서교육, 어떻게 할까?』(김은하 저, 학교도서관저널, 2014)
- 『두뇌성격이 아이 미래를 결정한다』(김영훈 저, 이다미디어, 2021)
- 『허클베리 핀의 모험』(마크 트웨인 저, 박현자 그림, 지경사, 2009)
- 『톰 소여의 모험』(마크 트웨인 저, 박현자 그림, 지경사, 2008)
- 『스무 살에 알았더라면 좋았을 것들』(티나 실리그 저, 이수경 역, 웅진지식하우스, 2020)
- 『아빠의 선물』(김영훈 저, 국민출판사, 2014)
- 『지원이와 병관이 시리즈 - 거짓말』(고대영 저, 김영진 그림, 길벗어린이, 2009)
- 『지원이와 병관이 시리즈 - 지하철을 타고서』(고대영 저, 김영진 그림, 길벗어린이, 2006)
- 『지원이와 병관이 시리즈 - 집 안 치우기』(고대영 저, 김영진 그림, 길벗어린이, 2010)
- 『지원이와 병관이 시리즈 - 칭찬 먹으러 가요』(고대영 저, 김영진 그림, 길벗어린이, 2012)
- 『흔한 남매』(흔한남매 원저, 백난희 글, 유난희 그림, 미래엔아이세움, 2021)
- 『곰곰이 생활동화 시리즈』(손정원 외 저, 더큰theknn, 2018)
- 『그림책론』(페리 노들먼 저, 김상욱 역, 보림, 2011)
- 『그림책의 힘』(가와이 하야오·마츠이 다다시·야나기다 구니오 저, 햇살과나무꾼 역, 마고북, 2003)
- 『유럽 도시 기행』(유시민 저, 생각의 길, 2019)
- 『아들 때문에 미쳐버릴 것 같은 엄마들에게』(최민준 저, 살림출판사, 2016)
- 『꿈을 찾아 한 걸음씩』(이미애 글, 원유미 그림, 푸른책들, 2009)
- 『말 한마디 때문에』(김인희 저, 청년정신, 2018)
- 『공감의 시대』(제레미 리프킨 저, 이경남 역, 민음사, 2010)
- 『늦어서 고마워』(토마스 L. 프리드먼 저, 장경덕 역, 21세기북스, 2017)
- 『4차 산업혁명 이미 와 있는 미래』(롤랜드버거 저, 김정희·조원영 역, 다산3.0, 2017)
- 『사피엔스』(유발 하라리 저, 조현욱 역, 김영사, 2015)

- 『유쾌한 크리에이티브』(톰 켈리·데이비드 켈리 저, 박종성 역, 청림출판, 2014)
- 『과학을 취하다 과학에 취하다』(강석기, MID 엠아이디, 2014)
- 『다시, 책으로』(메리언 울프 저, 전병근 역, 어크로스, 2019)
- 『하루 동안의 여름』(레이 브래드 머리 저, 한솔교육, 2001)
- 『고수의 질문법』(한근태 저, 미래의창, 2018)
- 『닥치는 대로 끌리는 대로 오직 재미있게 이동진 독서법』(이동진 저, 위즈덤하우스, 2017)
- 『EBS 당신의 문해력』(김윤정 글, EBS 당신의 문해력 제작팀 기획, EBS BOOKS, 2021)
- 『입시에 통하는 인문고전 읽기』(김지원 저, 라온북, 2016)
- 『입시설계, 초등부터 시작하라』(진동섭 저, 포르체, 2020)
- 『1등은 당신처럼 공부하지 않았다』(김도윤 저, 쌤앤파커스, 2018)
- 『노인과 바다』(어네스트 밀러 헤밍웨이 저, 김욱동 역, 민음사, 2012)
- 『레 미제라블』(빅토르 위고 저, 정기수 역, 민음사, 2012)
- 『죄와 벌』(표도르 도스토옙스키 저, 김연경 역, 민음사, 2012)
- 『플라톤의 대화편』(플라톤 저, 최명관 역, 창, 2008)
- 『논어』(공자 저, 오세진 역, 홍익, 2020)
- 『뉴 엘리트』(표트르 펠릭스 그지바치 저, 박현석 역, 사과나무 2020)
- 『세 개의 동그라미』(김우창 저, 한길사, 2008)
- 『내가 보고 싶었던 세계』 (석지영 저, 북하우스 2013)
- 『1천 권 독서법』(전안나 저, 다산4.0, 2017)
- 『예루살렘의 아이히만』(한나 아렌트 저, 김선욱 역, 한길사, 2006)
- 『김병완의 책 쓰기 혁명』(김병완 저, 싱긋, 2021)
- 『아홉 살 독서 수업』(한미화 저, 어크로스, 2019)
- 『아이를 위한 하루 한 줄 인문학』(김종원 저, 청림Life, 2018)
- 『교사를 위한 독서교육론』(김주환 저, 우리학교, 2019)
- 『성격의 재발견』(이사벨 브릭스 마이어스 저, 정명진 역, 부글북스, 2008))

논문/학술지 등

- 〈성격유형을 적용한 맞춤 독서지도 프로그램의 효과 연구〉, 공주현, 상명대학교 교육대학원, 석사학위논문, 2019.
- 〈어린이 성격유형과 독서 능력의 상관관계 연구〉, 윤병권, 홍익대학교 대학원 박사학위 논문, 2020.

- 〈부모의 사회경제적 지위가 자녀의 학업성취도에 미치는 영향에 관한 연구〉, 신명호, 사회 복지연구회, 2010.
- 〈정서가 학업성취도에 미치는 영향: 정서조절과 학습전략의 매개효과 검증〉, 조한익, 한국 아동교육학회, 2013.
- 〈성격유형별 맞춤도서 제공이 초등학생 독서 태도에 미치는 영향〉, 조미현, 조미아, 한국도 서관정보학회지, 2018.
- 〈어린이 청소년의 성격유형별 선호도서 목록개발 및 독서 지도 방안 연구〉, 한윤옥 외 6명, 국립어린이청소년도서관, 2012.
- 〈공감기반학습을 적용한 초등학교 국어과 수업이 학교생활 공감과 학업 참여에 미치는 효 과〉, 이준 외 2명, 학습자중심교과교육학회, 2016.
- 〈초등 서술형 평가 장학자료집 4학년〉, 서울특별시교육청, 2010.
- 『M플라톤, 5월호, 진로1과정 나는 무엇을 잘할까』, 한솔교육
- 〈2019 언론수용자 의식조사〉, 한국언론진흥재단 미디어연구센터, 한국언론진흥재단, 2019.12.31.
- 2018년 대학수학능력 시험, 언어영역, 31번 문항
- 1996년 이탈리아 파르마 대학의 신경심리학자인 자코모 리촐라티(Giacomo Rizzolatti) 교수 팀의 짧은 꼬리원숭이 실험.
- 1966년 발표된 콜먼 보고서(Coleman Report) 미국 내 4000여 개의 학교, 60여만 명의 학생 을 대상으로 진행된 연구.

뉴스/웹 칼럼 등
- '부모가 행복해야 아이도 행복합니다', 윤지아, 〈베이비뉴스〉, 2015.2.26.
- '사회계층과 언어 부모의 언어사용 수준과 자녀 성적의 관계', 인생멘토 임작가 유튜브 채 널, 2019.02.17.
- [교육심리학] 3-1 비고츠키의 인지발달이론', 인생멘토 임작가 유튜브 채널, 2018.11.16.
- 〈EBS 다큐프라임 공부의 왕도 - 정서가 학습을 지속시킨다〉, 교육방송, 2008.8.5.
- '자신감을 만드는 정서가 공부능력을 좌우한다', 문영훈, 〈에듀진〉, 2018.9.18.
- '이효리 자존감이 높은 이유!', 정신과의사 정우열 유튜브 채널, 2019.8.30.
- "공갈젖' 스마트폰… 아기들의 뇌가 위험하다', 송수연, 〈서울신문〉, 2015.5.5.
- '엄마보다 아빠가 읽어줄 때… 더 똑똑해진다', 박세미, 〈조선일보〉, 2016.3.29.
- '100만 독자가 선택한 그림책, 그 저력의 원천은?', 이중삼, 〈베이비뉴스〉, 2017.11.8.

- '학교가 재밌으면 '문제아'가 없어진다', 심은하, 〈공감〉, 2021.6.14.
- '서울포럼2020 - 창의력의 시작은 바로 사람을 헤아리는 공감 능력'. 이재명, 〈서울경제〉, 2020.7.1.
- '봉준호… '역사'를 향해 나아간 도전과 창조의 궤적', 〈시사저널〉, 이석, 2020.2.17.
- '영화 '기생충', 칸 영화제 호평에 미국에서도 기대감 'UP'… 한국 영화 승승장구', 강기향, 한국국제문화교류진흥원, 2019.5.24.
- '美 조지아공대, 봉준호 영화 4편 강의 교재로 활용', 신아영·조종엽, 〈동아일보〉, 2020.1.5.
- '봉준호 "해외에서도 '기생충'에 공감해줘서 감사"', 이도연, 〈연합뉴스〉, 2019.5.23.
- '전 세계를 뒤흔든 아이돌, BTS를 탄생시킨 '방시혁'', 최덕수, 〈데일리〉, 2018.10.29.
- '"방탄소년단 경제효과 연 5.6조원"', 〈한겨레신문〉, 조계완, 2018.12.18.
- 'BTS "우리들 이야기에 세계가 공감… 음악의 힘"', 유지혜, 〈동아일보〉, 2020.2.25.
- '방탄소년단 노래에 전 세계가 공감하는 이유', 에이트포인트, 북캐스트 인터넷교보문고, 2018.9.13.
- '[글로벌 인재포럼 2017] "질문도 자기 주장도 없는 교실… 한국 교육은 여전히 개발도상국형"', 성수영, 〈한경사회〉, 2017.10.10.
- '미래인재가 갖춰야 할 공감능력', 권영민 인문학 연구소 블로그, 2019.6.10.
- '여성 솔로 화사·선미·아이유, MZ세대에 통하는 이유', 공감언론 뉴시스, 〈조선일보〉, 2021.5.17.
- '제아, 신곡 '그리디' 발표… "아이유, 가사 공감되게 써줘"', 임주형, 〈아시아경제〉, 2020.6.13.
- '공감하고 싶으면 앨리스 먼로를 읽으세요', 강석기, 〈동아사이언스〉, 2013.10.4.
- '질문 안 하는 기자들? 안 하는 게 아니라 못하는 것', 이정환, 〈미디어오늘〉, 2014.2.3.
- '왜? 우리는 질문을 잃어버렸을까', 김효정, 〈주간조선〉, 2015.11.9.
- '[#알쓸신잡1] 김영하, 교과서에 작품 실리는 것 반대한 사연', tvN 유튜브 채널, 2017.7.7.
- '[독자 의견] 관점의 전환이 가져오는 풍요로운 삶', 유구봉, 〈매일경제〉, 2019.1.31.
- '[희대의 NOW 구독중] 1인 미디어 전성시대!', 이희대, 브런치, 2020.3.28.
- '위대함에 대한 정의(코비브라이언트 동기부여)', 성공한스푼 유튜브 채널, 2022.2.4.

MBTI, 에니어그램으로 자녀의 속마음 파악하고 독서 방향 잡기

책 읽기 싫어하는 초등생을 위한 공감 독서법

초판 1쇄 인쇄 2022년 3월 30일
초판 1쇄 발행 2022년 4월 18일

지은이 진정용

대표 장선희 | **총괄** 이영철
책임편집 정시아 | **교정교열** 조유진
기획편집 이소정, 한이슬, 현미나
디자인 김효숙, 최아영 | **외주 디자인** 산타클로스
마케팅 최의범, 강주영, 김현진, 이동희
경영관리 문경국

펴낸곳 서사원
출판등록 제2021-000194호
주소 서울시 영등포구 당산로 54길 11 상가 301호
전화 02-898-8778
팩스 02-6008-1673
이메일 cr@seosawon.com
블로그 blog.naver.com/seosawon
페이스북 www.facebook.com/seosawon
인스타그램 www.instagram.com/seosawon

ISBN 979-11-6822-052-2 03370

서사원은 독자 여러분의 책에 관한 아이디어와 원고 투고를 설레는 마음으로 기다리고 있습니다.
책으로 엮기를 원하는 아이디어가 있는 분은 이메일 cr@seosawon.com으로 간단한 개요와 취지,
연락처 등을 보내주세요. 고민을 멈추고 실행해 보세요. 꿈이 이루어집니다.